中國古代都城資料選刊

歷代宅京記

〔清〕顧炎武 撰
于杰 點校

中華書局

圖書在版編目(CIP)數據

歷代宅京記/(清)顧炎武撰;于杰點校.—2版.—北京:中華書局,2020.1(2024.3重印)
(中國古代都城資料選刊)
ISBN 978-7-101-14244-0

Ⅰ.歷…　Ⅱ.①顧…②于…　Ⅲ.都城(遺址)-城市史-中國　Ⅳ.K928.5

中國版本圖書館CIP數據核字(2019)第260015號

責任編輯:陳若一
責任印製:管　斌

中國古代都城資料選刊

歷代宅京記

〔清〕顧炎武 撰
于　杰 點校

*

中華書局出版發行
(北京市豐臺區太平橋西里38號　100073)
http://www.zhbc.com.cn
E-mail:zhbc@zhbc.com.cn
北京虎彩文化傳播有限公司印刷

*

850×1168毫米 1/32・13.875印張・2插頁・230千字
1984年2月北京第1版　2020年1月北京第2版
2024年3月北京第5次印刷
印數:18901-19300冊　定價:60.00元

ISBN 978-7-101-14244-0

出版説明

顧炎武歷代宅京記二十卷，又稱歷代帝王宅京記，是顧氏所編肇域志和天下郡國利病書的姊妹篇。肇域志專記輿地，天下郡國利病書重在政事，歷代宅京記則彙記歷代都城史實，是我國第一部輯録都城歷史資料的專書。

歷代宅京記的抄本很多，刊本也有數種。我們以清嘉慶十三年（一八〇八）來賢堂刊本爲底本，並參校了槐廬叢書三編本、碧琳瑯館叢書本和國家圖書館藏的清抄本，它們之間在某些字句上的歧異，多是傳抄所誤。由於歷代宅京記中所引的文獻，絶大部分原書尚存，在點校時都核對了原書，改正了若干脱誤，一般不另出校記。有些引文未照録原文，而是僅叙其大意的，凡屬此類，只要不失原意，我們也不再重録原文了。

要特別加以説明的是，卷十二所録鄴城資料，全卷皆録自明嘉靖彰德府志卷八鄴都宫室志，此卷應出自宋相臺志，是目前所知關於鄴城的最重要的史料。來賢堂本中的誤字、脱字，均以天一閣藏嘉靖彰德府志校補。

本書由于杰同志點校。書後所附索引由張忱石同志編製。

本書此次再版，在充分尊重和保留初版成果的基礎上，對存在的少量字形、標點等問題進行了完善。本書初版索引以四角號碼爲序編製，爲便於當下讀者閲讀和使用，再版採用音序對索引詞條進行了重新排列，並對個别詞條進行了修訂。

不當之處，敬請廣大讀者指正。

中華書局編輯部

一九八三年一月

二〇一九年修訂

目録

徐元文序……一
阮元序……三
卷之一
總序上……一
卷之二
總序下……二
卷之三
關中一……四三
周　秦　漢……四三
秦……四七
漢……五四
卷之四
關中二……七一
漢……七一
卷之五
關中三……九三
漢……九三
後漢……一一三
趙……一一三
後趙……一一三
秦……一一三
後秦……一一三
後魏……一一三

後周……一二三
隋……一二五
卷之六
關中四……一二七
唐……一二七
五代……一三八
卷之七
雒陽上……一四一
周……一四一
漢……一四四
後漢……一四四
魏……一四八
後魏……一五一
卷之八
雒陽中……一五九
卷之九
雒陽下……一八三
後周……一八三
隋……一八四
唐……一八七
後梁……一九七
後唐……一九八
後晉……二〇〇
後周……二〇〇
卷之十
成都……二〇三
漢……二〇三
晉……二〇四
唐……二〇四

卷之十一
鄴上 二〇七
魏 二〇七
後趙 二〇七
燕 二〇九
後魏 二〇九
齊 二一一
後周 二一三
卷之十二
鄴下 二一七
卷之十三
建康 二三七
吳 二三七
晉 二三九
宋 二四三
齊 二四五
梁 二四九
陳 二五三
南唐 二五四
卷之十四
雲中 二五五
後魏 二五五
卷之十五
晉陽 二六七
北齊 二六七
後周 二六八
隋 二六八
唐 二六八
太原 二六九
大名 二七〇

卷之十六
開封 …… 二七三
後梁 …… 二七三
後唐 …… 二七四
後晉 …… 二七五
後周 …… 二七六
宋京城 …… 二七八
卷之十七
宋州 …… 三〇一
宋 …… 三〇一
臨安 …… 三〇二
宋 …… 三〇二
卷之十八
臨潢 …… 三〇九
遼 …… 三〇九
幽州 …… 三一三
卷之十九
幽州 …… 三二一
遼金元 …… 三二一
卷之二十
遼陽 …… 三四三
遼 …… 三四三
大定 …… 三四五
會寧 …… 三四七
開平 …… 三五〇
附録 …… 三五三
索引 …… 1

徐元文序

自古帝王維繫天下，以人和不以地利，而卜都定鼎，計及萬世，必相天下之勢而厚集之。周之盛也，元公營洛以備時巡，而豐鎬之故都未之有易，洎乎宣幽，王靈不替。至於平王，舉祖宗之故地而棄之秦，黍離之所以降爲王風也。柳子厚謂：周之亡久矣，徒建空名於諸侯。夫以文武成康功德之在人，宜若設險守國，可以無庸，而大勢一失，不能復振，豈非得全者昌，失全者亡，古之帝者必居上游，其以此哉。漢婁敬之言，賴張良力贊成之。唐武德中，遣使按行樊鄧，將徙都焉，因秦王之諫而止。宋都洛陽，謀徙而弗果也。太祖曰：不出百年，天下民力竭矣。其後果致偏安。有識之士謂：明成祖不遷北平，則南都未所以二百四十年而無事。由是言之，天下之勢，自西而東，自北而南，建瓴之喻，據古如兹，於今爲烈矣。

舅氏亭林先生，天賦高才，繼古人絶學，當明之末，欲有所樹立，迄不得試，乃退著書以自是。有曰肇域志，囊括一統志、二十一史及天下府、州、縣之志書而成者也。繼又摘其有關政事者，爲天下郡國利病書。而復彙從來京都沿革之故，參互攷訂，輯成是編，共二十卷，名曰歷代宅京記。

夙嘗請之，而未肯出諸笥也。歲之壬戌，先生捐館，簡閱遺書，則是編存焉。余曩者大廷對策，謬荷先帝國士之知。先生勖語：必有體國經野之心，而後可以登山臨水；必有濟世安民之識，而後可以考古論今。元文雖不敏，請事斯語，迄今三十年，未之敢忘。茲者恭膺天眷，承乏綸扉，常恐有負先生之教，下負所學，即上負聖明，因不揣固陋，序而歸諸其嗣。嗚呼！在德不在險，自古言之，而冀都好風水之說，顧出自朱子，則先生是編固俟後聖而不惑也夫。庚午春王甥徐元文拜述。

阮元序

寧人顧氏，崎嶇南北，所攷山川、都邑、城郭、宫室，皆出自實踐。當先生盛遊之時，嘗以一嬴二馬載書自隨，所至扼塞，即呼老兵土民，詢其曲折。或與平日所聞不合，則即坊肆中發書而對勘之。或經行平原大野，無足留意，於鞍上默誦諸經註疏，偶有遺忘，則又發書而熟讀之，其精審如此。

先生撰肇域志未成，其稿本散出四方者，雙行夾註，頗難讐校。至郡國利病書，流傳雖多，然强半爲抄手割落，而四庫書中又僅列之存目，民間無從是正。惟此本宅京記爲先生族裔孫顧竹樓所藏，王樹畦同年携以示余，釐訂修整，具有條理，不似肇域志之煩矣。然此書閣本有之，或者取而校訂其異同，不亦更善乎！揚州後學阮元叙。

歷代宅京記卷之一

總序上

伏羲氏都於陳。今河南開封府陳州有太昊陵。

春秋傳曰：陳太昊之虚也。

神農氏，初都陳，後居曲阜。司馬貞三皇本紀註曰：按今淮陽有神農井。又左傳：魯有大庭氏之庫是也。今山東兖州府曲阜縣。

水經注曰：陳城，故陳國也。伏羲、神農並都之，城東北三十許里，猶有羲城，實中。

黄帝居軒轅之丘，山海經曰：在窮山之際，西射之南。邑于涿鹿之阿，今直隸保安州。遷徙往來無常處，以師兵爲營衛。

後漢郡國志：上谷郡涿鹿縣，引帝王世紀曰：黄帝所都，有蚩尤城、阪泉、黄帝祠。

水經注曰：魏土地記曰，下洛城東南六十里，有涿鹿城，城東一里有阪泉，泉上有黄帝祠。

晉太康地理記曰：阪泉，亦地名也。泉水東北流，與蚩尤泉會，水出蚩尤城。城無南面。

魏土地記稱：涿鹿城東南六里，有蚩尤城，泉水淵而不流，霖雨則流注東北入涿水。

少昊自窮桑登帝位，在魯城北。居曲阜。今曲阜縣有少昊陵。

春秋傳曰：封伯禽於少昊之虚。註：少昊虚，曲阜也，在魯城内。劉楨魯都賦：昔大庭氏肇建厥居，少昊受命亦都兹焉。

顓頊都帝丘。今山東東昌府濮州。

春秋傳曰：衛，顓頊之虚也，故爲帝丘。註：衛，今東郡濮陽縣。昔帝顓頊居之，其城内有顓頊冢。皇覽曰：顓頊冢在城門外廣陽里中。

帝嚳都亳。今河南河南府偃師縣。

水經注曰：亳，本帝嚳之墟，在禹貢豫州河洛之間，今河南偃師城西二十里，尸鄉亭是也。

堯都平陽。今山西平陽府臨汾縣。

五子之歌曰：維彼陶唐，有此冀方。孔安國傳：冀州，堯所都。

春秋傳曰：吴公子札觀樂，爲之歌唐，曰：思深哉！其有陶唐氏之遺民乎？

後漢郡國志曰：河東郡平陽，侯國。有鐵。堯都此。應劭曰：在平河之陽。

舜都蒲坂。今山西平陽府蒲州。皇甫謐曰：舜所都，或言蒲坂，或言平陽，或言潘。潘，今上谷嬀州城是也。

禹都安邑。今山西平陽府解州安邑縣。郡縣志：夏縣東北十五里安邑故城，禹所都也。皇甫謐曰：都平陽，或在安邑，或在晉陽。服虔曰：唐虞夏之都，大率相近，不出河東之界。

湯居亳。

書序曰：自契至於成湯八遷，湯始居亳，從先王居。傳曰：契父帝嚳都亳。湯自商丘遷焉，故曰從先王居。金履祥曰：唐虞以上，無王稱，且契非嚳子。借使嚳子，不宜謂嚳先王也。先王者，必指玄王，此商人追稱之辭也。

漢書地理志曰：河南郡偃師，殷湯所都。皇覽曰：偃師有湯亭，有湯祠。**書立政：三亳。皇甫謐曰：蒙爲北亳，穀熟爲南亳，偃師爲西亳。**詩玄鳥正義曰：亳，地在河洛之間。書序註云：今屬河南偃師。地理志：河南郡有偃師縣，有尸鄉，殷湯所都。皇甫謐云：學者咸以爲亳在河洛間，今河南偃師西二十里有尸鄉亭是也。謐考：孟子稱湯居亳，與葛爲鄰。案地理志，葛今梁國寧陵之葛鄉是也，湯地七十里耳。葛伯不祀，湯使亳衆爲之耕。有童子餉食，葛伯奪而殺之。古文仲虺之誥曰：湯征自葛始。計寧陵去偃師八百里，而使亳衆爲耕，有童子餉食，非其理也。今梁國自有二亳，南亳在穀熟之地，北亳在蒙地，非偃師也。書序曰：盤庚五遷，將治亳殷，即偃師是也。然則殷有三亳，二在梁國，一在河洛之間。穀熟爲南亳，即湯都也。蒙爲北亳，即景亳，是湯所受命也。偃師爲西亳，即盤庚所徙者也。立政之篇曰：三亳，坂尹是也。如謐之言，非無理矣。鄭必以亳爲尸鄉者，以地理志言尸鄉爲殷湯所都，是舊説爲然，故從之也。且中候洛子命云：天乙在亳，東觀在洛。若亳在梁國，則居於洛東，不得東觀於洛也。所言三亳坂尹，謂其尹在坂。謐之所言三亳，其地非皆有阪，故立政註云：三亳者，湯舊都之民，分爲三邑，其長居險，故云阪尹。蓋東成皋，南軒轅，西降谷也。是鄭以三亳爲分亳民於三處，非三處有亳地也。杜預以景亳爲周地，河南鞏縣西南有湯亭，或説即偃師也。漢書音義曰，臣瓚案：湯居亳，今濟陰薄縣是也。今薄有湯冢，己氏有伊尹冢，皆相近。又以亳爲濟陰薄縣。以其經無正文，故各爲異説。地名變易，難得而詳也。

括地志曰：宋州穀熟西南三十五里南亳故城，即湯都。北五十里大蒙城爲景亳，湯所盟地，因景山爲名。河南偃師爲西亳，帝嚳及湯所都。盤庚所遷亳邑故城，在偃師縣西十四里。

仲丁遷於囂。音敖。史記作隞。書正義曰：李顒云：囂在陳留浚儀縣。皇甫謐云：仲丁自亳徙囂，在河北也。或曰今河南敖倉。二説未知孰是。括地志曰：滎陽故城在鄭州滎澤縣西南，殷時敖地也。周時名北制，在敖山之陽。後屬韓，爲滎陽縣，今河南開封府鄭州滎澤縣。

河亶甲居相。書傳曰：在河北。括地志曰：故殷城在相州内黄縣東南。史記：項羽與章邯期洹水南殷虚上。今河南彰德府安陽縣。

祖乙圮於耿。書傳曰：圮於相，遷于耿。河水所毀曰圮。水經注曰：汾水又西逕耿鄉城北，故殷都也。帝祖乙自相徙此，爲河所毀。故書序曰：祖乙圮于耿。後漢郡國志曰：河東郡皮氏有耿鄉。史記正義曰：括地志云：絳州龍門縣東南十二里耿城，故耿國也。今山西平陽府蒲州河津縣。史記作邢。索隱曰：邢音耿。近代本亦作耿。

盤庚遷於殷。

史記曰：帝盤庚之時，殷已都河北，盤庚渡河南，復居成湯之故居。水經注曰：陽渠又東遷亳殷南，昔盤庚所遷，改商曰殷，此始也。書五邦括地志曰：湯自南亳遷西亳，仲丁遷囂，河亶甲居相，祖乙居耿，盤庚渡河，南居西亳，是五遷也。釋文馬氏曰：五邦謂商丘、亳、囂、相、耿。武乙徙朝歌。今河南衛輝府汲縣。史記曰：武乙立，殷復去亳，徙河北。又曰：昔唐人都河東，殷人都河内，周人都河南。夫三河在天下之中，若鼎足，王者所更居也。

漢書地理志曰：河内，本殷之舊都，周既滅殷，分其畿内爲三國，詩風邶、庸、衛國是也。邶，以封紂子武庚；庸，管叔尹之；衛，蔡叔尹之，以監殷民，謂之三監。後漢郡國志曰：朝歌紂所都居，南有牧野，北有邶國。水經注曰：朝歌城本沬邑。詩云：爰采唐兮，沬之鄉矣。殷王武乙始遷居之，爲殷都也。有糟丘、酒池。城内有鹿臺，紂自投於火處。竹書紀年曰：武王親禽帝受于南單之臺。蓋鹿臺之異名也。

詩譜曰：邶、鄘、衛者，商紂畿内方千里之地。其封域在禹貢冀州太行之東，北踰衡漳，東及兖州桑土之野。周武王伐紂，以其京師封紂子武庚爲殷後。庶殷頑民被紂化日久，未可以建諸侯，乃三分其地，置三監，使管叔、蔡叔、霍叔尹而教之。自紂城而北，謂之邶。南謂之鄘。東謂之衛。

周太王居于岐山。今陝西鳳翔府岐山縣。

史記曰：后稷封于邰。徐廣曰：今斄鄉在扶風。正義曰：括地志云，故斄城，一名武功城，古邰國。公劉居豳。正義曰：括地志云，豳州新平縣，古豳國，公劉所邑之地。古公遷岐。

詩曰：古公亶父，來朝走馬。率西水滸，至于岐下。

孟子曰：太王居邠，狄人侵之，去之岐山之下居焉。

文王作豐。括地志曰：周豐宫在雍州鄠縣東三十五里。今陝西西安府鄠縣。

詩曰：文王受命，有此武功。既伐于崇，作邑于豐。

武王宅鎬。括地志曰：鎬在雍州西南二十五里。顔師古曰：今昆明池北鎬陂是。今陝西西安府咸陽縣西南。徐廣曰：豐鎬相去二十五里，皆在長安南。

詩曰：考卜維皇，宅是鎬京。維龜正之，武王成之。水經注曰：渭水上承鎬池於昆明池北，周武王之所都也。自漢武帝穿昆明池於是地，基構淪褫，今無可究。

既克商，遷九鼎於雒邑。今河南河南府雒陽縣。

史記曰：武王至於周，自夜不寐，周公旦即王所，曰：「曷爲不寐？」王曰：「告女：維天不饗殷，自發未生於今六十年，麋鹿在牧，蜚鴻滿野。天不享殷，乃今有成。維天建殷，其登名民三百六十夫，不顯亦不賓滅，以至今。索隱曰：言殷家不大光昭，亦不即擯滅，以至于今。我未定天保，何暇寐！」王曰：「定天保，依天室，悉求夫惡，貶從殷王受，日夜勞來，定我西土，我維顯服，及德方明。自雒汭延於伊汭，居易毋固，其有夏之居。徐廣曰：夏居河南，初在陽城，後居陽翟。我南望三塗，北望嶽鄙，索隱曰：杜預云，三塗在陸渾南。嶽，蓋河北太行山。鄙，都鄙，謂近嶽之邑。顧詹有河，粵詹雒、伊，毋遠天室。」營周居於雒邑而後去。

成王使召公相宅。

召誥曰：維二月既望，傳曰：周公攝政七年二月十五日。越六日乙未，王朝步自周，則至於豐。惟太保先周公相宅，越若來三月。惟丙午朏，越三日戊申，太保朝至於洛，卜宅，厥既得卜，則經營。傳曰：其已得吉卜，則經營規度城郭、郊廟、朝市之位處。越三日庚戌，太保乃以庶殷攻位於洛汭。傳曰：以衆殷之民，治都邑之位於洛水之北。今河南城也。正義曰：漢河南縣治。越五日甲寅，位成。若翼日乙卯，周公朝至於洛，則達觀於新邑營。越三日丁巳，用牲於郊，牛二。越翼日戊午，乃社於新邑，牛一，羊一，豕一。越七日甲子，周公乃朝用書，命庶殷侯甸男邦伯。厥既命殷庶，庶殷丕作。

洛誥曰：周公曰，予惟乙卯，朝至於洛師。我卜河朔黎水。我乃卜澗水東，瀍水西，惟洛食。傳曰：我卜河北黎水上，不吉。又卜澗瀍之間，南近洛，吉。今河南城也。卜必先墨畫龜，然後灼之，兆順食墨。我又卜瀍水東，亦惟洛食。傳曰：今洛陽也。將定下都，遷殷頑民，故並卜之。伻來以圖及獻卜。傳曰：遣使以地圖及獻所卜吉兆來告成王。

又曰：戊辰，王在新邑。傳曰：以十二月戊辰晦到。烝祭歲，文王騂牛一，武王騂牛一。王命作册，逸祝册，惟告周公其後。

春秋傳曰：成王定鼎於郟鄏。卜世三十，卜年七百。京相璠曰：郟，山名，鄏，邑名。

史記曰：太史公曰，學者皆稱周伐紂居雒邑，總其實不然。武王營之，成王使召公卜居，居九鼎焉，而周復都豐、鎬。至犬戎敗幽王，周乃東徙於雒邑。

平王東遷居雒邑。

史記曰：平王立，東遷於雒邑，辟戎寇。

詩譜曰：王城者，周東都王城。畿内方六百里之地，其封域在禹貢豫州太華外方之間，北得河陽，漸冀州之南。始武王作邑於鎬京，謂之宗周，是爲西都。周公攝政，五年，成王在豐，欲宅洛邑，使召公先相宅，既成，謂之王城，是謂東都，今河南是也。召公既相宅，周公往營成周，今洛陽是也。成王居洛邑，遷殷頑民於成周，復還歸處西都。至於夷厲，政教尤衰。十一世，幽王嬖褒姒，生伯服，廢申后，太子宜咎奔申。申侯與犬戎攻宗周，殺幽王。於戲！晉文侯鄭武公迎宜咎於申而立之，是爲平王。以亂故，徙居東都王城。

括地志曰：故王城本郟鄏，周公新築，在洛州河南縣北九里苑内東北隅。自平王以下十二王皆都此城，至敬王乃遷都成周，至赧王又居王城也。詳見卷五。

秦孝公都咸陽。在今陝西西安府咸陽縣東二十里。

史記曰：秦之先中潏保西垂，非子居犬丘，正義曰：地理志云：扶風槐里縣，周曰犬丘，懿王都之，秦更名廢丘，高祖三年更名槐里。封邑於秦。徐廣曰：今天水隴西縣秦亭。莊公復居犬丘。文公元年，居西垂宫。四年，居汧渭之會。寧公徙居平陽。徐廣曰：郿之平陽亭。正義曰：括地志云：平陽故城在岐州岐山縣西四十六里，秦寧公徙都之處。德公居雍。正義曰：括地志云：岐州雍縣南故雍城。獻公居櫟陽。徐廣曰：今萬年是也。孝公十二年，作爲咸陽，正義曰：括地志云：咸陽故城亦名渭城，在雍州咸陽縣，即孝公徙都之處。築冀闕，徙都之。秦凡八徙。

漢高帝初王漢中。今陝西漢中府南鄭縣。

二年冬十一月，都櫟陽。今陝西西安府臨潼縣東北櫟陽鎮。

五年春二月甲午，即皇帝位於氾水之陽，乃西幸洛陽，因戍卒婁敬之説，即日車駕西都關中。

史記劉敬傳曰：戍卒婁敬求見説上曰：「陛下都洛陽，豈欲與周室比隆哉？」上曰：「然。」敬曰：「陛下取天下與周室異。周之先自后稷，堯封之邰，積德累善十有餘世。公劉避桀居豳。太王以狄伐故，去豳，杖馬箠居岐，師古曰：箠，馬策也。杖，謂拄之也。云杖馬策者，以示無所攜持也。周人爭隨之。及文王爲西伯，斷虞芮之訟，始受命，吕望、伯夷自海濱來歸之。武王伐紂，不期而會孟津之上八百諸侯，皆曰紂可伐矣，遂滅殷。成王即位，周公之屬傅相焉，乃營成周洛邑，以此爲天下之中也，諸侯四方納貢職，道里均矣，有德則易以王，無德則易以亡。凡居此者，欲令周務以德致人，不欲依險阻，令後世驕奢以虐民也。故周之盛時，天下和洽，四夷鄉風，慕義懷德，附離而並事天子，不屯一卒，不戰一士，八夷大國之民莫不賓服，效其貢職。及周之衰也，分而爲兩，師古曰：謂東周君西周君。天下莫朝，周不能制也。非其德薄也，而形勢弱也。今陛下起豐沛，收卒三千人，以之徑往而卷蜀漢，定三秦，與項羽戰滎陽，爭成皋之口，大戰七十，小戰四十，使天下之民肝腦塗地，父子暴骨中野，不可勝數，哭泣之聲未絶，傷夷者未起，而欲比隆於成康之時，臣竊以爲不侔也。且夫秦地被山帶河，四塞以爲固，卒然有急，百萬之衆可具也。因秦之故，資甚美膏腴之地，此所謂天府者也。陛下入關而都之，山東雖亂，秦之故地可全而有也。夫與人鬭，不搤其亢，拊其背，未能全其勝也。張晏曰：亢，喉嚨也。師古曰：搤與扼同，捉持之也。亢，下郎反。

今陛下入關而都，案秦之故地，此亦搤天下之亢而拊其背也。」高帝問群臣，群臣皆山東人，争言周王數百年，秦二世即亡，不如都周。上疑未能决。及留侯明言入關便，即日車駕西都關中。東萊大事記曰：婁敬所引有德易以王，無德易以亡，乃戰國陋儒之説，於周秦形勢初未嘗放也。豐、鎬本文、武、成、康之所都，平王東遷，始以封秦耳。敬所言秦之形勢，乃周之形勢，秦漢間人多不學，但據目見言之。東遷以前，全盛之周，則識之者鮮矣。

留侯世家曰：劉敬説高帝都關中。上疑之。左右大臣皆山東人，多勸上都洛陽：「洛陽東有成皋，西有殽黽，倍河，向伊洛，其固亦足恃。」留侯曰：「洛陽雖有此固，其中小，不過數百里，田地薄，四面受敵，此非用武之國也。夫關中左殽函，右隴蜀，沃野千里，南有巴蜀之饒，北有胡苑之利，索隱曰：崔浩云：苑馬牧外接胡地，馬生於胡，故云胡苑之利。阻三面而守，獨以一面東制諸侯。諸侯安定，河渭漕輓天下，西給京師，諸侯有變，順流而下，足以委輸。此所謂金城千里，天府之國也。劉敬説是也。」於是高帝即日車駕，西都關中。

七年春二月，自櫟陽徙都長安。地理志：長安縣，高帝五年置。長安本鄉名，盧綰封長安侯，今陝西西安府長安縣西故城是也。

史記高祖本紀曰：上擊韓王信還至長安。蕭何治未央宫，立東闕、北闕、前殿、武庫、太倉。師古曰：未央殿雖南嚮，而上書奏事謁見之徒皆詣北闕，公車司馬亦在北焉。是則北闕爲正門，而又有東門、東闕，至於西南兩面，無門闕矣。蓋蕭何初立未央宫，以厭勝之術理宜然乎？上見其壯麗甚，怒，謂何曰：「天下匈匈勞苦數歲，成敗未可知，是何治宫室過度也？」何曰：「天下方未定，故可因以就宫室。且夫天子以四海爲家，非令壯麗無以重威，且無令後世有以加也。」上説，自櫟陽徙都長安。

惠帝元年春正月，城長安。

三年春，發長安六百里内男女十四萬六千人城長安，三十日罷。

夏六月，發諸侯王、列侯徒隸二萬人城長安。

五年春正月，復發長安六百里内男女十四萬五千人城長安，三十日罷。秋九月，長安城成。此據漢書孝惠本紀文。按史記吕后本紀曰：三年，方築長安城。四年，就半。五年、六年，成就。此云五年九月成，小異。索隱引漢宫闕疏：四年，築東面，五年，築北面。漢書翼奉傳曰：元帝時奉爲中郎，上延問以得失。奉以爲祭天地於雲陽汾陰，及諸寢廟不以親疏迭毁，皆煩費，違古制。又宫室苑囿，奢泰難供，以故民困國虚，亡累年之蓄。所由來久，不改其本，難以末正，迺上疏曰：「臣聞昔者盤庚改邑以興殷道，聖人美之。竊聞漢德隆盛，在於孝文皇帝躬行節儉，外省繇役。其時未有甘泉、建章及上林中諸離宫館也。未央宫又無高門、武臺、麒麟、鳳凰、白虎、玉堂、金華之殿，獨有前殿、曲臺、漸臺、宣室、温室、承明耳。孝文欲作一臺，度用百金，度，大各反。重民之財，廢而不爲，其積土基，至今猶存，師古曰：今在新豐縣南驪山頂上。又下遺詔，不起山墳。故其時天下大和，百姓洽足，德流後嗣。如令處於當今，因此制度，必不能成功名。天道有常，王道亡常，亡常者所以應有常也。必有非常之主，然後能立非常之功。臣願陛下徙都成周，左據成皋，右阻澠池，前鄉崧高，鄉嚮同。後介大河，建滎陽，扶河東，南北千里以爲關，而入敖倉，地方百里者八九，東厭諸侯之權，厭壓同。西遠羌胡之難，遠，于萬反。陛下共己無爲，共恭同。按成周之居，兼盤庚之德，萬歲之後，長爲高宗。漢家郊兆寢廟祭祀之禮，多不應古，臣奉誠難亶居而改作，如淳曰：欲徙都乃可更制度也。師古曰：亶讀曰但。但居，謂依舊都也。故願陛下遷都正本。衆制皆定，無復繕治宮館不急之費，歲可餘一年之畜。今東方連年饑饉，加之以疾疫，百姓菜色，師古曰：人專食菜，故肌膚青黃，爲菜色也。或至相食。地比震動，師古曰：比，頻也。天氣溷濁，日光侵奪。執國政者豈可不懷怵惕而戒萬分之一乎！言當防意外之變。臣願陛下因天變而徙都，所謂與天下更始者也。天道終而復始，窮則反本，故能延長而亡窮也。今漢道未終，陛下本而始之，於以永世延祚，不亦優乎！如因丙子之孟夏，順太陰以東行，張晏曰：如因今丙子之四月也。太陰是時在甲戌，常轉在乙亥，丙子，左旋之也。到後七年之明歲，必有五年之餘蓄，然後大行考室之禮，李奇曰：凡宮新成，殺牲以釁祭，致其五祀之神，謂之考室。師古曰：考，成也，成其禮也。雖周之隆盛，亡以加此。惟陛下留神，詳察萬世之策。」書奏，天子異其意，答曰：「問奉，今園廟有七，云東徙，狀何如？」奉對曰：「昔成王徙雒，盤庚遷殷，其所避就，皆陛下所明知也。非有聖明，不能一變天下之道。臣奉愚戇狂惑，惟陛下裁赦。」

王莽傳曰：更始都長安，居長樂宫。府藏完具，獨未央宫燒。更始至，歲餘政教不行。明年夏，赤眉樊崇等衆數十萬人入關，立劉盆子，稱尊號，攻更始，更始降之。赤眉遂燒長安宫室市里，害更始。民饑餓相食，死者數十萬，長安爲虚，虚墟同。城中無人行。宗廟園陵皆發掘，惟霸陵、杜陵完。六月，世祖即位，然後宗廟社稷復立，天下艾安。艾乂同。

光武建武元年夏六月己未，即皇帝位於鄗南。冬十月癸丑，車駕入雒陽，遂定都焉。

後漢書杜篤傳曰：篤以關中表裏山河，先帝舊京，不宜改營雒邑，廼上奏論都賦。杜篤論都賦曰：皇帝以建武十八年，巡於西嶽。行至長安。明年，有詔復函谷關，作大駕宫、六王邸、高車廄於長安，修理東都城門，橋涇、渭。

王景傳曰：先是杜篤奏上論遷都，欲令車駕遷還長安。耆老聞者，皆動懷土之心，莫不眷然佇立西望。景以宫廟已立，恐人情疑惑，會時有神雀諸瑞，章帝時有神雀、鳳皇、白鹿、白烏等瑞。乃作金人論，頌雒邑之美，天人之符。

獻帝初平元年春二月丁亥，遷都長安。

後漢書楊彪傳曰：關東兵起，董卓懼，欲遷都以違其難。違，避也。乃大會公卿議曰：「高祖都關中十有一世，光武宮雒陽，於今亦十世矣。按石包讖，宜徙都長安，以應天人之意。」百官無敢言者。彪曰：「移都改制，天下大事，故盤庚五遷，殷民胥怨。昔關中遭王莽變亂，宮室焚蕩，民庶塗炭，百不一在。光武受命，更都雒邑。今天下無虞，百姓樂安，明公建立聖主，光隆漢祚，無故捐宗廟，棄園陵，恐百姓驚動，必有糜沸之亂。如糜粥之沸也。石包讖，妖邪之書，豈可信用？」卓曰：「關中肥饒，故秦得并吞六國。且隴右材木自出，致之甚易。又杜陵南山下有武帝故瓦陶竈數千所，并功營之，可使一朝而辦。百姓何足與議！若有前郤，我以大兵驅之，可令詣滄海。」彪曰：「天下動之至易，安之甚難，惟明公慮焉。」卓作色曰：「公欲沮國計耶？」太尉黄琬曰：「此國之大事，楊公之言得無可思？」卓不答。司空荀爽見卓意壯，恐害彪等，因從容言曰：「相國豈樂此邪？山東兵起，非一日可禁，故當遷以圖之，此秦、漢之埶也。」卓意小解。議罷，卓使司隸校尉宣播以災異奏免琬、彪等。

三月乙巳，車駕入長安，幸未央宮。

後漢書董卓傳曰：初，長安遭赤眉之亂，宮室營寺焚滅無餘，是時唯有高廟、京兆府舍，遂便時幸焉。後移未央宮。

蔡邕集有宗廟祝嘏辭曰：嗣曾孫皇帝某，敢昭告於皇祖高皇帝，各以后配。昔受命京師，都於長安，享國十有一世，歷年二百一十載。遭王莽之亂，宗廟隳壞，世祖復帝祚，遷都雒陽，以服土中，享國一十一世，歷年一百六十五載。予末小子遭家不造，早統鴻業，奉嗣無疆。關東吏民敢行稱亂，總連州縣，擁兵聚衆，以圖叛逆，震驚王師，命將征服。股肱大臣，推皇天之命，以已行之事，遷都舊京。昔周德缺而斯干作，應運變通，自古有之。於是乃以二月丁亥來自雒，越三月乙巳，至於長安。敕躬不慎，寢疾旬日，賴祖宗之靈，以獲有瘳，吉旦齋宿，敢用潔牲，一元大武，柔毛剛鬣，商祭明視，薌合嘉蔬，香萁鹹鹺，豐本明菜醴酒，用告遷來，尚饗。又有九祝辭曰：高皇帝使工祝承致多福，無疆於爾嗣曾孫皇帝，使爾受禄於天，宜此舊都，萬國和同，兆民康乂，眉壽萬年，子子孫孫，永守民庶，勿替引之。

興平二年秋七月，車駕東歸。

建安元年秋七月甲子，車駕至雒陽。

後漢書本紀曰：車駕至雒陽，幸故中常侍趙忠宅。八月辛丑，幸南宫楊安殿。是時，宫室燒盡，百官披荆棘，依牆壁間，州郡各擁强兵，而委輸不至，群僚饑乏，尚書郎以下自出採稆，音吕。埤蒼曰：穭自生也。或饑死牆壁間，或爲兵士所殺。

八月庚申，遷都許。今河南開封府許州。

魏文帝黄初元年冬十二月，初營洛陽宫。戊午，幸洛陽。

二年春正月，改長安、譙、今鳳陽府亳州。許昌、是年正月，改許縣爲許昌縣。鄴、今河南彰德府臨漳縣西二十里。洛陽爲五都。

水經注曰：魏因漢祚，復都洛陽，以譙爲先人本國，許昌爲漢之所居，長安爲西京之遺跡，鄴爲王業之本基，故號五都。

魏略曰：立石表，西界宜陽，北循太行，東北界陽平，南循魯陽，東界郯，爲中都之地。令天下民聽内徙，復五年。

其時三國鼎立，季漢昭烈帝都成都。今四川成都府。吴大帝都建業。今南京應天府。

晉武帝泰始元年冬十二月，受魏禪，都洛陽。

惠帝永興元年冬十一月，河間王顒，使其將張方劫帝幸長安，以征西府爲宫。

光熙元年夏五月，帝還洛陽。

懷帝永嘉五年夏六月，劉曜、王彌寇洛川。帝蒙塵於平陽。

晉書本紀曰：東海王越之出也，使河南尹潘滔居守。大將軍苟晞表遷都倉垣，帝將從之，諸大臣畏滔，不敢奉詔，且宫中及黄門戀貲財，不欲出。至是饑甚，人相食，百官流亡者十八九。帝召群臣會議，將行而警衛不備。帝撫手歎曰：「如何曾無車輿！」乃使司徒傅祇出詣河陰，修理舟楫，爲水行之備，朝士數十人導從。帝步出西掖門，至銅駝街，爲盜所掠，不得進而還。

愍帝建興元年夏四月壬申，即皇帝位於長安。

四年秋八月，劉曜寇長安。冬十一月，帝蒙塵於平陽。

元帝太興元年春三月丙辰，即皇帝位於建康。愍帝建興元年，改建業爲建康。

晉書王導傳曰：蘇峻既平，宗廟宮室並爲灰燼，温嶠議遷都豫章，三吳之豪請都會稽，二論紛紜，未有所適。導曰：「建康古之金陵，舊爲帝里，又孫仲謀、劉玄德俱言王者之宅。古之帝王不以豐儉移都，苟弘衛文大帛之冠，則無往不可。若不績其麻，則樂土爲墟矣。且北寇游魂，伺我之隙，一旦示弱，竄於蠻越，求之望實，懼非良計。今特宜鎮之以静，群情自安。」由是嶠等謀並不行。

晉禪於宋，宋禪於齊，齊禪於梁，梁禪於陳。五代皆都建康，及陳後主而隋滅之。

魏始居匈奴之故地，至力微，追謚神元皇帝。乃還於定襄之盛樂。五傳至猗盧，追謚穆皇帝。乃城盛樂，以爲北都，修故平城以爲南都。帝登平城西山，觀望地勢，乃更南百里，於灅水之陽黄瓜堆築新平城，晉人謂之小平城。

四傳至賀傉，追謚惠皇帝。築城於東木根山，徙都之。紇那追謚煬皇帝。遷於大甯。翳槐追謚烈皇帝。城新盛樂。在故城東南十里。什翼犍追謚昭成皇帝。移都於雲中之盛樂宫。其孫珪始即皇帝位爲大祖。

歷代宅京記卷之二

總序下

天興元年秋七月，遷都平城，始營宫室，建宗廟，立社稷。八月，詔有司正封畿，制郊甸，端經術，標道里。

六年秋九月，行幸南平城，規度㶟南，面夏屋山，背黄瓜堆，將建新邑。

太宗泰常七年秋九月辛亥，築平城外郭，周圍三十二里。高祖太和十七年冬十月戊寅朔，幸金墉城。詔徵司空穆亮與尚書李冲、將作大匠董爵經始洛京。

十八年春正月乙亥，幸洛陽西宫。閏二月壬申，帝還至平城。癸酉，臨朝堂，部分遷留。冬十一月己丑，車駕至洛陽。

十九年秋八月，金墉宫成。九月，車駕幸金墉宫。庚午，六宫及文武遷於洛陽。

魏書任城王澄傳曰：高祖外示南討，意在謀遷，齋於明堂左個，詔太常卿王諶，親令龜卜，易筮南伐之事，其兆遇革。高祖曰：「此是湯武革命，順天應人之卦也。」群臣莫敢言。澄進曰：「易言革者更也。將欲順天應人，革君臣之命，湯武得之爲吉，陛下帝有天下，重光累葉。今日卜征乃是伐叛，不得云革命。未可全爲吉也。」高祖厲聲曰：「象云『大人虎變』，何言不吉也！」澄曰：「陛下龍興既久，豈可方同虎變！」高祖勃然作色曰：「社稷我之社稷，任城欲沮衆邪！」澄曰：「社稷誠知陛下之社稷，然臣是社稷之臣，豫參顧問，敢盡愚衷。」高祖既鋭意必行，惡澄此對，久之乃解，曰：「各言其志，亦復何傷。」車駕還宮，便召澄，未及升階，遥謂曰：「向者之革卦，今更欲論之。明堂之忿，懼衆人競言，沮我大計，故厲色怖文武耳，想解朕意也。」乃獨謂澄曰：「今日之行，誠知不易。但國家興自北土，徙居平城，雖富有四海，文軌未一，此間用武之地，非可文治，移風易俗，信爲甚難。崤函帝宅，河洛王里，因兹大舉，光宅中原，任城意以爲何如？」澄曰：「伊洛中區，均天下所據，陛下制御華夏，輯平九服，蒼生聞此，應當大慶。」高祖曰：「北人戀本，忽聞將移，能不驚擾。」澄曰：「此既非常之事，當非常人所知，唯須決之聖懷，此輩亦何能爲也。」高祖曰：「任城便是我之子房。」及駕幸洛陽，定遷都之策，詔曰：「遷移之旨，必須訪衆。當遣任城馳驛向代，問彼百司，論擇可否。近日論革，今真所謂革也，王其勉之。」既至代都，衆聞遷詔，莫不驚駭。澄援引今古，徐以曉之，衆乃開伏。澄遂南馳還報，會車駕於滑臺。高祖大悦曰：「若非任城，朕事業不得就也。」

李沖傳曰：車駕南伐，加沖輔國大將軍，統衆翼從。自發都至於洛陽，霖雨不霽，仍詔六軍發軫。高祖戎服執鞭，御馬而出，群臣皆稽顙固諫。高祖乃諭群臣曰：「今者興動不小，動而無成，何以示後？苟欲班師，無以垂之千載。朕仰惟遠祖，世居幽漠，違衆南遷，以享無窮之美。今若不南遷，即當移都於此，光宅土中，王公等以爲何如？欲遷者左，不欲者右。」安定王休等相率如右。南安王楨進曰：「夫愚者闇於成事，智者見於未萌。行至德者不議於俗，成大功者不謀於衆，非常之人乃能行非常之事。廓神都以延王業，度土中以制帝京，周公啓之於前，陛下行之於後，固其宜也。且天下至重，莫若王居，請上安聖躬，下慰民望，光宅中原，輟彼南伐。此臣等願言，蒼生幸甚。」群臣咸唱萬歲。高祖初謀南遷，恐衆心戀舊，乃示爲大舉，因以脅定群情，外名南伐，其實遷也。舊人懷土，多所不願，内憚南征，無敢言者，於是定都洛陽。

東陽王丕傳曰：高祖欲遷都，臨太極殿，引見留守之官大議。乃詔丕等，各陳其志。燕州刺史穆羆進曰：「移都事大，如臣愚見，謂爲未可。」高祖曰：「卿便言不可之理。」羆曰：「北有獫狁之寇，南有荆、揚未賓，西有吐谷渾之阻，東有高句麗之難。四方未平，九區未定。以此推之，謂爲不可。征伐之舉，要須戎馬，如其無馬，事不可克。」高祖曰：「卿言無馬，此理粗可。馬出北方，厩在此置，卿何慮無馬？今代在恒山之北，爲九州之外，以是之故，遷於中原。」羆曰：「臣聞黃帝都涿鹿，以此言之，古昔聖王不必悉居中原。」高祖曰：「黃帝以天下未定，居於涿鹿，既定之後，亦遷於河南。」尚書于果曰：「臣誠不識古事，如聞百姓之言，先皇建都於此，無何欲移，以爲不可。中原數有篡奪。自建邑平城以來，與天地並固，日月齊明。臣雖管見膚淺，終不以恒、代之地而擬伊、洛之美。但安土重遷，物之常性，一旦南移，懼不樂也。」丕曰：「陛下去歲親御六軍討蕭氏，至洛陽，遣任城王澄宣旨，敕臣等議都洛陽。初奉恩旨，心情惶越，凡欲遷移，當訊之卜筮，審定吉否，然後可。」高祖曰：「往在鄴中，司徒公誕、咸陽王禧、尚書李沖等皆欲請龜占吉凶。朕謂誕等曰，昔周、召卜宅伊、雒，乃識至兆。今無若斯之人，卜亦無益。然卜者所以決疑，此既不疑，何須卜也。昔軒轅卜兆龜焦，卜者請訪諸賢哲，軒轅乃問天老，天老謂爲善。遂從其言，終致昌吉。然則至人之量未然，審於龜矣。朕既以四海爲家，或南或北，遲速無常。南移之民，朕自多積倉儲，不令窘乏。」丕曰：「臣仰奉慈詔，不勝喜舞。」高祖詔群臣曰：「昔平文皇帝棄背率土，昭成營居盛樂，太祖道武皇帝神武應天，遷居平城。朕雖虛寡，幸屬勝殘之運，故移宅中原，肇成皇宇。卿等當奉先君令德，光迹洪規。」前懷州刺史青龍、前秦州刺史呂受恩等仍守愚固，帝皆撫而答之，辭屈而退。

孝武帝永熙三年秋七月丁未，出奔長安。己酉，高歡入洛。冬十月丙寅，立清河王世子善見爲帝。丙子，北遷於鄴。

魏書孝静帝本紀曰：是月壬申，詔曰：「安安能遷，自古之明典；所居靡定，往昔之成規。是以殷遷八城，周卜三地。吉凶有數，隆替無恒。事由於變通，理出於不得已故也。高祖孝文皇帝式觀乾象，俯協人謀，發自武州，來幸嵩縣，魏雖舊國，其命維新。及正光之際，國步孔棘，喪亂不已，寇賊交侵，俾我生民，無所措手。今遠遵古式，深驗時事，考龜襲吉，遷宅漳滏。庶克隆洪基，再昌寶歷。主者明爲條格，及時發邁。」

自是分爲東、西魏。東魏禪於齊，都鄴。西魏禪於周，都長安。及周武帝滅齊，宣帝大象元年，以洛陽爲東京。周禪於隋。

隋文帝開皇二年夏六月丙申，作新都於龍首山。在漢故城東南十三里，即今陝西西安府。

隋書高祖本紀曰：詔曰：「朕祗奉上玄，君臨萬國，屬生人之敝，處前代之宫。常以爲作之者勞，居之者逸，改創之事，心未遑也。而王公大臣陳謀獻策，咸云羲、農以降，至於姬、劉，有當代而屢遷，無革命而不徙。曹、馬之後，時見因循，乃末代之宴安，非往聖之宏義。此城從漢，彫殘日久，屢爲戰場，舊經喪亂。今之宫室，事近權宜，又非謀筮從龜，瞻星揆日，不足建皇王之邑，合大衆所聚。論變通之數，具幽顯之情，同心固請，辭情深切。然則京師百官之府，四海歸嚮，非朕一人之所獨有。苟利於物，其可違乎！且殷之五遷，恐人盡死，盤庚篇曰：重我民無盡劉。是則以吉凶之土，制長短之命。謀新去故，如農望秋，雖則劬勞，其究安宅。今區宇寧一，陰陽順序，安安以遷，勿懷胥怨。龍首山川原秀麗，卉物滋阜，卜食相土，宜建都邑，定鼎之基永固，無窮之業在斯。公私府宅，規模遠近，營構資費，隨事條奏。」乃詔左僕射高熲、將作大匠劉龍、鉅鹿郡公賀婁子幹、太府少卿高龍义等創造新都。

庾季才傳曰：高祖將遷都，夜與高熲、蘇威二人定議，季才旦而奏曰：「臣仰觀玄象，俯察圖記，必有遷都之事。且漢營此城，經今將八百歲，水皆鹹鹵，不甚宜人。願陛下協天人之心，爲遷徙之計。」高祖愕然，謂熲等曰：「是何神也！」遂發詔施行。

李穆傳曰：上素嫌臺城制度狹小，又宮内多鬼妖，蘇威嘗勸遷都，未決。適太史奏狀及穆上表請改都邑，上曰：「天道聰明，已有徵應，太師民望，復抗此請，是則可矣。」遂從之。

冬十二月丙子，名新都曰大興城。三年春三月丙辰，遷於新都。煬帝大業元年春三月丁未，營洛陽爲東京。五年春正月丙子，改東京爲東都。九年春三月丁丑，發丁男十萬城大興。

唐高祖受隋禪，都長安。

新唐書突厥傳曰：突厥既歲盜邊，或説帝曰：虜數内寇者，以府庫子女所在，我能去長安，則戎心止矣。帝使中書侍郎宇文士及踰南山，按行樊、鄧，將徙都焉。群臣贊遷，秦王獨曰：夷狄自古爲中國患，未聞周、漢爲遷也。願假數年，請取可汗以報。帝乃止。

高帝永徽五年冬十月，和雇雍州四萬一千人築長安外郭，三旬而畢。顯慶二年冬十二月丁卯，以洛陽宫爲東都。武后光宅元年秋九月甲寅，改東都爲神都。

資治通鑑曰：初，隋煬帝作東都，無外城，僅有短垣而已。武后長壽元年，鳳閣侍郎李昭德始築之。

長壽元年秋九月癸卯，以并州爲北都。

通典曰：武太后長壽元年，以并州后之故里，改爲北都。中宗神龍元年春二月甲寅，復以神都爲東都，北都爲并州。

玄宗開元九年春正月丙辰，以蒲州爲河中府，置中都。夏六月己卯，罷中都。舊唐書作秋七月戊申。

通典：時揚州功曹參軍、麗正殿學士韓覃上疏曰：「臣聞禮記月令曰，孟夏之月，無起土功，無聚大衆。昔魯夏城中丘，春秋書之，垂爲後戒。今建國都，乃長久之大業也，犯天地之大禁，襲春秋之所書，奪人盛農之時，愚臣竊以爲甚不可也。至若兩都舊制，分官衆多，費耗用度尚以爲損，豈可更建中都乎！夫河東，國之股肱郡也，勁鋭强兵盡出於是，其地隘狹，今又置都，使十萬之户將安投乎？且陋東都而幸西都，自西都而造中都，取樂一君之欲，以遺萬人之患，務在都國之多，不恤危亡之變，悦在游幸之麗，不顧兆庶之困，非所以深根固蔕不拔之長策矣。昔漢帝感鍾離之言，息事德陽之殿，趙主採續咸之諫，止造鄴都之宫。臣愚誠願下明詔，罷中都，則獲福無彊，天下幸甚。」六月三日，詔停。

十一年春正月辛卯，以并州爲太原府，置北都。

六典曰：京兆、河南、太原爲三都。

十八年夏四月乙卯，築京師外郭，凡十月而功畢。

肅宗至德二載冬十二月，戊午朔，以蜀郡爲南京，鳳翔府爲西京，西京爲中京。

上元元年秋九月甲午，以荆州爲江陵府，置南都，復以南京爲蜀郡。

二年秋九月壬寅，罷京兆、河南、太原、鳳翔四京及江陵南都之號。

元年去年號，稱元年，其年四月，改元寶應。建卯月辛亥朔，復以京兆府爲上都，河南府爲東都，鳳翔府爲西都，江陵府爲南都，太原府爲北都。

新唐書吕諲傳曰：爲荆州刺史，澧、朗、峽、忠等五州節度使。建請荆州置南都，詔可。於是更號江陵府，以諲爲尹，置永平軍萬人，遏吳、蜀之衝，以湖南之岳、潭、郴、道、邵、連，黔中之涪凡七州，隸其道。

舊唐書郭子儀傳曰：自西蕃入寇，車駕東幸。廣德元年十月，吐蕃犯京畿，上幸陝州。程元振勸帝且都洛陽以避蕃寇，代宗然之。下詔有日，子儀聞之，附章論奏曰：「臣聞雍州之地，古稱天府，右控隴、蜀，左扼崤、函，前有終南、太華之險，後有清渭、濁河之固，神明之奥，王者所都。地方數千里，帶甲十餘萬，兵强士勇，雄視八方，有利則出攻，無利則入守，此用武之國，非諸夏所同，秦、漢因之，卒成帝業，其後或處之而泰，去之而亡，前史所書，不惟一姓。及隋氏季末，煬帝南遷，河、洛丘墟，兵戈亂起。高祖倡義，亦先入關，惟能翦滅姦雄，底定區宇。以至于太宗、高宗之盛，中宗、玄宗之明，多在秦川，鮮居東洛。間者羯胡構亂，九服分離，河北、河南盡從逆命。然而先帝仗朔方之衆，慶緒奔亡，陛下藉西土之師，朝義就戮，豈惟天道助順，抑亦地形使然，此陛下所知，非臣飾説。近因吐蕃陵逼，鑾駕東巡。蓋以六軍之兵，素非精練，皆市肆屠沽之人，務挂虚名，苟避征賦，及驅以就戰，百無一堪。亦有潛輸貨財，因以求免。又中官掩蔽，庶政多荒。遂令陛下振蕩不安，退居陝服。斯蓋關於委任失所，豈可謂秦地非良者哉！今道路云云，不知信否，咸謂陛下已有成命，將幸洛都。臣熟思其端，未見其利。夫以東周之地，久陷賊中，宫室焚燒，十不存一。百曹荒廢，曾無尺椽，中間畿内，不滿千户。井邑榛棘，豺狼所嗥，既乏軍儲，又鮮人力。東至鄭、汴，達于徐方，北自覃懷，經于相土，人烟斷絶，千里蕭條。將何以奉萬乘之牲餼，供百官之次舍？矧其土地狹阨，纔數百里間，東有成皋，南有二室，險不足恃，適爲戰場。陛下奈何棄久安之勢，從至危之策，忽社稷之計，生天下之心。臣雖至愚，竊爲陛下不取。且聖旨所慮，豈不以京畿新遭剽掠，田野空虛，恐糧食不充，國用有闕，以臣所見，深謂不然。昔衛文公小國之君，諸侯之主耳，遭懿公爲狄所滅，始廬于曹，衣大布之衣，冠大帛之冠，元年革車三十乘，季年三百乘，卒能恢復舊業，享無彊之休。況明明天子，恭儉節用，苟能黜素餐之吏，去冗食之官，抑豎刁、易牙之權，任蘧瑗、史鰌之直。薄征弛力，邺隱追鰥，委諸相以簡賢任能，付老臣以練兵禦侮，則元黎自理，寇盜自平，中興之功，旬月可冀，卜年之期，永永無極矣。願時邁順動，迴鑾上都，再造邦家，維新庶政，奉宗廟以修薦享，謁陵寢以崇孝思，臣雖隕越，死無所恨。」代宗省表，垂泣謂左右曰：「子儀用心，真社稷臣也。可亟還京師。」十一月，車駕自陝還宫。

元載傳曰：扈駕自陝還，上表請以河中府爲中都，秋杪行幸，春首還京，以避蕃戎侵軼之患。帝初納之，遣條奏以聞。載遂抗表請建中都，以關輔河東等十州户税入奉京師，創制精兵五萬，管在中都，以威四方。疏入不報。

杜佑通典：議曰：「關中寓内西偏，天下勞于轉輸。雒陽宫室正在土中，周、漢以還，多爲帝宅、皇輿巡幸之處，則是國都，何必重難遷移，密邇勍寇，擇才留鎮，以息人力，自然無虞。」答曰：「古今既異，形勢亦殊。當周之興也，雖定鼎郟、鄏，而王在鎬京。幽王之亂，平王東徙，始則晉、鄭夾輔，終乃齊、晉主盟，咸率諸侯共尊王室，猶有請隧之僭，中肩之師。東漢再興，巨寇皆殄。魏、晉以下，理少亂多。今咸秦陵廟在焉，勝兵計數十萬，海内財力雲奔風趨，儻議遷都，得非蹙國，斯乃示弱天下，何以統臨四方。雒陽地瘠，彫弊尤甚，萬乘所止，千官畢臻，樵牧難資，藁秸難贍，又無百二之固，慮啟姦宄之心，豈得舍安而就危，棄大而從小也。漢高初平項羽，將宅雒陽，婁敬請居關中，張良贊成其計，田肯稱賀，方策備存。武德中，突厥牙帳在於河曲，數十萬騎將過原州，時以傷夷未平，財力且乏，百辟卿士震恐，皆請遷都山南，太宗獻計，固争方止，永安宗社，實賴聖謨。」議者又曰：「雒陽四戰之地，既將不可。蒲坂虞、舜舊國，表裏山河。江陵亦嘗設都，控壓吴、蜀，遠道避翟，寧不堪居？」答曰：「蒲坂土瘠人貧，困竭甚於雒邑，江陵本非要害，梁主數歲國亡。夫臨制萬國，尤惜大勢，秦川是天下之上腴，關中爲海内之雄地，巨唐受命，本在於兹，若居之則勢大而威遠，舍之則勢小而威近，恐人心因斯而摇，未可輕議。」

僖、昭之時乘輿屢出。

舊唐書僖宗紀曰：光啟元年十二月，沙陀逼京師，田令孜奉帝出幸鳳翔。初，黄巢據京師，九衢三内，宫室宛然。及諸道兵破賊，争貨相攻，縱火焚剽，宫室居市閭里，十焚六七。賊平之後，令京兆尹王徽補葺。至是，亂兵復焚，宫闕蕭條，鞠爲茂草矣。

新唐書朱朴傳曰：昭宗時朴爲國子博士。上書議遷都曰：「古王者不常厥居，皆觀天地興衰，隨時制事。關中隋家所都，我實因之凡三百歲，文物資貨，奢侈僭僞皆極焉。廣明巨盜陷覆，宫闕、局署、帑藏、里閈、井肆，所存十二，比幸石門、華陰，十二之中又亡八九，高祖、太宗之制蕩然矣。夫襄、鄧之西，夷漫數百里，其東漢輿、鳳林爲之關，南菊潭環屈而流屬於漢，西有上洛重山之險，北有白崖聯絡，乃形勝之地，沃衍之墟。若廣浚漕渠，運天下之財，可使大集。自古中興之君，去已衰之衰，就未王而王。今南陽，漢光武雖起而未王也。臣視山河壯麗處多，故都已盛而衰，難可興已。江南土薄水淺，人心囂浮輕巧，不可以都。河北土厚水深，人心彊愎狠戾，不可以都。唯襄、鄧實居中原，人心質良，去秦咫尺，而有上洛爲之限，永無夷狄侵軼之虞，此建都之極選也。」不報。

趙匡凝傳曰：匡凝爲山南東道節度使，天祐元年封楚王。時諸道不上供，惟匡凝歲貢賦天子。又曰：昭宗嘗有意都襄陽，依匡凝以全。

昭宗天祐元年春正月壬戌，朱全忠逼帝幸東都。夏閏四月甲辰，車駕至東都。

舊唐書昭宗紀曰：乾寧三年七月丙申，上幸華州。九月己卯朔，汴州朱全忠、河南尹張全義與關東諸侯俱上表，言秦中有災，請車駕還都洛陽。全忠、全義言：臣已表率諸蕃繕治洛陽宫室。優詔答之。天祐元年正月己酉，全忠率師屯河中，遣牙將寇彦卿奉表請車駕遷都洛陽。全忠令長安居人按籍遷居，徹屋木，自渭浮河而下，連甍號哭，月餘不息。秦人大罵於路曰：「國賊崔胤，召朱温傾覆社稷，俾我及此，天乎！天乎！」丁巳，車駕發京師。癸亥，次陝州。閏四月丁酉，車駕發陝州。甲辰，至東都，由徽安門入。是日，大風雨土，跬步不辨物色，日暝少止。上謁太廟，禮畢還宫，御正殿宣勞從官衛士，受賀。乙巳，上御光政門，大赦，制曰：「乃睠中州，便侯伯會朝之路；運逢百六，順古今禳避之宜。況建鼎舊京，我家二宅，轘轅通其左，郟、鄏引其前。周平王之東遷，更延姬姓；漢光武之定業，克茂劉宗。肇葺新都，祈天永命，皆因否運，復啟昌期。或西避於戎狄，或載殲於妖孽。朕遭家不造，布德不明，十載以來，三罹播越。亦屬災纏秦、雍，叛起邠、岐。始幸石門，以避衛兵之亂，載還華嶽，仍驚畿邑之侵。憂危則矢及車輿，陵脅則火延宫廟。迨至逆連宫豎，構結姦兇，致劉季述幽朕於下宫，韓全誨劫子於右輔。莫匪兵圍内殿，焰亘九重，皆思假武以容身，唯效指鹿而威衆。矯宣天憲，欺蔑外藩，行書詔以任情，欲忠良而獲罪。雖群方岳牧，協力匡扶，拘戎律於阻修，報朝恩而隔越。副元帥梁王全忠以兼鎮近輔，總兵四藩，遠赴岐陽，躬迎大駕。幸勤百戰，盡剿兇渠，營野三年，竟迴鑾輅。咸、鎬載新其宫闕，讓、珪絶類於閹徒，方崇再造之功，以正中興之運。又邠、岐結釁，巴、蜀連兵，上負國恩，下隳鄰好。焚宫烈火，更延爇於親鄰；卻駕兇鋒，復延侵於禁苑。抑又太乙遊處，併集六宫，罰星熒惑，久纏東井，玄象薦災於秦分，地形無過於洛陽。爰有一二藎臣，洎四方同志，竭心王室，共誓嘉謀。魏、鎮、定、燕，航大河而畢至，陳、徐、潞、蔡，輦巨軸以偕來。披荆棘而立朝廷，刬灰燼而化輪奂。左郊祧而右社稷，肅爾崇嚴；前廣殿而後重廊，藹然華邃。公卿僉議，龜筮協從。甲子令年，孟夏初吉，備法駕而離陝分，列百官而入洛郊，觀此殷繁，良多嘉慰。謝罪太廟，憂惕驚懷，登御端門，軫惻興感。蓋以一人寡祐，致萬姓靡寧，工役艱疲，忠良盡瘁，克建再遷之業，冀延八百之基。宜覃涣汗之恩，俟此雍熙之慶，滌瑕盪垢，咸與維新。可大赦天下，改天復四年爲天祐元年。於戲！肆眚閶闔，即安宫闈。雖九廟几筵，已閟於新室，而諸陵松柏，遥隔於舊都。將務乂寧，難申綣慕。文武百辟，執事具僚，從我千里而來，端爾一心莅政。恩覃既往，效責從新，方當開國之初，必舉慢官之罰。」

五代史寇彦卿傳曰：初，太祖朱全忠僞號梁太祖。與崔胤謀，欲遷都洛陽，而昭宗不許。其後昭宗奔于鳳翔，太祖以兵圍之，昭宗既出，明年，太祖以兵至河中，遣彦卿奉表迫請遷都。彦卿因悉驅徙長安居人以東，人皆拆屋爲栰，浮渭而下，道路號哭，仰天大駡曰：「國賊崔胤、朱温使我至此！」昭宗亦顧瞻陵廟，徬徨不忍去，謂其左右爲俚語云：「紇干山頭凍死雀，何不飛去生處樂。」相與泣下沾襟。

資治通鑑曰：正月丁巳，上御延禧樓，朱全忠遣牙將寇彦卿奉表，稱邠、岐兵逼畿甸，請上遷都洛陽。及下樓，裴樞已得全忠移書，促百官東行。戊午，驅徙士民，號哭滿路，老幼繦屬，月餘不絶。壬戌，車駕發長安，全忠以其將張廷範爲御營使，毁長安宫室百司及民間廬舍，取其材，浮渭沿河而下，長安自此遂丘墟矣。

梁太祖開平元年夏四月戊辰，以汴州爲開封府，建名東都。以唐東都爲西都，廢西京爲雍州佑國軍。

後唐莊宗同光元年夏四月己巳，以魏州爲興唐府，建東京。太原府建西京。以鎮州爲真定府，建北都。冬十一月乙巳，復北都爲鎮州，以太原爲北都。丙辰，復汴州爲宣武軍。辛酉，復西京京兆府。

三年春三月辛酉，改東京爲鄴都，以洛京爲東都。

明宗天成四年夏六月戊申，罷鄴都。

晉高祖天福三年冬十月庚辰，復以汴州爲東京，洛陽爲西京，雍州爲晉昌軍。十一月辛亥，升廣晉府爲鄴都。

周高祖顯德元年春正月戊寅，罷鄴都。

世宗顯德三年春正月戊戌，發開封府曹、滑、鄭州民十餘萬，築大梁外城。

宋太祖受周禪，都東京。

開寶元年春正月甲午，增治京城。

王應麟地理通釋曰：太祖生於洛陽，有遷都之意，晉王言非便，太祖曰：「朕將西遷者，欲據山河之固，而去冗兵。」王又言：「在德不在險。」太祖曰：「不出百年，天下民力殫矣。」

真宗景德三年春二月甲申，以宋州爲應天府。

大中祥符七年春正月，建應天府爲南京。

仁宗慶曆二年夏五月戊午，建大名府爲北京。

宋史范仲淹傳曰：時呂夷簡執政，他日論建都之事，仲淹曰：「洛陽險固，而汴爲四戰之地，太平宜居汴，即有事必居洛陽。當漸廣儲蓄，繕宮室。」帝問夷簡，夷簡曰：「此仲淹迂闊之論也。」仲淹乃爲四論以獻。

呂夷簡傳曰：契丹聚兵幽、薊，聲言將入寇，議者請城洛陽。夷簡謂：「契丹畏壯侮怯，遽城洛陽，亡以示威，景德之役，非乘輿濟河，則契丹未易服也。宜建都大名，示將親征以伐其謀。」或曰：「此虛聲爾，不若修洛陽。」夷簡曰：「此子囊城郢計也。使契丹得渡河，雖高城深池，何可恃耶？」乃建北京。

神宗熙寧八年秋八月庚戌，發河北、京東兵及監牧卒修都城。

徽宗政和六年春二月庚寅，廣京城。

高宗建炎元年夏五月庚寅朔，即位于南京應天府。

三年秋七月辛卯，以杭州爲臨安府。

紹興元年冬十一月戊戌，詔駐蹕臨安。

二年春正月己未，修臨安城。

宋史陳亮傳曰：淳熙五年，亮詣闕上書曰：「夫吳、蜀天地之偏氣，錢塘又吳之一隅。當唐之衰，錢鏐以閭巷之雄，起王其地，自以不能獨立，常朝事中國以爲重。及我宋受命，俶以其家入京師，而自獻其土。故錢塘終始五代，被兵最少，而二百年之間，人物日以繁盛，遂甲於東南。及建炎、紹興之間，爲六飛所駐之地，當時論者，固已疑其不足以張形勢而事恢復矣。秦檜又從而備百司庶府，以講禮樂於其中，其風俗固已華靡，士大夫又從而治園囿臺榭，以樂其生於干戈之餘，上下晏安，而錢塘爲樂國矣。一隙之地本不足以容萬乘，而鎮壓且五十年，山川之氣蓋亦發泄而無餘矣。故穀粟、桑麻、絲枲之利，歲耗於一歲；禽獸、魚鼈、草木之生，日微於一日，而上下不以爲異也。公卿將相大抵多江、浙、閩、蜀之人，而人才亦日以凡下，場屋之士以十萬數，而文墨小異，已足以稱雄於其間矣。陛下據錢塘已耗之氣，用閩、浙日衰之士，而欲鼓東南習安脆弱之衆，北向以爭中原，臣是以知其難也。荆、襄之地，在春秋時，楚用以虎視齊、晉，而齊、晉不能屈也。及戰國之際，獨能與秦爭帝。其後三百餘年，而光武起於南陽，同時共事，往往多南陽故人。又二百餘年，遂爲三國交據之地，諸葛亮由此起輔先主，荆、楚之士從之如雲，而漢氏賴以復存於蜀。周瑜、魯肅、吕蒙、陸遜、陸抗、鄧艾、羊祜皆以其地顯名。又百餘年，而晉氏南渡，荆、雍常雄於東南，而東南往往倚以爲彊，梁竟以此代齊。及其氣發泄無餘，而隋、唐以來遂爲偏方下州。五代之際，高氏獨常臣事諸國。本朝二百年之間，降爲荒落之邦，北連許、汝，民居稀少，土産卑薄，人才之能通姓名於上國者，如晨星之相望。況至於建炎、紹興之際，群盜出没於其間，而被禍尤極，以迄於今。雖南北分畫交據，往往又置於不足用，民食無所從出，而兵不可由此而進。議者或以爲憂，而不知其勢之足用也。其地雖要爲偏方，然未有偏方之氣五六百年而不發泄者，況其東通吴會，西連巴、蜀，南極湖、湘，北控關、洛，左右伸縮，皆足以爲進取之機。今誠能開懇其地，洗濯其人，以發泄其氣而用之，使足以接關、洛之氣，則可以爭衡於中國矣。是亦形勢消長之常數也。陛下慨然移都建業，百司庶府皆從草創，軍國之儀皆從簡略，又作行宫於武昌，以示不敢寧居之意。常以江、淮之師爲金人侵軼之備，而精擇一人之沈鷙有謀、開豁無他者，委以荆、襄之任，寬其文法，聽其廢置，撫摩振厲於三數年之間，則國家之勢成矣。」

遼初國號曰契丹，居潢水之上，名曰西樓。

太祖神册三年春二月癸亥，城皇都。

四年春二月丙寅，修遼陽故城，以漢民、渤海户實之，改爲東平郡。

太宗天顯三年冬十二月，升東平郡爲南京。

會同元年冬十一月，晉遣趙瑩奉表來賀，以幽、薊、瀛、莫、涿、檀、順、嬀、儒、新、武、雲、應、朔、寰、蔚十六州并圖籍來獻。於是詔以皇都爲上京，府曰臨潢。升幽州爲南京，南京爲東京。

聖宗統和二十五年春正月，建中京。

興宗重熙十三年冬十一月丁卯，改雲州爲西京。

金之先在混同江、長白山，至獻祖乃徙居海古水，耕墾樹藝，始築室，有棟宇之制，人呼其地爲納葛里。納葛里者，漢語居室也。自此遂定居于按出虎水之側，太祖建國稱京師。

熙宗天眷元年秋八月，以京師爲上京，府曰會寧，舊上京爲北京。

海陵天德三年春三月壬辰，詔廣燕城，建宮室。夏四月丙午，詔遷都燕京。

貞元元年春三月辛亥，至燕京。乙卯，改燕京爲中都，府曰大興，汴京爲南京，中京爲北京。

正隆二年秋八月甲寅，罷上京留守司。冬十月壬寅，命會寧府毁舊宮殿、諸大族第宅及儲慶寺，仍夷其址而耕種之。

金史海陵本紀曰：削上京之號，止稱會寧府，稱爲國中者以違制論。

三年冬十一月，詔左丞相張浩、參知政事敬嗣暉營建南京宮室。

六年夏六月癸亥，至南京。

世宗大定十三年秋七月庚子，復以會寧府爲上京。

宣宗貞祐二年秋七月，遷都南京。

金史完顔訛可傳曰：初，宣宗議遷都，朝臣謂可遷河中：河中背負關陝五路，士馬全盛，南阻大河，可建行臺以爲右翼。前有絳陽、平陽、太原三大鎮，敵兵不敢輕入。應三鎮郡縣之民皆聚之山寨，敵至則爲晝攻夜劫之計。屯重軍中條，則行在有萬全之固矣。主議者以河中在河朔，又無宮室，不及汴梁，議遂寢。

撒合輦傳曰：宣宗改河南府爲金昌府，號中京，又擬少室山頂爲御營，命移剌粘合築之。

元初國號曰蒙古。太祖始即位于斡難河之源。十五年建都和林。

元史地理志曰：和寧路，始名和林，以西有哈剌和林河，因以名城。太祖十五年，定河北諸郡，建都於此，前後五朝都焉。

世祖以憲宗六年春三月，命僧子聰後名劉秉忠。卜地于桓州東，灤水北，城開平府，經營宮室。

中統四年五月戊子，陞開平府爲上都。

至元元年八月乙卯，改燕京爲中都。

四年春正月，城中都，始建宗廟宮室。

九年春二月壬辰，改中都爲大都。

元史劉秉忠傳曰：初，帝命秉忠相地於桓州東灤水北，建城郭于龍岡，三年而畢，名曰開平。繼升爲上都，而以燕爲中都。四年，又命秉忠築中都城，始建宗廟宮室。八年，奏建國號曰大元，而以中都爲大都。

二十年夏六月丙申，發軍修完大都城。

歷代宅京記卷之三

關中一

周　秦　漢

春秋傳曰：昭公四年，楚椒舉對靈王曰：「康有酆宮之朝。」註：酆在始平鄠縣東，有靈臺，康王於是朝諸侯。

詩文王有聲箋曰：文王作邑於豐，立宮室。

括地志曰：豐宮，文王宮也，在雍州鄠縣東三十五里。

詩曰：經始靈臺，經之營之，庶民攻之，不日成之。經始勿亟，庶民子來，王在靈囿，麀鹿攸伏，麀鹿濯濯，白鳥翯翯。王在靈沼，於牣魚躍。三輔黃圖：靈囿在長安縣西四十二里。

孟子曰：文王之囿，方七十里，芻蕘者往焉，雉兔者往焉。

又曰：文王以民力爲臺爲沼，而民歡樂之，謂其臺曰靈臺，謂其沼曰靈沼，樂其有麋鹿魚鼈。

司馬法曰：偃伯靈臺，答民之勞，示休也。

淮南子曰：文王歸，乃爲玉門築靈臺。

春秋傳曰：僖公十五年，秦獲晉侯，乃舍諸靈臺。註：在京兆鄠縣。周之故臺。括地志曰：辟雍靈沼，今悉無復處，惟靈臺孤立，高二丈，周回一百二十步。

水經注曰：豐水北經靈臺西，文王又引水爲辟廱靈沼。詩正義引鄭玄說：辟廱及靈臺、靈囿、靈沼皆同處在郊。

括地志曰：靈臺高二丈，周回百二十步。

詩靈臺曰：於論鼓鐘，於樂辟廱。辟廱，文王之學。傳曰：水旋邱如璧曰辟廱，以節觀者。正義曰：水旋邱如璧者，璧體圓而內有孔。此水亦圓，而內有地，猶如璧然。土之高者曰邱，此水內之地，未必高於水外。正謂水下而地高，故以邱言之。以水繞邱，所以節約觀者，令在外而觀也。大戴禮曰：明堂外水曰辟廱。白虎通曰：辟者，象璧圜以法天。雍者，壅之以水，象教化流行。

文王有聲曰：鎬京辟廱。武王之學。

王制曰：天子曰辟廱。諸侯曰頖宮。

史記封禪書曰：豐、滈有天子辟池。索隱曰：即周天子辟雍之地。正義曰：周文、武豐鄗皆置辟雍，故秦立祠。

三輔黄圖曰：文王辟雍在長安西北四十里，亦曰璧廱。

淮南子曰：文王周觀得失，徧覽是非，堯、舜所以昌，桀、紂所以亡者，皆著於明堂。著，猶圖也。

樂記曰：武王克殷，祀于明堂，而民知孝。

詩序曰：我將祀文王於明堂也。

孝經曰：宗祀文王於明堂，以配上帝。註曰：明堂，天子布政之宫也。周公祀上帝於明堂，乃尊文王以配之。

明堂位曰：昔者周公朝諸侯於明堂之位，天子負斧依上聲南鄉去聲而立，三公中階之前，北面東上。諸侯之位，阼階之東，西面北上。諸伯之國，西階之西，東面北上。諸子之國，門東，北面東上。諸男之國，門西，北面東上。九夷之國，東門之外，西面北上。八蠻之國，南門之外，北面東上。六戎之國，西門之外，東面南上。五狄之國，北門之外，南面東上。九采之國，應門之外，北面東上。四塞先代反。世告至此。周公明堂之位也。明堂也者，明諸侯之尊卑也。武王崩，成王幼弱，周公踐天子之位，以治天下。六年，朝諸侯於明堂，制禮作樂，頒度量，而天下大服。七年，致政於成王。

考工記曰：周人明堂，度九尺之筵，東西九筵，南北七筵，堂崇一筵。五室，凡室二筵。

周書明堂解曰：明堂方百一十二尺，高四尺，階廣六尺三寸。室居中，方百尺。室中方六十尺，户高八尺，廣四尺。東應門，南庫門，西皋門，北雉門。東方曰青陽，南方曰明堂，西方曰總章，北方曰玄堂，中央曰太廟。左爲左個，右爲右個。

大戴禮曰：明堂以茅蓋屋，上圓下方。外水曰辟雍，赤綴户也，白綴牖也。堂高三尺，東西九筵，南北七筵。九室十二堂。室四户，户二牖。其宫方三百步，在近郊三十里，或以爲明堂者，文王之廟也。周時德澤洽和，蒿茂大以爲宫柱，名蒿宫也。

白虎通曰：明堂上圓下方，八窗四闥。布政之宫，在國之陽。上圓法天，下方法地，八窗象八風，四闥法四時，九室法九州，十二坐法十二月，三十六户法三十六雨，七十二牖法七十二風。漢書應劭註作三十六旬，七十二候。

春秋傳曰：昭公十二年，楚右尹子革對靈王曰：「王是以獲没於祗宫。」謂周穆王。

竹書紀年曰：穆王元年，築祗宫于南鄭。

九年，築春宫。

十四年五月，作范宫。

十五年，作重璧臺。

詩序曰：斯干，宣王考室也。其詩曰：秩秩斯干，幽幽南山。長樂劉氏曰：南山，鎬京之陽，終南之山也。

漢書劉向傳曰：宣王中興，更爲儉宫室，小寢廟。詩人美之，斯干之詩是也。

秦

史記年表曰：襄公八年，始立西畤，祠白帝。索隱曰：畤，止也，言神靈之所依止也。

本紀曰：文公元年，居西垂宫。

十年初爲鄜畤。索隱曰：鄜，音敷，地名，後爲縣屬馮翊。

封禪書曰：秦文公夢黄蛇自天而下屬地，其口止於鄜衍。索隱引鄭衆註周禮曰：下平曰衍。文公問史敦，敦曰：「此上帝之徵，君其祠之。」於是作鄜畤，用三牲郊祭白帝焉。自未作鄜畤也，而雍旁故有吴陽武畤，雍東有好畤，皆廢無祠。或曰：「自古以雍州積高，神明之隩，故立畤郊上帝，諸神祠皆聚云。蓋黄帝時嘗用事，雖晚周亦郊焉。」其語不經見，搢紳者不道。索隱引鄭衆註周禮曰：搢讀曰薦，謂進而置於紳帶之間。

年表曰：十九年，作祠陳寶。

封禪書曰：作鄜畤後九年，文公獲若石云，於陳倉北阪城祠之。蘇林曰：質如玉石也。索隱曰：之，語辭也。其神或歲不至，或歲數來，來也常以夜，光輝若流星，從東南來集於祠城，則若雄雞，其聲殷云，野雞夜雊。臣瓚曰：殷，聲也。以一牢祠，命曰陳寶。正義曰：三秦記云，太白山西有陳倉山，山上有石雞。括地志云：陳倉山在岐州陳倉縣。又云：寶雞神祠在漢陳倉縣故城中，今陳倉縣東。

本紀曰：武公元年，居平陽封宮。正義曰：宮在岐州平陽城內。

德公元年，初居雍城大鄭宮。正義曰：漢有五畤，在岐州雍縣南，鄜畤、吴陽上畤、下畤、密畤、北畤。

宣公四年作密畤。

封禪書曰：秦宣公作密畤於渭南，祭青帝。

始皇本紀曰：康公、共恭同公居雍高寢，桓公居雍大寢，景公居雍高寢，躁公居受寢。

年表曰：靈公三年，作上、下畤。

封禪書曰：秦靈公作吴陽上畤，祭黄帝，作下畤，祭炎帝。索隱曰：吴陽，地名，蓋在岳之南。又上云：雍旁有故吴陽武畤，今蓋因武畤又作上、下畤，以祭黄帝、炎帝。

櫟陽雨金，秦獻公自以爲得金瑞，故作畦畤櫟陽而祀白帝。晉灼曰：漢註：「在隴西西縣人先祠山下，形如種韭畦，畦各一土封。」按本文明言作畦畤櫟陽，不當在隴西也。以上諸畤皆在雍，獻公徙治櫟陽，適有雨金之瑞，故即其所都之地作之，安得遠立祀於隴西哉！

本紀曰：獻公二年，城櫟陽。史記正義曰：櫟陽故城，在雍州東北百二十里。又曰：括地志云，櫟陽故宮，在櫟陽縣北三十五里，秦獻公所造。三輔黃圖云：高祖都長安，未有宮室，居櫟陽宮也。

孝公十二年，作爲咸陽，築冀闕，徙都之。

始皇本紀曰：二十六年初并天下，收天下兵，應劭曰：古者以銅爲兵。聚之咸陽，銷以爲鐘鐻，金人十二，重各千石，置宮廷中。正義曰：漢書五行志云，二十六年，有大人長五丈，足履六尺，皆夷狄服，凡十二人，見於臨洮，故銷兵器，鑄而象之。謝承後漢書云：銅人，翁仲其名。三輔舊事云：聚天下兵器，鑄銅人十二，各重二十四萬斤。漢世在長樂宮門。漢書郊祀志曰：甘露元年夏，建章、未央、長樂宮鐘簴銅人皆生毛，長一寸許，時以爲美祥。魏志董卓傳云：悉椎破銅人、鐘簴及壞五銖錢，更鑄小錢。關中記云：董卓壞銅人十餘枚，徙清明門裏。魏明帝欲將詣洛，載到霸城，重不可致，便留之。後石虎徙之鄴，苻堅又徙入長安而銷之。徙天下豪富於咸陽十二萬户。諸廟及章臺、上林皆在渭南。秦每破諸侯，寫放其宮室，作之咸陽北阪上，正義曰：今咸陽縣北阪上。南臨渭，自雍門以東至涇、渭，正義曰：雍門在今岐州雍縣東。殿屋複道周閣相屬。所得諸侯美人鐘鼓，以充入之。

二十七年，作信宮渭南，已更命信宮爲極廟，象天極。索隱曰：爲宮廟象天極，故曰極廟。天官書曰：中宮曰天極是也。自極廟道通酈山，作甘泉前殿。築甬道，自咸陽屬之。應劭曰：謂於馳道外築牆，天子於中行，外人不見。甬，音勇。

三十五年，始皇以爲咸陽人多，先王之宮廷小，吾聞周文王都豐，武王都鎬，豐、鎬之間，帝王之都也。乃營作朝宮渭南上林苑中。先作前殿阿房，正義曰：房，白郎反。括地志云：秦阿房宮，亦曰阿城，在雍州長安縣西北一十四里。按：宮在上林苑中，雍州郭城西南面，即阿房宮城東面也。師古云：阿，近也。以其去咸陽近，且號阿房。東西五百步，南北五十丈，上可以坐萬人，下可以建五丈旗，周馳爲閣道，自殿下直抵南山。表南山之顛以爲闕。爲複道，自阿房渡渭，屬之咸陽，以象天極閣道絶漢抵營室也。索隱曰：天官書云，天極紫宮後十七星絶漢抵營室，曰閣道。阿房宮未成，成欲更擇令名名之。作宮阿房，故天下謂之阿房宮。索隱曰：此以形名宮也，言其宮四阿旁廣也。隱宮徒刑者七十餘萬人，正義曰：餘刑見於市朝。宮刑，一百日隱於蔭室養之乃可，故曰隱宮，下蠶室是。乃分作阿房宮，或作酈山。發北山石椁，乃寫蜀、荆地材皆至。寫，輸也。關中計宮三百，關外四百餘。於是立石東海上朐界中，以爲秦東門。因徙三萬家麗邑，麗，驪同。五萬家雲陽，皆復不事十歲。

二世元年，東行郡縣，還至咸陽，曰：先帝爲咸陽朝廷小，故營阿房宮爲室堂。未就，會上崩，罷其作者，復土酈山。正義曰：謂出土爲陵，既成，還復其土，故云復土。酈山事大畢，今釋阿房宮弗就，則是章先帝舉事過也。復作阿房宮。

水經注曰：關中記曰，阿房殿在長安西南二十里，殿東西千步，南北三百步，庭中受十萬人。

又曰：鎬水逕磁石門西。門在阿房前，悉以磁石爲之，故專其目。令四夷朝者，有隱甲懷刃入門，而脅之以示神，故亦曰却胡門也。

漢書賈山傳曰：起咸陽而西至雍，離宫三百，鐘鼓帷帳，不移而具。又爲阿房之殿，殿高數十仞，東西五里，南北千步，從車羅騎，四馬鶩馳，旗旗不撓。爲宫室之麗至於此，使其後世曾不得聚廬而託處焉。

漢書地理志曰：右扶風。雍，秦惠公都之。有橐泉宫，孝公起。祈年宫，惠公起。史記正義：蘄年宫，在岐州城西故城内。

棫陽宫，昭王起。在今岐州扶風縣東北。

鄠，有萯陽宫，秦文王起。亦作倍陽。漢書東方朔傳：長楊、五柞、倍陽、宣曲尤幸。師古曰：倍陽即萯陽也，其音同耳，在今鄠縣西南二十三里。

陳倉，有羽陽宫，秦武王起。

盩厔，有長楊宫，有射熊館，秦昭王起。

好時，有梁山宫，始皇起。史記：三十五年幸梁山宫。

虢，有虢宫，秦宣太后起。在今岐州虢縣界。

美陽，有高泉宫，秦宣太后起。

三輔黄圖曰西垂宫。見上。

平陽，封宫。見上。

蘄年宫，秦穆公所造。漢志作惠公。

橐泉宫，皇覽曰：秦穆冢在橐泉宫祈年觀下。

步高宫，在新豐縣，亦名市邱城。

步壽宫，在新豐縣步高宫西。

萯陽宫。見上。

虢宫。見上。

棫陽宫。見上。

信宫，亦曰咸陽宫。始皇窮極奢侈，築咸陽宫，因北阪營殿，端門四達，以制紫宫象帝居。引渭水貫都，以象天漢。横橋南渡，以法牽牛。橋廣六丈，南北二百八十步，六十八間，八百五十柱，二百一十二梁。橋之南北有隄，繳立石柱。水經注曰：柱南京兆立之，柱北馮翊立之，有令、丞各領徒一千五百人。咸陽北至九嵕、甘泉，南至鄠、杜，東至河，西至汧、渭之交，東西八百里，南北四百里，離宫别館，彌山跨谷，輦道相屬，木衣綈繡，土被朱紫。宫人不移，樂不改懸，窮年忘歸，猶不能徧。

朝宮，始皇營朝宮於渭南上林苑。庭中可受十萬人，車行酒，騎行炙，千人唱，萬人和。收天下兵，聚之咸陽，銷以爲鐘鐻，高三丈，鐘小者皆千石也。銷鋒鏑以爲金人十二，以弱天下之人，立於宮門，坐高三丈。銘其後曰：「皇帝二十六年，初兼天下，改諸侯爲郡縣，一法律，同度量。大人來見臨洮，其大五丈，足跡六尺。」銘李斯篆，蒙恬書。

阿房宮，亦曰阿城。惠文王造，宮未成而亡。始皇廣其宮，規恢三百餘里，閣道通驪山八十餘里。表南山之顛以爲闕，絡樊川以爲池。作阿房前殿，以木蘭爲梁，以磁石爲門。

興樂宮，秦始皇造。見下。

鐘宮在鄠縣東北二十五里。始皇收天下兵，銷爲鐘鐻，此或其處也。

蘭池宮，史記：始皇三十一年，爲微行咸陽，與武士四人俱，夜出逢盜蘭池。漢書：渭城縣有蘭池宮。正義曰：括地志云，蘭池陂即古之蘭池，在咸陽縣界。秦記云：始皇引渭水爲池，築爲蓬、瀛，刻石爲鯨，長二百丈。逢盜之處也。李善文選註：咸陽縣東南三十里周氏陂，陂南一里有漢蘭池宮。

梁山宮，在好畤界，古公踰梁山，邑于岐下即此。

長楊宮在盩厔。見上。

望夷宮，在涇陽縣界長平觀道東，北臨涇水，以望北夷，因爲宮名。史記：二世乃齋於望夷宮。張晏曰：宫在長陵西北，長平觀道東，故亭處是也。

林光宮，二世所造，從廣各五里，在雲陽縣界。

雲閣，二世所造。起雲閣欲與南山齊。

咸陽故城，在今咸陽東二十里。自孝公至二世，並都此城。馳道，案秦始皇本紀：二十七年治馳道。註曰：天子道也。蔡邕曰：馳道，天子所行道也，今之中道。然漢書賈山傳曰：秦爲馳道於天下，東窮燕、齊，南極吴、楚，江湖之上，濱海之觀畢至。道廣五十步，三丈而樹，厚築其外，隱以金椎，樹以青松。漢令諸侯有制，得行馳道中者，行旁道，無得行中央三丈，不如令，没入其車馬。

漢書鄒陽傳曰：秦倚曲臺之宫，懸衡天下。

韓非子曰：秦大饑，應侯請曰：五苑之草著、蔬菜、橡果、棗、栗，足以活民，請發之。

漢

漢書地理志曰：秦地於天官東井、輿鬼之分野也。其界自弘農故關以西，京兆、扶風、馮翊、北地、上郡、西河、安定、天水、隴西，南有巴、蜀、廣漢、犍爲、武都，西有金城、武威、張掖、酒泉、燉煌，又西南有牂柯、越巂、益州，皆宜屬焉。秦之先曰柏益，出自帝顓頊，堯時助禹治水，爲舜朕虞，養育草木鳥獸，賜姓嬴氏，歷夏、殷爲諸侯。至周有造父，善馭習馬，得華騮、緑耳之乘，幸于穆王，封于趙城，故更爲趙氏。後有非子，爲周孝王養馬汧、渭之間。孝王曰：「昔伯益知禽獸，子孫不絶。」廼封爲附庸，邑之于秦，今隴西秦亭秦谷是也。至玄孫，氏爲莊公，師古曰：氏與是同，古字通用。破西戎，有其地。子襄公時，幽王爲犬戎所敗，平王東遷雒邑。襄公將兵救周有功，賜受郂、酆之地，師古曰：郂亦岐字。列爲諸侯。後八世，穆公稱伯，以河爲竟。十餘世，孝公用商君，制轅田，開仟佰，東雄諸侯。子惠公初稱王，得上郡、西河。孫昭王開巴、蜀，滅周，取九鼎。昭王曾孫政并六國，稱皇帝，負力怙威，燔書阬儒，自任私智。至子胡亥，天下畔之。故秦地於禹貢時跨雍、梁二州，詩風兼秦、豳兩國。昔后稷封斄，公劉處豳，太王徙郂，文王作酆，武王治鎬，其民有先王遺風，好稼穡，務本業，故豳詩言農桑衣食之本甚備。有鄠、杜竹林，南山檀柘，號稱陸海，爲九州膏腴。師古曰：言其地高陸而饒物産，如海之無所不出，故云陸海。腹之下肥曰腴，故取喻云。始皇之初，鄭國穿渠，引涇水溉田，沃野千里，民以富饒。漢興，立都長安，徙齊諸田，楚昭、屈、景及諸功臣家於長陵。後世世徙吏二千石，高訾富人及豪傑并兼之家於諸陵。師古曰：訾與貲同。蓋亦以强幹弱支，師古曰：謂京師爲幹，四方爲支。非獨以奉山園也。是故五方雜厝，晉灼曰：厝，古錯字。風俗不純。其世家則好禮文，富人則商賈爲利，豪傑則游俠通姦。瀕南山，近夏陽，多阻險輕薄，易爲盜賊，常爲天下劇。又郡國輻湊，浮食者多，民去本就末，列侯貴人車服僭上，衆庶放效，羞不相及，嫁娶尤崇侈靡，送死過度。

又曰：秦地天下三分之一，而人衆不過什三，然量其富居什六。吴札觀樂，爲之歌秦，曰：此之謂夏聲。師古曰：夏，中國。夫能夏則大，大之至也，其周之舊乎？自井十度至柳三度，謂之鶉首之次，秦之分也。

高帝本紀曰：五年秋後九月，治長樂宮。史記：七年二月，宮成。丞相已下徙治長安。十年十月，淮南、梁、燕、荆、楚、齊、長沙王皆來朝長樂宮。功臣表：陽城延爲少府，作長樂、未央宮，築長安城，先就。封梧齊侯，五百户。

七年，蕭何治未央宮，立東闕、北闕、前殿、武庫、太倉。師古註見上。關中記曰：東有蒼龍闕，北有玄武闕。玄武，所謂北闕。史記正義曰：按北闕爲正者，蓋象秦作前殿，渡渭水屬之咸陽，以象天極閣道絶漢抵營室。索隱曰：秦家舊宫皆在渭北，立東闕、北闕者，蓋取其便。

惠帝本紀曰：六年夏六月，起長安西市。

文帝本紀曰：四年秋九月，作顧成廟。應劭曰：文帝自爲廟，制度卑狹，若顧望而成，猶文王靈臺不日成之也。如淳曰：身存而爲廟，若尚書之顧命也。

武帝本紀曰：建元三年春，作便門橋。蘇林曰：去長安四十里。服虔曰：在長安西北，茂陵東。師古曰：便門，長安城北面西頭門，即平門也。古者，平便皆同字。於此道作橋，跨渡渭水以趨茂陵，其道易直，即今所謂便橋是也。便讀如本字。

元狩三年秋，發謫吏穿昆明池。臣瓚曰：西南夷傳有越嶲、昆明國，有滇池，方三百里。漢使求身毒國，而爲昆明所閉。今欲伐之，故作昆明池象之，以習水戰，在長安西南，周回四十里。師古曰：謫吏，吏有罪者，罰而役之。

郊祀志曰：作甘泉宮，中爲臺室，畫天地泰一諸鬼神，而置祭具以致天神。其後又作柏梁、銅柱、承露仙人掌之屬矣。蘇林曰：僊人以手掌擎盤承甘露。師古曰：三輔故事云，建章宮承露盤高二十丈，大七圍，以銅爲之，上有僊人掌承露，和玉屑飲之。張衡西京賦所云「立脩莖之僊掌，承雲表之清露」是也。

元鼎二年春，起柏梁臺。

食貨志曰：是時粵欲與漢用船戰逐，迺大脩昆明池，列館環之。治樓船，高十餘丈，旗織加其上，甚壯。織幟同。於是天子感之，乃作柏梁臺，高數十丈。宮室之脩，繇此日麗。

本紀曰：三年冬，徙函谷關於新安。應劭曰：時樓船將軍楊僕數有大功，恥爲關外民，上書乞徙東關，以家財給其用度。武帝意亦好廣闊，於是徙關於新安，去弘農三百里。以故關爲弘農縣。

元封二年夏，作甘泉通天臺、長安飛廉館。應劭曰：飛廉，神禽能致風氣者也。晉灼曰：身似鹿，頭如爵，有角而蛇尾，文如豹文。師古曰：通天臺者，言此臺高，上通於天也。漢舊儀云：高三十丈，望見長安城。

郊祀志：公孫卿曰：僊人可見，而上往常遽，以故不見。今陛下可爲館如緱氏城，置脯棗，神人宜可致也。且僊人好樓居。於是上令長安則作飛廉、桂館，師古曰：二館名。甘泉則作益壽、延壽館，師古曰：二館名。宋黄伯思曰：按史記作益延壽觀，而近歲雍、耀間，耕夫有得古瓦，其首作「益延壽」三字，瓦徑尺，字書奇古，即此觀當時瓦也。又按括地志云：延壽觀在雍州雲陽縣西北八十一里，通天臺西八十步，正今耀州地也。然則當以史記爲正，但一觀名益延壽三字耳。師古謂：益壽、延壽二館，非是，館當從史記作觀，觀館古多相通。自唐以前六朝時，凡道觀皆謂之某館，至唐始定謂之觀也。使卿持節設具而候神人。迺作通天臺，置祠具其下，將招來神僊之屬。於是甘泉更置前殿，始廣諸宮室。

本紀曰：太初元年冬十一月乙酉，柏梁臺災。春二月，起建章宮。師古曰：在未央宮西，今長安故城西俗所呼貞女樓者，即建章宮之闕也。

郊祀志曰：上以柏梁災故，受計甘泉。公孫卿曰：黄帝就青靈臺，十二日燒，師古曰：就，成也，造臺適成，經十二日即遇火燒。黄帝乃治明庭。明庭，甘泉也。方士多言古帝王有都甘泉者，其後天子又朝諸侯甘泉，甘泉作諸侯邸。粤人勇之曰：粤俗有火災，復起屋，必以大，用勝服之。於是作建章宮，度爲千門萬户。前殿度高未央。度並音大各反。其東則鳳闕，高二十餘丈。師古曰：三輔故事云，其闕圜上有銅鳳凰。其西則商中，數十里虎圈。如淳曰：商中，商庭也。師古曰：商，金也。於序在秋，故謂西方之庭爲商庭，言廣數十里。於菟亦西方之獸，故於此置其圈也。其北治大池，漸臺高二十餘丈，名曰泰液，師古曰：漸，浸也。臺在池中，爲水所浸，故曰漸臺。一音子廉反。

三輔黄圖或爲瀸字，瀸亦浸耳。池中有蓬萊、方丈、瀛洲、壺梁，像海中神山龜魚之屬。師古曰：三輔故事云，池北岸有石魚，長二丈，高五尺，西岸有石龜三枚，長六尺。其南有玉堂璧門大鳥之屬。師古曰：立大鳥像也。立神明臺、井幹樓，高五十丈，輦道相屬焉。師古曰：漢宫閣疏云，神明臺高五十丈，上有九室，恒置九天道士百人。然則神明、井幹俱高五十丈也。井幹樓積木而高，爲樓若井幹之形也。井幹者，井上木欄也，其形或四角，或八角。張衡西都賦云：井幹疊而百層，即謂此樓也。幹或作翰，其義並同。

本紀曰：四年秋，起明光宫。

宣帝本紀曰：神爵三年春，起樂游苑。師古曰：三輔黄圖曰，在杜陵西北。又關中記云：宣帝立廟於曲池之北，號樂游。按其處則今之所呼樂游廟者是也，其餘基尚可識焉。蓋本爲樂游苑，後因立廟。樂音來各反。

郊祀志曰：以方士言，爲隨侯、劍寶、玉寶璧、周康寶鼎立四祠於未央宫中。又立歲星、辰星、太白、熒惑、南斗祠於長安城旁。京師近縣鄠，則有勞谷、五牀山、日月、五帝、僊人、玉女祠。雲陽有徑路神祠，祭休屠王也。師古曰：休屠，匈奴王號也。徑路神，本匈奴之祠也。屠音除。

元帝本紀曰：初元二年春三月，詔罷水衡禁囿、宜春下苑、孟康曰：宫名也，在杜縣東。晉灼曰：史記云葬二世杜南宜春苑中。師古曰：宜春下苑即今京城東南隅曲江池是。少府佽飛外池、如淳曰：漢儀注：「佽飛具矰繳以射鳧鴈，給祭祀，故有池也。」嚴籞池田蘇林曰：嚴飾池上之屋及其地也。晉灼曰：嚴籞，射苑也。許慎曰：嚴，弋射者所㪤也。池田，苑中田也。師古曰：晉説是。假與貧民。

五年夏四月，罷上林宮館希御幸者。

成帝本紀曰：建始元年秋，罷上林宮館希御幸者二十五所。

外戚傳曰：趙皇后既立，後寵少衰，而弟絶幸，爲昭儀。居昭陽舍，其中庭彤朱，而殿上髤漆，師古曰：以漆漆物謂之髤，許求反。切皆銅沓冒黄金塗，師古曰：切，門限也；沓冒，其頭也；塗，以金塗銅上也。沓它合反。白玉階，壁帶往往爲黄金釭，函藍田璧，明珠、翠羽飾之，師古曰：壁帶，壁之横木露出如帶者也。於壁帶之中，往往以金爲釭，若車釭之形也。其釭中著玉璧、明珠、翠羽耳。釭音工。自後宮未嘗有焉。

平帝本紀曰：元始元年夏六月，罷明光宮及三輔馳道。

二年夏，起五里於長安城中，如淳曰：民居之里。宅二百區，以居貧民。四年春，立明堂、辟雍。

王莽傳曰：莽奏起明堂、辟雍、靈臺，爲學者築舍萬區，作市、常滿倉，制度甚盛。

五年秋，莽以皇后有子孫瑞，莽女爲平帝后。通子午道。張晏曰：時年十四，始有婦人之道也。子，水。午，火也。水以天一爲牡，火以地二爲牝，故火爲水妃，今通子午以協之。子午道從杜陵直絶南山，徑漢中。師古曰：子，北方也。午，南方也。言通南北道相當，故謂之子午耳。今京城直南山有谷通梁、漢道者，名子午谷。

又宜州西界，慶州東界，有山名子午嶺，計南北直相當。此則北山者是子，南山者是午，共爲子午道。後漢書順帝紀：詔益州刺史罷子午道，通褒斜路。註云：三秦記曰：「子午，長安正南。山名秦嶺谷，一名樊川。褒斜，漢中谷名。南谷名褒，北谷名斜，首尾七百里。」

始建國元年春正月，改明光宮爲定安館，定安太后居之。平帝后。改公車司馬曰王路四門，長樂宮曰常樂室，未央宮曰壽成室，前殿曰王路堂，服虔曰：如言路寢也。長安曰常安。

地皇元年秋，望氣爲數者多言有土功象，莽下書曰：「予受命遭陽九之阸，百六之會，府帑空虛，百姓匱乏，宗廟未修，且祫祭於明堂太廟，夙夜永念，未敢寧息。深惟吉昌莫良於今年，予乃卜波水之北，郎池之南，惟玉食。劉德曰：長安南也。師古曰：黄圖有西波池、郎池，皆在石城南上林中。玉食，謂龜爲玉兆之文而墨食也。波音彼皮反。予又卜金水之南，明堂之西，亦惟玉食。予將親築焉。」於是遂營長安城南，師古曰：蓋所謂金水之南，明堂之西。提封百頃。九月甲申，莽立載行視，師古曰：立載謂立而乘車也。親舉築三下。司徒王尋、大司空王邑持節，及侍中常侍執法杜林等數十人將作。師古曰：將領築作之人。壞徹城西苑中建章、承光、包陽、大臺、儲元宮及平樂、當路、陽祿館，凡十餘所，師古曰：自建章以下至陽祿皆上林苑中館。取其材瓦，以起九廟。一曰黄帝太初祖廟，二曰帝虞始祖昭廟，三曰陳胡王統祖穆廟，四曰齊敬王世祖昭廟，五曰濟北愍王王祖穆廟，凡五廟不墮云；師古曰：墮，毀也。音火規反。六曰濟南伯王尊禰昭廟，七曰元城孺王尊禰穆廟，八曰陽平頃王戚禰昭廟，九曰新都顯王戚禰穆廟。殿皆重屋。太初祖廟東西南北各四十丈，高十七丈，餘廟半之。爲銅薄櫨，師古曰：薄櫨，柱上枅，即今所謂楷也。櫨音盧。飾以金銀琱文，師古曰：琱彫同。窮極百工之巧。帶高增下，師古曰：本因高地而建立之，其旁下者更增築。功費數百鉅萬，卒徒死者萬數。

二年，莽夢長樂宮銅人五枚起立，惡之，念銅人銘有皇帝初兼天下之文，即使尚方工鐫滅所夢銅人膺文。師古曰：鐫，鑿也。音子全反。又感漢高廟神靈，師古曰：謂夢見譴責。遣虎賁武士入高廟，拔劍四面提擊，師古曰：提，擲也。音徒計反。斧壞户牖，桃湯赭鞭，鞭灑屋壁。師古曰：桃陽灑之，赭鞭鞭之也。赭，赤也。令輕車校尉居其中，又令中軍北壘居高寢。師古曰：徙北軍壘之兵士於高廟寢中屯居也。

三年春正月，九廟成。

二月癸巳，霸橋災，數千人以水沃救，不滅。莽惡之，更名霸館爲長存館，霸橋爲長存橋。

後漢書光武本紀曰：建武十九年，修西京宮室。

郊祀志曰：莽篡位二年，興神僊事，以方士蘇樂言，起八風臺於宮中。臺成萬金，作樂其上，順風作液湯。又種五粱禾於殿中，師古曰：五色禾也。各順色置其方面，先鬻鶴髓、毒冒、犀玉二十餘物漬種，師古曰：鬻，古煑字。髓，古髓字。謂鬻取汁以漬穀子也。毒音代，冒音妹。計粟斛成一金。

地理志曰：京兆尹，故秦内史，高帝元年屬塞國，二年更爲渭南郡，九年罷，復爲内史。武帝建元六年分爲右内史，師古曰：表云景帝分置，據史記知志誤。太初元年更爲京兆尹。縣十二：長安，新豐，船司空，藍田，華陰，鄭，湖，下邽，南陵，奉明，霸陵，杜陵。

左馮翊，故秦内史，高帝元年屬塞國，二年更爲河上郡，九年罷，復爲内史。武帝建元六年分爲左内史，太初元年更名左馮翊。縣二十四：高陵，櫟陽，翟道，池陽，夏陽，衙，粟邑，谷口，蓮勺，鄜，頻陽，臨晉，重泉，郃陽，祋祤，武城，沈陽，褱德，徵，雲陵，萬年，長陵，陽陵，雲陽。

右扶風，故秦内史，高帝元年屬雍國，二年更爲中地郡。九年罷，復爲内史。武帝建元六年分爲右内史，太初元年更名主爵都尉爲右扶風。師古曰：主爵都尉本秦之主爵中尉，掌列侯，至太初元年更名右扶風，而治于内史右地。縣二十一：渭城，槐里，鄠，盩厔，斄，郁夷，美陽，郿，雍，漆，栒邑，隃麋，陳倉，杜陽，汧，好畤，虢，安陵，茂陵，平陵，武功。

平帝紀曰：元始四年，分京師置前輝光、後烝烈二郡。

地理志曰：華陰有集靈宮，武帝起。

右扶風槐里有黄山宮，孝惠二年起。

三輔黄圖序曰：易曰：「上古穴居而野處，後世聖人易之以宮室，上棟下宇，以待風雨，蓋取諸大壯。」三代盛時，未聞宮室過制，秦穆公居西秦，以境地多良材，始大宮觀。戎使由余適秦穆公，示以宮觀，由余曰：「使鬼爲之則勞神矣，使人爲之亦苦民矣。」是則穆公時秦之宮室已壯大矣。惠文王初都咸陽，取岐、雍巨材，新作宮室，南臨渭，北踰涇，至於離宮三百，復起阿房，未成而亡。按：離宮三百及起阿房，皆始皇事也。始皇并吞六國，憑藉富强，益爲驕侈，殫天下財力以事營繕。項羽入關，燒秦宮闕，火三月不滅。漢高祖有天下，始都長安，實曰西京，欲其子孫長安都於此也。長安本秦之鄉名，高祖作都。至孝武皇帝，承文、景菲薄之餘，恃邦國阜繁之資，土木之役，倍秦越舊，斤斧之聲，畚鍤之勞，歲月不息，蓋逞其邪心以誇天下也。昔孔子作春秋，築一臺，新一門，必書於經，謹其廢農時奪民力也。今裒采秦、漢以來宮殿、門闕、樓觀、池苑在關輔者著於篇，曰三輔黄圖云。東都不與焉。

三輔　禹貢九州，舜置十二牧，雍其一也。古豐、鎬之地。平王東遷，以岐、豐之地賜秦襄公，至孝公始都咸陽。在九嵕山南，渭水北，故名咸陽。山南曰陽，水北曰陽。秦并天下，置内史以領關中。項籍滅秦，分其地爲三，以章邯爲雍王，都廢丘；司馬欣爲塞王，都櫟陽；董翳爲翟王，都高奴，謂之三秦。漢高祖元年，定三秦，更爲渭南郡。九年，罷郡，復爲内史。景帝分置左、右内史，此爲右内史。武帝太初元年，改内史爲京兆尹，與左馮翊、右扶風，謂之三輔。

三輔治所，京兆在故城南尚冠里，馮翊在故城内太上皇廟西南，扶風在夕陰街北。

三輔者，謂主爵中尉及左、右内史。漢武帝改曰京兆尹、左馮翊、右扶風，共治長安城中，是爲三輔。按百官表顔師古註引黄圖云：京兆在尚冠前街東入，故中尉府；馮翊在太上皇廟西入；右扶風在夕陰街北入，故主爵府。長安以東爲京兆，長陵以北爲左馮翊，渭城以西爲右扶風。三輔郡皆有都尉，如諸郡。京輔都尉治華陰，左輔都尉治高陵，右輔都尉治郿。王莽分長安城旁六鄉，置帥各一人，分三輔爲六尉郡。渭城、安陵以西，北至栒邑、義渠十縣，屬京尉大夫，府居故長安寺。高陵以北十縣，屬師尉大夫，府居故廷尉府。新豐以東至湖十縣，屬翊尉大夫，府居城東。霸陵、杜陵以東至藍田，西至武功、郁夷十縣，屬光尉大夫，府居城南。茂林、槐里以西至汧十縣，屬扶尉大夫，府居城西。長陵、池陽以北至雲陽、祋祤十縣，屬列尉大夫，府居城北。後漢光武之後，扶風出治槐里，馮翊出治高陵。後漢百官志曰：中興都雒陽，以三輔陵廟所在，不改其號，但減其秩，與太守同。

漢長安故城　高帝七年，修長安宮城，自櫟陽徙居之，本秦離宮也。初置長安城，本狹小，至惠帝更築之。城高三丈五尺，下闊一丈五尺，上闊九尺，雉高三坂，周回六十五里。城南爲南斗形，北爲北斗形，至今人呼漢京城爲斗城是也。漢舊儀曰：長安城中，經緯各長三十二里，十八步，地九百七十三頃，八街九陌，三宮九府，三廟十二門，九市十六橋。地皆黑壤，今赤如火，堅如石，父老傳云：盡鑿龍首山土爲城。水泉深二十餘丈，樹宜槐與榆，松柏茂盛焉。城下有池，周繞廣三丈，深二丈。石橋各六丈，與街相直。通典：高宗咸亨三年，於岐州陳倉縣東南開渠，引渭水入昇源渠，通船栰至京故城。舊唐書殷嶠傳：與統軍劉弘基率兵六萬，屯長安故城。許敬宗傳曰：高宗於古長安城游覽，命敬宗與弘文館學士，具檢秦、漢以來歷代宫室處所以奏。

城十二門　長安城東出，南頭第一門，曰霸城門，民見門色青，名曰青城門，或曰青門。門外舊出佳瓜，廣陵人召平爲秦東陵侯，秦破爲布衣，種瓜青門外，瓜美，故時人謂之東陵瓜。廟記曰：霸城門亦曰青綺門。漢書：王莽天鳳三年，霸城門災，莽更霸城門曰仁壽門、無疆亭。後周書：武帝紀建德六年五月，青城門無故自崩。宣帝紀大象元年三月庚申，至自東巡，帝親擐甲冑入自青門。

長安城東出第二門，曰清明門，一曰籍田門，以門内有籍田倉。一曰凱門。漢書：平帝元始四年，東風吹屋瓦且盡，即此門也。漢宫殿疏曰：第二門名城東門。莽更曰宣德門、布恩亭。

長安城東出北頭第一門，曰宣平門，民間所謂東都門。史記：孝景中三年，軍東都門外。漢書：成帝建始元年，有白蛾群飛蔽日，從東都門至軹道。又疏太傅廣、少傅受上疏乞骸骨歸，公卿大夫爲設祖道，供張東都門外，即此門也。後漢書董卓傳：王允奉天子保宣平城門樓上。其郭門亦曰東都門，即逢萌掛冠處也。昌邑王賀傳：至廣明東都門，郎中令龔遂曰：此長安東郭門也。東都門至外郭亭十三里。莽更名曰春王門、正月亭。

長安城南出東頭第一門，曰覆盎門。廟記曰：覆盎門與洛門相去十三里二百一十步。門外有魯班輸所造橋，工巧絶世。其南有下杜城。應劭曰：故杜陵之下聚落也，故曰下杜門，又曰端門。北對長樂宮。漢書戾太子傳：斫覆盎門出，奔湖。蔡義傳：遷補覆盎城門候。莽更名曰永清門、長茂亭。

長安城南出第二門曰安門，亦曰鼎路門。北對武庫。莽更名曰光禮門、顯樂亭。

長安城南出第三門曰西安門。北對未央宮，亦曰便門，即平門也。古平、便同字。莽更名曰信平門、誠水經注作城。正亭。武帝建元二年初，作便門橋，跨渭水，通茂陵，其道易直。三輔決録曰：長安城西門曰便橋，橋北與門對。潘岳西征賦：津便門以右轉，究吾境之所暨。張銑註：便門，便橋也。至此盡長安界。後漢書隗囂傳：夜斬平城門關，亡歸天水。註引三輔黄圖曰：長安城南面西頭門，按此即平門也。當是衍一城字。

長安城西出，南頭第一門，曰章城門。三輔舊事曰：章門，一曰光華門，又曰便門。便門名同，未詳。漢書：成帝元延元年，章城門牡自亡。莽更名曰萬秋門、億年亭。

長安城西出第二門曰直城門，亦曰故龍樓門。樓門有銅龍。按漢書成帝紀：帝爲太子，初居桂宮，上嘗急召，太子出龍樓門，不敢絶馳道，西至直城門，得絶乃度，還入作室門。上遲之，問其故，以狀對。上大悦，乃著令，令太子得絶馳道。然則龍樓當别是一門，非直城門也。王莽傳：大風拔樹，飛北闕直城門屋瓦。莽更名曰直道門、端路亭。

長安城西出，北頭第一門曰雍門，本名西城門。莽更名曰章義門、著義水經注作誼。亭。其水北入有亟水經注作函。里，民呼曰亟里門。

長安城北出東頭第一門曰杜門，亦曰利城門。莽更名曰進和門、臨水亭。其水有客舍，故名曰客舍門，又曰洛門也。按：今三輔黄圖本誤作洛城門，又曰高門。今據水經注改。杜門、洛門名同，未詳。晉書載記：苻健起靈臺于杜門。長安城北出第二門曰洛城門。晉書天文志：北落師門一星在羽林西南。北者，宿，在北方也。落，天之藩落也。師，衆也，師門，猶軍門也。長安城北門曰北落門，以象此也。其内有長安厨官，俗名之曰厨城門。水經注：本名洛門，又曰朝門，一曰高門。蘇林曰：高門，長安城北門也。一曰厨門，其内有長安厨官故城曰厨門也。如淳曰：今名廣門也。後漢書劉玄傳：更始單騎走，從厨城門出。諸婦女從後連呼曰：「陛下，當下謝城。」更始即下拜，復上馬去。註：今長安故城北面之中門是也。莽更名曰建子門、廣世亭。

長安城北出西頭第一門曰横門。漢書：渭水虒上小女陳持弓走入光門，即此門也。今漢書五行志作走入横城門。如淳曰：横音光，亦作光門。樂府瑯琊王歌辭：長安十二門，光門最妍雅。渭水從壟來，浮游渭橋下。後漢書：董卓至郿行塢，公卿祖道横門外。三國志魏延傳注引魏略：延請精兵五千，從子午谷徑襲長安，横門邸閣足以周食。莽更名曰霸都門、左幽亭。門外有橋，曰横橋。漢書戾太子傳：焚蘇文於横橋上。師古曰：横門，渭橋也。潘岳西征賦：鶩横橋而旋軫，歷敝邑之南垂。舊唐書：高士廉喪，柩出自横橋，太宗登故城西北樓，望而慟。水經注：其外郭有都門，有棘門。徐廣曰：棘門在渭北。孟康曰：在長安北，秦時宫門也。如淳曰：三輔黄圖曰棘門，在横門外。按：漢書徐厲軍於此備匈奴，又有通門、亥門也。

漢城門皆有候。門候主候時、謹啟閉也。三輔決録曰：長安城面三門，四面十二門，皆通逵九達，以相經緯，衢路平正，可並列車軌，三塗洞開，隱以金椎，周以林木，左出右入，爲往來之徑，行者升降，有上下之别。班固西都賦云：披三條之廣路，立十二之通門。張衡西京賦云：城郭之制，則旁開三門，參塗夷庭，方軌十二，街衢相經，廛里端直，甍宇齊平是也。

歷代宅京記卷之四

關中二

漢

長樂宮　本秦之興樂宮也。高帝始居櫟陽，七年長樂宮成，徙居長安城。史記正義曰：長樂宮在長安縣西北十五里。三輔舊事、宮殿疏皆曰興樂宮秦始皇造，漢修飾之。周回二十餘里，前殿東西二十九丈七尺，兩杼，一作序。中二十五丈，深十二丈。長樂宮有鴻臺，有臨華殿，有溫室殿，有長信宮、長秋、永壽、永寧四殿。高帝居此，後太后嘗居之。昭帝紀：元平元年十一月壬子，皇太后歸長樂宮。置屯衞。吕后紀：有長樂衞尉。鄒陽傳：梁孝王嘗上書，願賜容車之地徑至長樂宮，自使梁國士衆築作甬道朝太后。王后傳：武帝迎太后微時所生金王孫女，載至長樂宮謁太后。戾太子傳：使舍人無且持節夜入未央宮殿長秋門，發長樂宮衞。霍后傳：許后五日一朝太后於長樂宮。元后傳：漢傳國璽藏長樂宮。灌夫傳：東朝廷辯之。如淳曰：東朝，太后朝也。孝惠至平帝皆居未央宮。長安志曰：長樂宮者高帝既以爲居，又以受朝，無異於正宮矣。自惠帝後人主皆居未央，而長樂常奉母后。漢書：宣帝元康四年三月，神爵五采以萬數集長樂、未央、北宮、高寢、甘泉、泰畤殿中及上林苑。五鳳三年三月辛丑，鸞鳳集長樂宮東闕中樹上。張晏曰：門外闕內衡馬之裏樹也。水經注：殿前列銅人。殿之東北有池，池北有層臺，俗謂是池爲酒池，非也。三輔故事：漢徙秦金狄，置長樂大夏殿前。王莽改長樂宮爲常樂室，在長安城中，近東直杜門。史記正義曰：長樂宮在長安縣西北十五里。長安志曰：未央在漢城西隅，而長樂乃東隅也。秦樗里子百年前已言之。元和志言兩宮相去止隔一里，此一里所即武庫。

長信宮　漢太后嘗居之。漢書：成帝母王太后居長信宮。后宮在西，秋之象也。秋主信，故宮殿皆以長信、長秋爲名。又永壽、永寧殿皆后所處也。東方朔傳：上微行，時夜出夕還，後齎五日糧，會朝長信宮。外戚傳：班婕妤求共養太后長信宮，上許焉。婕妤退處東宮作賦自傷悼云：「奉共養於東宮兮，託長信之末流。」長安志曰：長樂宮有宣德、通光、高明、長秋、永壽、永寧、長亭、林華、温室、建始、廣陽、中室、月室、神仙、椒房、大夏殿。水經注曰：殿西有長信、長秋、永壽、永昌等殿，則長信、長秋皆在長樂宮也。百官表：有長信少府。註曰：太后所居宮名也，居長信則曰長信少府，居長樂則曰長樂少府。後漢書劉玄傳：更始徙居長信宮。

鴻臺　秦始皇二十七年築，高四十丈，上起觀宇。漢書：惠帝四年，長樂宮鴻臺災。

臨華殿　在長樂宮前殿後，武帝建。漢書：成帝永始四年四月，長樂宮臨華殿災。

温室殿　案漢宮殿疏在長樂宮。又漢宮閣記在未央宮東闕。見上。

西闕　漢書劉屈氂傳：太子敺四市人，至長樂西闕下，逢承相軍，合戰。

右長樂宮。

未央宮　高帝七年，蕭何造。史記正義曰：括地志云未央宮在雍州長安縣西北十里長安故城中。立東闕、北闕，闕，門觀也。劉熙釋名曰：闕在門兩旁，中央闕然爲道也。門闕，天子號令賞罰所由出也。前殿武庫，藏兵器之處。太倉。廩粟所在，一百三十楹，在長安城外東南。未央宮，周回二十八里。前殿東西五十丈，深十五丈，高三十五丈。一作三丈五尺。前殿曰路寢，見諸侯群臣處也。西京雜記曰：未央宮周迴二十二里九十五步五尺，街道周迴七十里，臺殿四十三，其三十二在外，其十一在後。宮池十三，山六，池一，山一，亦在後宮。門闥凡九十五。營未央宮，因龍首山以制前殿，山長六十里，頭入渭水，尾達樊川。秦時有黑龍從南山出飲渭水，其行道因成土山。疏山爲臺殿，不假板築，高出長安城。西京賦所謂疏龍首以抗前殿，此也。水經注曰：龍首山頭高二十丈，尾漸下，高五六丈，土色赤而堅。至孝武，以木蘭爲棼橑，木蘭，香木。棼橑，棟椽。文杏爲梁柱，杏木之有文者。金鋪玉户，金鋪，扉上有金華，中作獸及龍蛇鋪首以銜環也。玉户，以玉飾户也。華榱璧璫，雕楹玉碣，楹，柱也。碣，柱下石也。重軒樓檻，青瑣丹墀，青瑣，窗也。墀，殿堦也。漢官典職曰：丹，漆地稱丹墀。左城右平，右乘車上故使之平，左以人上故爲之堦；平城，堦級也。黄金爲壁帶，間以和氏珍玉，風至其聲玲瓏然也。未央宮有宣室、麒麟、金華、承明、武臺、鉤弋等殿。又有殿閣三十有二，有壽成、萬歲、廣明、椒房、清涼、永延、玉堂、壽安、平就、宣德、東明、飛羽、元后傳：冬，饗飲飛羽。師古曰：飛羽殿在未央宮中。羽或作雨。鳳凰、通光、曲臺、白虎等殿。廟記曰：未央宮有增成、昭陽殿。漢宮殿疏曰：未央宮有麒麟閣、天禄閣，有金馬門、青瑣門、玄武、蒼龍二闕，朱雀堂、畫堂、甲觀、非常室。又有鉤盾署弄田。三輔決録曰：未央宮有延年殿、合歡殿、回車殿。又漢宮閣記云：未央宮有宣明、長年、温室、昆德四殿，又有玉堂、增盤閣、宣室閣。宣明、廣明皆在未央殿東。昆德、玉堂皆在未央殿西。三輔舊事云：武帝於未央宮起高門、武臺殿。漢武故事云：神明殿在未央宮。王莽改未央宫曰壽成室，前殿曰王路堂。晉書載記：劉曜時有鳳皇將五子翔於故未央殿五日，悲鳴不食皆死。石虎建武十一年，城長安未央宫。宋書武帝本紀：義熙十三年九月，大會文武於未央殿。魏書高祖紀：太和二十一年四月戊寅，幸未央殿、阿房宫。舊唐書高祖紀：貞觀八年，閱武於城西，高祖親自臨視，置酒於故未央宮，命突厥頡利可汗起舞。又令南越酋長馮智戴詠詩，既而笑曰：「胡、越一家，自古未之有也。」敬宗本紀：寶歷二年五月辛巳，神策軍於苑内古長安城中修漢未央宮，掘地獲白玉牀一張，長六尺。文苑英華：裴素記，會昌元年，重修漢未央宮，名其殿曰通光，其東曰韶芳亭，其西曰凝思亭。

宣室　未央前殿正室也。淮南子曰：武王殺紂於宣室。漢取舊名也。漢書：文帝受釐宣室，夜半，前席賈生問鬼神之事。武帝爲竇太后置酒宣室，東方朔曰：「宣室者，先帝之正處也，非法度之政不得入焉。」刑法志：宣帝常幸宣室，齋居而決事。王莽傳：城中少年朱弟、張魚等燒宮，莽避火宣室前殿，火輒隨之。文帝紀：夕入未央宮，還坐前殿。朱博傳：博以御史爲丞相，趙玄以少府爲御史大夫，並拜於前殿，延登受策，有音如鐘聲。孝平王后傳：便時上林延壽門，入未央宮前殿。

温室殿　在未央宮殿北，武帝建，冬處之，温暖也。西京雜記曰：温室以椒塗壁，被之文繡，香桂爲柱，設火齊屏風、鴻羽帳，規地以罽賓氍毹。漢書：京房奏考功課吏法。上令公卿朝臣會議温室。孔光爲尚書令，歸休，與兄弟妻子燕語，終不及朝省政事。或問光：「温室省中樹皆何木？」光不應。

清涼殿　夏居之則清涼也，亦曰延清室。漢書曰：清室則中夏含霜，即此也，在未央宮殿北。董偃常卧延清之室，以畫石爲牀，文如錦，紫瑠璃帳，以紫玉爲盤，如屈龍，皆用雜寶飾之。

麒麟殿　在未央宮。漢書：哀帝燕董賢父子於麒麟殿，視賢曰：「吾欲法堯禪舜，何如？」王閎曰：「天下乃高皇帝天下，非陛下之天下也。陛下奉承宗廟，當傳之無窮，天子無戲言。」上默然不悦。

金華殿　在未央宮。漢書：成帝初方向學，召鄭寬中、張禹説尚書、論語于金華殿中。

承明殿　未央宫有承明殿，著述之所也。班固西都賦云：内有承明著作之庭，即此也。漢書：武帝謂嚴助曰：「君厭承明之廬。」又成帝鴻嘉二年，雉飛集承明殿屋。

蘭臺　在未央宫。漢書百官表：御史中丞在殿中蘭臺，迭掌圖籍秘書。

掖庭宫　在天子左右，如肘腋也。

椒房殿　在未央宫。以椒和泥塗，取其温而芬芳也。武帝時，後宫八區，有昭陽、飛翔、增成、合歡、蘭林、披香、鳳凰、鴛鴦等殿，後又增修安處、常寧、茝若、椒風、發越、蕙草等殿爲十四位。成帝趙皇后居昭陽殿，有女弟爲婕妤，貴傾後宫。昭陽舍蘭房椒壁，漢書外戚傳見上。西京雜記曰：昭陽殿，織珠爲簾，風至則鳴，如珩珮之聲。班婕妤居增成舍。後宫八區，增成第三區也。哀帝時董賢女弟爲昭儀，居舍號曰椒風。西京雜記曰：漢掖庭有月影臺、雲光殿、九華殿、鳴鸞殿、開襟閣，臨池觀，不在簿籍，皆繁華窈窕之所棲宿焉。

高門殿　漢書：汲黯請見高門。註曰：未央宫高門殿也。哀帝時鮑宣諫曰：陛下擢臣巖穴，誠冀有益毫毛，豈欲臣美食大官，重高門之地。

白虎殿　在未央宫。漢書：成帝建始四年，召直言之士，詣白虎殿對策。王商傳：河平四年，單于來朝，引見白虎殿。丞相商坐未央廷中，單于前拜謁。

玉堂殿　在未央宫。漢書楊雄傳：歷金門，上玉堂。

非常室　漢書：成帝綏和二年，鄭通里人王褒，絳衣小冠，帶劍入北司馬門殿東門，上前殿，至非常室中。殿上室名。

織室　在未央宫。又有東西織室，織作文繡郊廟之服，有令史。

凌室　在未央宫。藏冰之所也。周官：凌人職掌藏冰，大祭祀餘食則供冰。漢書：惠帝四年七月，未央宫織室、凌室災。

暴室　主掖庭織作染練之署，謂之暴室。取暴曬爲名耳。有嗇夫官屬。

弄田　在未央宫。弄田者，燕遊之田，天子所戲弄耳。漢書昭帝紀：始元元年，上耕于鉤盾弄田。應劭註云：帝時年九歲，未能親耕帝籍，鉤盾，宦者近署，故往試耕爲戲弄。成帝建始三年秋，虒上小女陳持弓，闌入上方掖門，至未央殿鉤盾中。

内謁者署　在未央宫，屬少府。續漢書云：掌宫中步帳褻物。丁孚漢官云：令秩千石。

端門　漢書：文帝初入未央宫，有謁者十人，持戟衛端門。師古曰：端門，殿之正門。

金馬門　宦者署門也。門旁有銅馬，故名。武帝時，相馬者東門京作銅馬法獻之，立馬于魯班門外，更名魯班門爲金馬門。東方朔、主父偃、嚴安、徐樂皆待詔金馬門。漢書東方朔傳：金馬門者，宦署門也，門旁有銅馬，故謂之曰金馬門。

長秋門　漢書：戾太子使舍人持節夜入未央宮殿長秋門。

龍樓門　漢書：成帝爲太子，上嘗急召，太子出龍樓門，不敢絶馳道，西至直城門，得絶乃度，還入作室門，上遲之，問其故，以狀對。上大悦，乃著令太子得絶馳道。

路軨廄　在未央宮中，掌宮中輿馬，亦曰未央廄。漢書：武帝時，期門郎上官傑遷爲未央廄令。

東闕　文帝七年六月，未央宮東闕罘罳災。師古曰：罘罳，爲連闕曲閣也，以覆重刻垣墉之處，其形罘罳然，一曰屏也。景帝中元五年八月，未央宮東闕災。關中記曰：未央宮東有蒼龍闕，北有玄武闕，所謂北闕也。闕中有閶闔門，止車門。廟記曰：未央宮有白虎闕，屬東闕。北闕。見上。

班固西都賦曰：其宮室也，體象天地，經緯陰陽，據坤靈之正位，倣太紫之圓方。註：七略曰：「明堂之制，内有太室，象紫微。南出明堂，象太微。」植中天之華闕，豐冠山之朱堂，因瓌材而究奇，抗應龍之虹梁。彫玉瑱以居楹，裁金璧以飾璫，左城右平，重軒三階。閨房周通，門闥洞開，列鐘虡於中庭，立金人於端闈。徇以離宮別寢，承以崇臺閒館，焕若列宿，紫微是環，清涼、宣温、神仙、長年、金華、玉堂、白虎、麒麟，區宇若兹，不可殫論。增盤崔嵬，登降炤爛，殊形詭制，每各異觀。

張衡西京賦曰：覽秦制，跨周法，正紫微於未央。註：辛氏三秦記曰：未央宮一名紫微宮。表嶢闕於閶闔，註：閶闔、紫微，宮門名。三秦記：未央宮有堯閣、閶闔。疏龍首以抗殿，狀巍峩以岌嶪，亘雄虹之長梁，結棼橑以相接。飾華榱與璧璫，流景曜之韡曄，雕楹玉碣，繡栭雲楣，三階重軒，鏤檻文梍，右平左墄，青瑣丹墀。重門襲固，姦宄是防，仰福帝居，陽耀陰藏，洪鐘萬鈞，猛虡趪趪。朝堂承東，溫調延北，西有玉臺，聯以昆德。長年、神仙，宣室、玉堂，麒麟、朱鳥，龍興、含章，衆星環極，赫戲輝煌。正殿路寢，用朝群辟，大夏耽耽，九戶開闢。註：九室，室有一戶。高門有閌，列坐金狄。三輔故事：大夏殿，始皇造，銅人十枚在殿前。

右未央宮。

公車　漢未央、長樂、甘泉宮四面皆有公車。公車，主受章疏之處。

司馬門　師古曰：凡言司馬門者，宮垣之內兵衛所在，四面皆有司馬，司馬主武事，故總謂宮之外門爲司馬門。按漢宮衛令，諸出入殿門、公車、司馬門者皆下，不如令罰金四兩。王莽改公車司馬門曰王路四門，分命諫大夫四人受章疏以通下情。百官表：衛尉屬官有公車司馬令丞。漢官儀云：公車司馬掌殿司馬門，夜徼宮中，天下上事及闕下凡所徵召皆總領之，令秩六百石。成帝永始四年四月，未央宮東司馬門災。通典：御史府在司馬門內，無塾，其門署用梓板，不臒色，題曰御史大夫寺，亦謂之憲臺。成帝時，御史府吏舍百餘區，井水皆竭。又其府中列柏樹，常有野鳥數千棲宿其上，晨去暮來，號曰朝夕烏。

鳥去不來者數月。長老異之，後果廢御史大夫爲大司空，是其徵也。

建章宮　武帝太初元年，柏梁臺災。粤人勇之曰：粤俗有火災，即復起大屋，以厭勝之，帝於是作建章宮，度爲千門萬户。宮在未央宮西，長安城外。帝於未央宮營造日廣，以城中爲小，乃於宮西跨城池作飛閣，通建章宮，構輦道以上下。輦道爲閣道，可以乘輦而行。宮之正門曰閶闔，以象天門。高二十五丈，亦曰璧門。左鳳闕，闕上有金鳳高丈餘。高二十五丈，右神明臺。言臺高可居神明。門内北起別風闕，在閶闔門内，以其出宮垣識風從何處來，以爲闕名也。高五十丈，對峙并幹樓高五十丈，輦道相屬焉。連閣皆有罘罳。連閣，曲閣也。以覆重刻垣墉，屏翳之處，畫以雲氣、鳥獸，其形罘罳然。前殿下視未央，其西則廣中殿，受萬人。三輔舊事云：建章周回三十里，東起別風闕，高二十五丈，乘高以望遠。又於宮門北起圓闕，高二十五丈，上有銅鳳凰，赤眉賊壞之。西京賦云：圓闕聳以造天，若雙碣之相望是也。廟記云：建章宮北門，高二十五丈，建章北闕門也。又有鳳凰闕，漢武帝造，高七十七丈五尺。鳳凰闕亦名別風闕，又名嶕嶢闕，在圓闕門内二百步。繁欽建章序云：秦、漢規模，廓然毁泯，惟建章、鳳闕巋然獨存，雖非象魏之制，亦一代之巨觀也。古歌云：長安城西有雙闕，上有雙銅雀，一鳴五穀生，再鳴五穀熟。按：銅雀即銅鳳凰也。楊震關輔古語云：長安民俗謂鳳凰闕爲貞女樓。司馬相如賦云：豫章貞女樹長千仞，大連抱，冬夏常青，未嘗彫落，若有貞節，故以名之。漢書曰：建章宮南有玉堂，璧門三層，臺高三十丈。玉堂内殿十二門，階陛皆玉爲之。鑄銅鳳高五尺，飾黄金，棲屋上下，有轉樞，向風若翔，椽首薄以璧玉，因曰璧門。建章有駘蕩、馺娑、枍詣、天梁、奇寶、鼓簧等宮。又有玉堂、神明堂、疏圃、鳴鑾、奇華、銅柱、函德二十六殿，太液池，唐中池。晉書苻堅載記：吕光發長安，堅送于建章宮。

駘蕩宮　春時景物駘蕩滿宮中也。

馺娑宮　馺娑，馬行疾貌。馬行迅疾，一日之間遍宮中，言宮之大也。

枍詣宮　枍詣，木名，美木茂盛也。

天梁宮　梁木至於天，言宮之高也。四宮皆在建章宮。

奇華殿　在建章宮旁，四海夷狄器服、珍寶、火浣布、切玉刀、巨象、大雀、師子、宮馬充塞其中。

鼓簧宮　漢宮闕疏云：在建章宮西北。

神明臺　漢書曰：建章有神明臺。廟記曰：武帝造，祭仙人處，高五丈，上有承露盤，有銅仙人舒掌捧銅盤玉杯，以承雲表之露，以露和玉屑服之，以求仙道。長安記：仙人掌大七圍，以銅爲之。魏文帝徙銅盤，折聲聞數十里。宋書五行志：魏明帝青龍中，盛修宮室，西取長安金狄，承露槃折，聲聞數十里，金狄泣，於是因留霸城。

鳳闕　宫殿疏曰：建章宫東有鳳闕，高二十餘丈。師古曰：闕闑上有銅鳳。關中記曰：建章宫圓闕臨北道，鳳在上，號曰鳳闕。

右建章宫。

桂宫　漢武帝造，在未央宫北，周回十餘里。漢書曰：桂宫有紫房複道，通未央宫。關輔記云：桂宫在未央北，中有明光殿、土山，複道從宫中西上城，至建章、神明臺、蓬萊山。水經注：未央宫北，即桂宫也。周十餘里，内有明光殿、走狗臺、柏梁臺，舊乘複道，用相逕通。故張衡西京賦曰：鉤陳之外，閣道穹窿，屬長樂與明光，逕北通於桂宫。三秦記：未央宫漸臺西有桂宫，中有明光殿，皆金玉珠璣爲簾箔。西京雜記云：武帝爲七寶牀、雜寶案、厠寶屏風、列寶帳，設於桂宫，時人謂之四寶宫。漢書孝哀傳：皇后退居桂宫。

右桂宫。

北宫　在長安城中，未央宫北，近桂宫，周回十里，高帝時制度草創，孝武增修之。中有前殿，廣五十步，珠簾玉户，如桂宫。漢書：吕太后崩，孝惠皇后廢處北宫。又，哀帝崩，貶皇太后趙氏爲孝成皇后，退居北宫。

壽宫　北宫有神仙宫、壽宫，張羽旗，設供具，以禮神君。神君來，則肅然風生，帷帳皆動。

紫房複道　漢書孔光傳：成帝母太皇太后自居長樂宫，帝祖母定陶傅太后在國邸，詔問當何居？光不欲令后與帝旦夕相近，即議以爲定陶太后宜改築宫。大司空何武曰：「可居北宫。」上從武言。北宫有紫房復道通未央宫，師古曰：復，讀曰複。傅太后從復道朝夕至帝所。

程大昌雍録曰：天子之居，當爲正宫，其外皆離宫也。漢都長安，若未央則其創爲，至長樂則因秦而加葺治者也。兩宫初成，朝諸侯群臣乃於長樂，叔孫緜蕞蓋首施乎此，不在未央也。至高帝登假，亦在長樂，則長樂也者，既以爲居，又以受朝，無異乎正宫矣。然自惠帝以後，人主皆居未央，而長樂常奉母后，則雖長樂亦當命爲離宫，而未央當爲正宫也。故凡語及長樂者，多曰東朝，則其名固已分乎正宫矣。至於甘泉，雖在長安東北三百里外，爲夫方士輩多云古帝王之所嘗都，故武帝立朝邸其上，而藩侯、夷酋有來朝者，亦皆受之於此。若其常制，則類以五月往，八月還，蓋避暑耳。此外如建章、桂宫、北宫之類，雖在都城，亦離宫矣。

右北宮。

明光宮　武帝太初四年起，在長樂宮後，南與長樂相連屬。漢書：成都侯商嘗疾，欲避暑，從上借明光宮。王莽始建國元年，改明光宮爲定安館，定安太后居之。又曰：武帝求仙起明光宮，發燕、趙美女二千人充之，率取二十以下，十五以上，年滿三十者出嫁之，掖庭令總其籍，有死出者，隨補之。雍録曰：漢有明光宮三，一在北宮南，與長樂相連者，武帝太初四年起，即王商所借欲以避暑者也。別有明光宮，在甘泉宮中，亦武帝所起，發燕、趙美女三千人充之。至尚書郎主作文書起草，更直於建禮門內，則近明光殿矣。建禮門內得神仙門，神仙門內得明光殿，約其方鄉，必在未央正宮殿中，則臣下奏事之地也。建禮門、神仙門、明光殿此三名者，不見於圖志，至歷代宮名之書，則於後漢門名有建禮門，豈此之所載明光殿者，東都之殿耶？

太子宮甲觀　太子宮有甲觀畫堂。漢書曰：孝成皇帝，元帝太子也，母曰王皇后，元帝在太子宮生甲觀畫堂。註曰：甲者，甲乙丙丁之次。元后傳曰見於丙殿，此其例也。畫堂，謂宮殿中彩畫之堂。

右長安城内宮。

甘泉宫　一曰雲陽宫。史記：秦始皇二十七年，作甘泉宫前殿，築甬道，築垣牆於街巷。自咸陽屬之。關輔記曰：林光宫一曰甘泉宫，秦所造，在今池陽縣西甘泉山。宫以山爲名，周匝十餘里。漢武帝建元中增廣之，周十九里，去長安三百里，望見長安城。黄帝以來圜丘祭天處。漢書地理志：雲陽縣有休屠、金人及徑路神祠三所。郊祀志：雲陽有徑路神祠，祭休屠王也。孟康曰：匈奴祭天處在雲陽甘泉山下，秦奪其地，徙休屠王右地。程大昌曰：匈奴傳云：霍去病出隴西，過焉耆山千餘里，得休屠王祭天金人。師古曰：作金人以爲天神之主而祭之，即佛像是其遺法也。武帝嘉休屠王來降，而爲渾邪所殺，故以其像祠諸甘泉。又取休屠王列之典祀，而以爲徑路神。孟康乃謂甘泉本匈奴祭天之地，爲秦所奪，豈不謬哉。遁甲開山圖云：雲陽先生之墟也，武帝造闕於南，以象方色，於甘泉宫更置前殿，始造宫室。有芝生甘泉殿邊房中。漢舊儀云：芝有九莖，金色，緑葉朱實，夜有光，乃作芝房之歌。帝又起紫殿，雕文刻鏤，黼黻以玉飾之。成帝永始四年，行幸甘泉，郊泰畤，神光降於紫殿。今按：甘泉谷北岸有槐樹，今謂玉樹，根幹盤峙，二三百年木也。楊震關輔古語云：耆老相傳，咸以爲此樹即楊雄甘泉賦所謂玉樹青葱者也。甘泉有高光宫，又有林光宫，有長定宫、竹宫、通天臺、通靈臺。武帝作迎風館於甘泉山，後加露寒、儲胥二館，皆在雲陽甘泉中。西厢起徬徨觀，築甘泉苑。建元中作石闕、封巒、鳷鵲觀於苑垣内。宫南有昆明池，苑南有棠梨宫。西京雜記曰：成帝設雲帳、雲幄、雲幙於甘泉紫殿，世謂三雲殿。

長定宮　在林光宫。三輔決録曰：后從帝行幸甘泉宫，居長定宫。孝成許皇后廢處昭臺宫，歲餘徙長定宫。

竹宫　甘泉祠宫也，以竹爲宫，天子居中。漢舊儀云：竹宫去壇三里。

棠梨宫　在甘泉苑垣外，雲陽南三十里。

通靈臺　王褒雲陽記曰：鉤弋夫人從至甘泉而卒，葬雲陽。武帝思之，起通靈臺於甘泉宫。有一青鳥集臺上，往來至宣帝時乃不至。

右甘泉宫。

永信宫　哀帝尊恭皇太后曰帝太太后，稱永信宫。

中安宫　哀帝尊恭皇后曰帝太后，稱中安宫。

養德宫　趙王如意年幼，未能就外傅。戚姬養之，趙王内傅趙媪傅之，號其室曰養德宫。西京雜記同，又曰後改爲魚藻宫。

右長安宫異名。

長門宫　離宫，在長安城東。漢書東方朔傳：更名竇太主園爲長門宫。如淳曰：竇太主園在長門。長門在長安城東南。孝武陳皇后得幸頗妬，居長門宫。史記封禪書正義曰：括地志云久長門故亭在雍州萬年縣東北苑中，後館陶公主長門園，武帝長門宫即此。

鉤弋宫　孝武鉤弋夫人有寵，生昭帝，妊娠十四月，上曰：聞昔堯十四月而生，今鉤弋亦然，乃命所生門曰堯母門，所居曰鉤弋宫。漢武故事曰：鉤弋宫在直門之南。

儲元宫　在長安城西。漢書外戚傳：信都太后與信都王俱居儲元宫。

宣曲宫　在昆明池西。孝宣帝曉音律，常於此度曲，因以爲名。

龍淵宫　漢書：元光三年，敕決河，起龍淵宫。服虔曰：宫在長安西，作銅飛龍，故以爲宫名。

右長安城外離宫。

昭臺宫　在上林苑中。孝宣霍皇后廢處昭臺宫，後十二歲，徙雲林館，乃自殺。

犬臺宫　在上林苑中，長安西二十八里。漢書：江充召見犬臺宫。

扶荔宫　在上林苑中。武帝元鼎六年，破南越，起扶荔宫，宫以荔枝得名。以植所得奇草異木，菖蒲百本，山薑十本，甘蕉十二本，留求子十本，桂百本，蜜香指甲花百本，龍眼、荔枝、檳榔、橄欖、千歲子、甘橘皆百餘本。土木南北異宜，歲時多枯瘁，荔枝自交阯移植百株于庭，無一生者，連年猶移植不息。後數歲，偶一株稍茂，終無華實，帝亦珍惜之，一旦萎死，守吏坐誅者數十人，遂不復蒔矣。其實則歲貢焉，郵傳者疲斃於道，極爲生民之患，至後漢安帝時交阯郡守極陳其弊，遂罷其貢。西京雜記曰：初修上林苑，群臣遠方各獻名果異樹，亦有製爲美名，以標奇麗。梨十：紫梨、青梨、實大，芳梨、實小，大谷梨、細葉梨、縹葉梨、金葉梨、出琅邪王野家，太守王唐所獻。瀚海梨、出瀚海北，耐寒不枯。東王梨、出海中。紫條梨。棗七：弱枝棗、玉門棗、棠棗、青華棗、梬棗、赤心棗、西王棗。出崑崙山。栗四：侯栗、榛栗、瑰栗、嶧陽栗。嶧陽都尉曹龍所獻，大如拳。桃十：秦桃、榹桃、緗核桃、金城桃、綺葉桃、紫文桃、霜桃、霜下可食。胡桃、出西域。櫻桃、含桃。李十：五紫李、綠李、朱李、黄李、青綺李、青房李、同心李、車下李、含枝李、金枝李、顏淵李、出魯。羌李、燕李、蠻李、侯李。柰三：白柰、紫柰、花紫色。綠柰。花綠色。查三：蠻查、羌查、猴查。椑三：青椑、赤葉椑、烏椑。棠四：赤棠、白棠、青棠、沙棠。梅七：朱梅、紫葉梅、紫華梅、同心梅、麗枝梅、燕梅、猴梅。杏二：文杏、材有文采。蓬萊杏。東郡都尉于吉所獻，一株花雜五色六出，云是仙人所食。桐三：椅桐、梧桐、荆桐。林檎十株，枇杷十株，橙十株，安石榴、楟十株，白銀樹十株，黄銀樹十株，槐六百四十株，千年長生樹十株，萬年長生樹十株，扶老木十株，守宮槐十株，金明樹二十株，摇風樹十株，鳴風樹十株，瑠璃樹七株，池離樹十株，離婁樹十株，白俞梼、杜梼、桂、蜀漆樹十株，枏四株，樅七株，栝十株，楔四株，楓四株。

蒲萄宮　在上林苑西。哀帝元壽二年，單于來朝，上以太歲厭勝所在，舍之上林苑蒲萄宮。

承華殿　在上林苑。武帝内傳：七月七日，上於承華殿齋，忽有一青鳥從西方來，集殿前，上問東方朔，朔曰：「此西王母欲來也。」有頃，王母至。

右上林苑内離宮。

宜春宮　本秦之離宮，在長安城東南，杜縣東，近下杜。漢書：武帝建元三年，微行東游宜春。

鼎湖宮　在湖城縣界。一説在藍田有亭。昔黄帝采首山銅，以鑄鼎。鼎成有龍下，迎帝仙去，小臣攀龍髯而上者七十二人。漢武帝於此建宮。按：湖當作胡。楊雄傳：南至宜春、鼎胡、御宿、昆吾。韋昭以爲近宜春是也。故武帝病鼎胡，卒起幸甘泉而行，右内史界不在湖城明矣。

長楊宮　本秦離宮，漢修飾之，在盩厔縣東南三十里，宮中有垂楊數畝，因爲宮名。秋冬校獵，天子於上臨觀焉。水經注：渭水北流長楊宮西。

五柞宮　在扶風盩厔宮中，有五柞樹，因以爲名。五柞皆連抱，上枝蔭覆數十畝。漢書：武帝後元二年二月行幸盩厔五柞宮。

集靈宮、集仙宮、存仙殿、存神殿、望仙臺、望仙觀俱在華陰縣界，皆武帝宮觀名也。華山記及三輔舊事云，昔有太元真人茅盈內記：始皇三十一年九月庚子，盈曾祖父濛，於華山乘雲駕龍，白日昇天。武帝即其地造宮殿，歲時祈禱焉。漢書：華陰有集靈宮。

思子宮　武帝痛戾太子無罪被殺，作思子宮，爲歸來望思之臺於湖。

黄山宮　在興平縣西三十里。元和志作西南。漢書：槐里有黄山宮。在勞水入渭之下，渭在宮南。東方朔傳：武帝微行，西至黄山宮。元后傳：集黄山宮。水經注：渭水東北逕黄山宮南。西京賦：上林禁苑繞黄山而欵牛首。山海經註：始平槐里縣有黄山，上故有宮，漢惠帝所起。

步壽宮　宣帝神爵二年，鳳凰集祋祤縣，鳳凰集處得玉寶，乃起步壽宮。按：秦亦有步壽宮，與此名同地異。

池陽宮　在池陽之南，上原之阪，有長年阪，去長安五十里。

梁山宮　在好時界。見上。

萬歲宮　在汾陰。武帝造。宣帝元康四年，幸萬歲宮。

回中宮　史記：秦始皇二十七年，巡隴西、北地，出笄頭，過回中。漢書：文帝十四年，匈奴入蕭關，殺都尉，燒回中宮，候騎至雍。武帝元狩四年，幸雍，通回中道，遂北出蕭關。又有三良宮相近。

首山宮　武帝元封元年封禪後，夢高祖坐明堂，朝群臣，於是祀高祖於明堂，以配天。還作首山宮，以爲高靈館。孝武紀：元封六年冬，行幸回中，春，作首山宮。

右各郡縣離宮。

漢畿内千里，並京兆治之内外宮館一百四十五所。班固西都賦云：前乘秦嶺，後越九嵕，東薄河、華，西涉岐、雍，宮館所歷百有餘區，秦離宮二百，漢武帝往往修治之。

歷代宅京記卷之五

關中三

漢

上林苑已下苑囿。　漢上林苑即秦之舊苑也。漢書云：武帝建元三年，開上林苑，東南至藍田、宜春、鼎胡、御宿、昆吾，旁南山，而西至長楊、五柞，北繞黄山，瀕渭水而東，周袤三百里，離宫七十所，皆容千乘萬騎。漢宫殿疏云：方三百四十里。漢舊儀云：上林苑方三百里，苑中養百獸。天子秋冬射獵取之。帝初修上林苑，群臣遠方各獻名果異卉三千餘種植其中，亦有製爲美名，以標奇異。苑中有昆明觀，武帝置。又有繭觀、漢書元帝傳：春幸繭館，率皇后、列侯夫人桑。師古曰：漢宫閣疏云，上林苑有繭觀。平樂觀、遠望觀、燕昇觀、觀象觀、便門觀、白鹿觀、三爵觀、陽禄觀、陰德觀、鼎郊觀、樛木觀、椒唐觀、魚鳥觀、元華觀、走馬觀、柘觀、上蘭觀、元后傳：校獵上蘭。師古曰：上蘭，觀名，在上林中。郎池觀、當路觀，皆在上林苑。

又舊儀曰：上林有令，有尉，禽獸簿記其名數。張釋之傳：上問上林尉諸禽獸簿。又有上林詔獄，主治苑中禽獸宮館之事，屬水衡。又上林苑中有六池、市郭、宮殿、魚臺、犬臺、獸圈。西京雜記曰：茂陵富民袁廣漢藏鏹巨萬，家僮八九百人，於北邙山下築園。東西四里，南北五里，激流水注其中，構石爲山，高十餘丈，連延數里。養白鸚鵡、紫鴛鴦、犛牛、青兕，奇獸珍禽委積其間。積沙爲洲嶼，激水爲波濤，致江鷗海鶴，孕雛産鷇，延漫林池，奇樹異草，靡不培植。屋皆徘徊連屬，重閣修廊，行之移晷不能徧也。廣漢後有罪誅，没入爲官園，鳥獸草木皆移入上林苑中。

甘泉苑　武帝置。緣山谷行至雲陽三百八十一里，西入扶風，凡周回五百四十里。苑中起宮殿臺閣百餘所，有仙人觀、石闕觀、封巒觀、鳷鵲觀。

御宿苑　在長安城南御宿川中。漢武帝爲離宮別館，禁禦人不得入，往來游觀止宿其中，故曰御宿。三秦記云：御宿園出栗，十五枚一勝。大梨如五勝，落地則破，其取梨先以布囊承之，號曰含消，此園梨也。漢書百官表：水衡都尉，武帝元鼎二年初置，掌上林苑，屬官有御羞令丞。如淳曰：御羞，地名也，在藍田。楊雄傳謂之御宿。師古曰：御宿則今長安城南御宿川也，並不在藍田。羞宿音相近，故或云御羞，或云御宿耳。羞者，珍羞所出；宿者，止宿之義。元后傳作籞宿。

思賢苑　西京雜記曰：孝文帝爲太子，立思賢苑以招賓客。苑中有堂隍六所，客館皆廣廡高軒，屏風幃褥甚麗。

博望苑　武帝爲太子開博望苑通賓客，在長安城南杜門外五里，有遺址。

西郊苑　漢西郊有苑囿，林麓藪澤連亘，繚以周垣四百餘里，離宮别館三百餘所。按：此疑是苑囿之總名，非别有一西郊苑也。

樂遊苑　在杜陵西北，宣帝神爵三年起。關中記曰：宣帝立廟於曲江之北，號樂遊。按其處則今之所呼樂遊廟是。西京雜記曰：樂遊苑自生玫瑰樹，樹下有苜蓿，苜蓿一名懷風，時人或謂之光風。風在其間，常蕭蕭然，日照其花有光采，故名苜蓿爲懷風。茂林人謂之連枝草。

宜春下苑　在杜縣東。晉灼曰：史記云葬二世杜南宜春苑中。師古曰：宜春下苑即今京城東南隅曲江是。貢禹傳謂省宜春下苑以與貧民，即此。

廣明苑　水經注：其一渠東逕奉明縣廣城鄉之廣明苑。南史：皇孫及王夫人葬於郭北，宣帝遷苑南以爲悼園、益園，民千六百家，立奉明縣，以奉二園。園在東都門。昌邑王賀自霸上御法駕，郎中令龔遂驂乘，至廣明、東都門是也。

三十六苑　漢儀注：太僕、牧師諸苑三十六所，分布北邊、西邊，以郎爲苑監，宦官奴婢三萬人，養馬三十萬匹。養鳥獸者，通名爲苑，故謂牧馬處爲苑。

梨園　雲陽宫記曰：雲陽車箱坂下有梨園一頃，梨數百株，青翠繁密，望之如車蓋。

昆明池已下池沼。　漢武帝元狩四年穿，在長安西南，周回四十里。西南夷傳曰：天子使使求身毒國，而爲昆明所閉，天子欲伐之。昆明國有滇池，方三百里，故作池以象之，以習水戰，因名曰昆明池。漢書曰：元狩三年，減隴西、北地、上郡戍卒之半及吏弄法者謫之，穿此池。食貨志曰：時越欲與漢用船戰逐，乃大修昆明池。三輔舊事曰：昆明池地三百三十二頃，中有戈船各數十，樓船百艘，船上建戈矛，四角悉垂幡旄旍葆，麾蓋照灼。涯涘圖曰：上林苑有昆明池，周匝四十里。廟記曰：池中後作豫章大船，可載萬人，上起宮室，因欲游戲養魚以給諸陵祭祀，餘付長安尉。西京雜記作付長安市賣之。三輔故事又曰：池中有豫章臺及石鯨，刻石爲鯨魚，長三丈，每至雷雨，常鳴吼，鬣尾皆動。西京雜記曰：後世祭之以祈雨，往往有驗。一説甘泉宮南有昆明池，池中有靈波殿，皆以桂爲殿柱，風來自香。又曰池中有龍首船，常令宮女泛舟池中，張鳳蓋，建華旗，作櫂歌，雜以鼓吹，帝御豫章觀臨觀焉。關輔古語曰：昆明池中有二石人，立牽牛織女於池之東西，以象天河。張衡西京賦曰：昆明靈沼，黑水玄址，牽牛立其左，織女居其右。今有石父石婆神祠在廢池，疑此是也。武帝初，穿池得黑土，帝問東方朔，朔曰：「西域胡人知之。」乃問胡人，胡人曰：「劫燒之餘灰也。」魏書：世祖太平真君元年二月，發長安五千人，浚昆明池。高祖太和二十一年四月戊寅，幸昆明池。周書：閔帝欲觀漁於昆明池，博士姜須諫乃止。明帝二年六月辛未，幸昆明池。隋書：文帝開皇十二年七月壬戌，幸昆明池。十三年七月丁巳，幸昆明池。舊唐書：高祖武德六年三月乙未，幸昆明池，宴百官。九年三月辛卯，幸昆明池。太宗貞觀五年正月癸酉，大蒐于昆明池。代宗大曆二年二月壬午，幸昆明池踏青。武宗紀：會昌元年二月壬寅，幸昆明池。陳王固聘西魏宴昆明池，魏人以南人嗜魚，大設罟網，固以佛法咒之，遂一鱗不獲。周太祖往昆明池觀漁，行至城西漢故倉地，顧問左右，莫有知者。或曰蘇綽博物多通，請問之，太祖召綽，綽具以狀對，綽有口辨，應對如流，太祖益喜，與綽並馬徐行，至池，竟不設網罟而還。德宗貞元十三年，命京兆尹韓皋充使浚之，追尋漢制，引交河、灃水合流入池。

鎬池　在昆明池北，即周之故都也。廟記曰：長安城西有鎬池，在昆明池北，周匝二十二里，溉地三十三頃。史記：秦始皇三十六年，使者從關東夜至華陰平舒道，有人持璧遮使者曰：「爲吾遺鎬池君。」因言曰：「今年祖龍死。」使者問其故，忽不見，置其璧去。使者奉璧具以聞。始皇默然良久，曰：「山鬼不過知一歲事也。」退言曰：「祖龍者，人之先也。」使御府視璧，乃二十八年渡江所沉璧也。

滄池　在長安城中。舊圖云：未央宮有滄池，言池水蒼色也。水經注曰：沈水枝渠於章門西引水入城東，爲滄池，在未央宮西。

太液池　在長安故城西，建章宮北，未央宮西南。太液者，言其津潤所及廣也。關輔記云：建章宮北有池，以象北海，刻石爲鯨魚，長三丈。漢書曰：建章宮北治大池，名曰太液池，中起三山，以象瀛洲、蓬萊、方丈，刻金石爲魚龍奇禽異獸之屬。廟記曰：建章宮北，池名太液，周回十頃，有采蓮女、鳴鶴之舟。三輔舊事云：日出暘谷，浴于咸池，至虞淵即暮，此池象之也。昭帝始元元年春，黄鵠下建章宫太液池。西京雜記曰：太液池邊，皆是雕胡、紫籜、緑節之類。菰之有米者，長安人謂之雕胡。葭蘆之未解葉者謂之紫籜。菰之有首者，謂之緑節。其間梟雛鴈子布滿充積，又多紫龜、緑鼈。池邊多平沙，沙上鵜鶘、鷓鴣、鵁鶄、鴻鶂動輒成群。又曰：太液池中有鳴鶴舟、容與舟、清曠舟、採菱舟、越女舟。太液池西有一池，名孤樹池，池中有洲，洲上煔樹一株，六十餘圍，望之重重如蓋，故取爲名。王嘉拾遺記曰：成帝嘗以秋日與趙飛燕戲於太液池，以沙棠木爲舟，以雲母飾於鷁首，一名雲舟。又刻桐木爲虬龍，雕飾如真。夾雲舟而行，以紫桂爲柁枻，及觀雲棹水玩擷菱蕖。帝每憂輕蕩以驚飛燕，命佽飛之士，以金鎖纜雲舟於波上，每輕風時至，飛燕殆欲隨風入水，帝以翠纓結飛燕裾。今太液池尚有避風臺，即飛燕結裾之處。

唐中池　周回十二里，在建章宫太液池南。

百子池　在建章宫西。西京雜記曰：漢時，宫中嘗以七月七日臨百子池，作于闐樂。

十池　上林苑有初池、麋池、牛首池、司馬相如上林賦曰：濯鷁牛首。郭璞註曰：牛首池在豐水西北，近漕河。蒯池、積草池、西京雜記曰：池中有南越王趙佗所獻珊瑚樹，高一丈二尺，一本三柯，上有四百六十二條，名曰烽火樹，夜有光景常㸌然。東陂池、西陂池、當路池、大臺池、郎池。牛首池在上林苑中，西頭蒯池生蒯草，以織席。西陂池、郎池皆在古城南上林苑中，陂、郎二水名因爲池。初學記引三秦記曰：漢上林有池十五所，承露池、昆靈池，池中有倒披蓮、連錢荇、浮浪根菱。天泉池上有連樓，閣道中有紫宫。戟子池、龍池、魚池、牟首池、蒯池、菌鶴池、西陂池、當路池、東陂池、太一池、牛首池、積草池、麋池、舍利池、百子池。已上共十八名，未詳。

少府佽飛外池　漢儀注：佽飛具矰繳以射鳧鴈給祭祀，有池。孝元紀：初元二年，詔罷少府佽飛外池、嚴籞池田，假與貧民。

酒池　在長安故城中。廟記曰：長樂宮中有魚池、酒池，池上有肉炙樹，秦始皇造。漢武行舟於池中。酒池北起臺，天子於上觀牛飲者三千人。又曰：武帝作，以夸羌、胡，飲以鐵盃，重不重舉，皆抵牛飲。西征賦云：酒池監于商辛，追覆車而不悟。

影娥池　在建章宮，武帝鑿池，以翫月。其旁起望鵠臺。

琳池　昭帝元始元年穿，廣千步。王嘉拾遺記曰：池中植分枝荷，一莖四葉，狀如駢蓋，日照則葉低陰，根莖若葵衛足，名曰低光荷。實如玄珠，可以飾佩，花葉葳蕤，芬馥之氣徹十餘里。食之令人口氣常香，益脉治病。帝時命水嬉，游燕永日，以文梓爲船，木蘭爲柁，刻飛燕翔鷁，飾于船首，隨風輕漾，畢景忘歸。起商臺於池上，今臺無遺址，溝池已平。又曰：元鳳二年，於琳池之南起桂臺以望遠，東引太液之水，有一連理桂樹，上枝跨於渠水，下枝隔岸而南生，與上枝同一株。

鶴池　在長安城西。

盤池　在長安城西北。

冰池　在長安城西。舊圖云：有彪池，亦名聖女泉。蓋冰、彪聲相近而訛也。

蒲池　漢書郊祀志：五帝廟臨渭，其北穿蒲池。

靈臺已下臺榭。在長安西北八里。漢始曰清臺，本爲候者觀陰陽天文之變，更名靈臺。郭緣生述征記：長安宮南有靈臺，高十五仞，上有渾儀，張衡所制。又有相風銅烏，遇風乃動。有銅表，高八尺，長一丈三尺，廣尺二寸，題曰太初四年造。

柏梁臺　武帝元鼎二年起，在未央宮北門内。三輔舊事云：以香柏爲梁也。帝嘗置酒其上，詔群臣和詩，能七言詩者乃得上。五行志：太初元年十月，未央宮柏梁臺災。

漸臺　在未央宮，高十丈。一作三十丈。漸，浸也，言爲池水所漸。一説漸臺，星名也。晉天文志：漸臺四星在織女東南，臨水之臺也。水經注曰：未央宮西有滄池，池中有漸臺。師古曰：未央殿西南有滄池，池中有漸臺。漢兵起，王莽死於此。臺南有璧門三層，高三十餘丈。中殿十二間，階陛咸以玉爲之，鑄銅鳳五丈，飾以黄金。樓屋上椽首薄以玉璧，因曰璧玉門也。

神明臺見建章宮。

涼風臺　在長安故城西，建章宮北。關輔記曰：建章宮北作涼風臺，積水爲樓。長樂宮有魚池臺、酒池臺，秦始皇造。又有著室臺、鬬雞臺、走狗臺、壇臺，漢韓信射臺。又未央宮有果臺，東西二臺。未央宮有鉤弋臺、通靈臺、望鵠臺、眺蟾臺、桂臺、商臺、避風臺。並見上。

通天臺　武帝元封二年作甘泉通天臺。漢舊儀云：通天者，言此臺高通於天也。漢武故事：築通天臺於甘泉，去地百餘丈，雲雨悉在其下，望見長安城。武帝時祭泰一，上通天臺，舞八歲童女三百人，祠祀招仙人，祭泰一云。令人升通天臺，以候天神，天神既下祭所，若大流星，乃舉烽當作爟。火而就竹宫望拜。上有承露盤，仙人掌擎玉盃，以承雲表之露。元鳳間，臺自毁，椽桷皆化爲龍鳳，隨風雨飛去。西京賦云：通天眇而竦峙，徑百常而莖擢。上瓣華以交紛，下刻隕其若削。亦曰候神臺，又曰望仙臺，以候神明、望神仙也。

長楊榭　在長楊宫，秋冬校獵其下，命武士搏射禽獸，天子登此以觀焉。臺上有木曰榭。

豫章觀已下觀閣。　武帝造，在昆明池中，亦曰昆明觀。一説曰上林苑中有昆明池觀。桓譚新論云：元帝被疾，遠求方士，漢中送道士王仲都，詔問所能，對曰：能忍寒。乃以隆冬盛寒日，令袒載駟馬於上林昆明池上，環冰而馳，御者厚衣狐裘寒戰，而仲都無變色，卧於池上，曛然自若，即此也。

飛廉觀　在上林苑，武帝元封二年作。飛廉神禽，能致風氣者，武帝以銅鑄置觀上，因以爲名，高四十丈。後漢明帝永平五年至長安，迎取飛廉并銅馬，置上西門外爲平樂觀。董卓悉銷以爲錢。

屬玉觀　在扶風。屬玉水鳥，似鵁鶄，以名觀也。宣帝甘露二年，行幸萯陽宫屬玉觀。

青梧觀　在五柞宫之西。西京雜記曰：觀前有三梧桐樹，下有石麒麟二枚，刊其脇爲文字，是秦始皇驪山墓上物也。頭高一丈三尺，東邊者，前左脚折處有赤如血，父老謂其有神，皆含血屬筋焉。

射熊觀　在長楊宫。

石闕觀、封巒觀　雲陽宫記云：宫東北有石門山，岡巒糾紛，千霄秀出，有石巖，容數百人，上起甘泉觀。甘泉賦云：封巒石闕施靡乎延屬。

白楊觀　在昆明池東。

長平觀　在池陽宫，臨涇水。亦作觀。元后傳：登長平館，臨逕水而覽焉。後漢書獻帝紀：韓遂、馬騰與郭汜、樊稠戰于長平觀，遂、騰敗績。註：前書音義曰：「長平，阪名也。上有觀，在池陽宫南，去長安五十里。」

龍臺觀　在豐水西北，近渭。

涿木觀　在上林苑。

細柳觀　在長安西北。三輔舊事云：漢文帝遣將軍周亞夫屯細柳，今呼古徼是也。

仙人觀、霸昌觀、蘭池觀、安臺觀、淪沮觀在城外。又有禁觀、董賢觀、蒼龍觀、當市觀、旗亭樓、馬伯騫樓在城内。

麒麟、朱鳥、龍興、含章，皆館名。

蘛館　漢宮闕疏云：上林苑有蘛館，蓋䵷蘛之所也。

石渠閣　蕭何造，其下礲石爲渠，以導水，若今御溝，因爲閣名。所藏入關所得秦之圖籍，至成帝又於此藏秘書焉。三輔故事云：在未央宮殿北。甘露中，五經諸儒雜論于石渠閣。

天禄閣　藏典籍之所，在未央宮殿北。漢宮殿疏云：天禄、麒麟閣，蕭何造，以藏秘書處賢才也。劉向於成帝之末，校書天禄閣，專精覃思，夜有老人著黄衣植青藜枝叩閣而進見。向暗中獨坐誦書，老父乃吹杖端煙然，因以見向，授五行洪範之文，恐詞説繁廣忘之，乃裂裳及紳，以記其言，至曙而去。請問姓名，云：「我是太一之精，天帝聞卯金之子有博學者，下而觀焉。」乃出懷中竹牒，有天文地圖之書，曰：「余略授子焉。」至子歆，從授其術，向亦不悟此人焉。

麒麟閣　在未央宮。廟記云：蕭何造。張晏曰：武帝獲麒麟時作。漢書：宣帝思股肱之美，乃圖霍光等十一人於麒麟閣。

三秦記云：未央宮有堯閣。廟記云：未央宮有白虎閣、屬車閣。

掖門　漢書吕后紀：朱虚侯章從太尉勃請卒千人，入未央宫掖門。師古曰：非正門而在兩旁，若人之臂掖也。

永巷　永，長也。宫中之長巷，幽閉宫女之有罪者。武帝時改爲掖庭置獄焉。列女傳：周宣王姜后脱簪珥，待罪永巷。

辟雍　在長安西北七里。漢書：河間獻王來朝，獻雅樂，武帝對之三雍宫，即此。禮樂志曰：成帝時，犍爲郡水濱得古磬十六枚，劉向説帝宜興辟雍焉。水經注曰：渭水又東合漕渠。又東逕長安縣南，東逕明堂南，舊引水爲辟雍處，在鼎路門東南七里。其制上圓下方，九宫十二室，四嚮五色。堂北三百步有靈臺，是漢平帝元始四年立。渠南有漢故圓丘。成帝建始二年，罷雍五時，始祀皇天上帝於長安南郊。應劭曰：天郊在長安南，即此也。

明堂　在長安西南七里。漢書曰：武帝初即位，嚮儒術，以文學爲本，議立明堂於城南，以朝諸侯。應劭註曰：漢武帝造明堂，王莽修飾令大。

圓丘　在昆明故渠南，高二丈，周回百二十步。

太學　在長安西北七里。王莽作宰衡時，建弟子舍萬區，起市郭上林苑中。三輔舊事云：漢太學中有市，有獄。

漢立四廟，祖宗廟異處，不序昭穆。

太上皇廟　在長安故城中，香室街南，鴻翔府北。關輔記曰：在酒池北。

高祖廟　在長安故城中。關輔記曰：秦廟中鐘四枚，皆在漢高祖廟中。三輔舊事云：高廟鐘重十二萬斤。漢舊儀云：高祖廟鐘十枚，各受十石，撞之聲聞百里。漢書：文帝時，盜取高廟玉環。故事云：光武至長安，以宗廟燒蕩爲墟，乃徙都雒陽。取十廟合於高廟，作十二室，太常卿一人，别治長安，主知高廟事。高廟有便殿。凡言便殿、便室、便坐者，皆非正大之處所，以就便安也。

高園　於陵上作之，既有正寢，以象平生正殿路寢也。又立便殿於寢側，以象休息閑晏之處也。

原廟　孝惠更於渭北建高帝廟，謂之原廟。漢書叔孫通傳曰：惠帝爲東朝長樂宫，及間往，師古曰：非大朝時，中間小謁見。數蹕煩民，作復道，復，讀曰複。方築武庫南，如淳曰：方始築武庫南也。通奏事，因請間，曰：「陛下何築復道高帝寢，衣冠月出游高廟，應劭曰：月旦出高帝衣冠，備法駕，名曰游衣冠。晉灼曰：黄圖：「高廟在長安城門街東，寢在桂宫北。」子孫奈何乘宗廟道上行哉！」惠帝懼，曰：「急壞之。」通曰：「人主無過舉。師古曰：舉事不當有過失。今已作，百姓皆知之矣。願陛下爲原廟渭北，師古曰：原，重也。先已有廟，今更立之，故云重也。衣冠月出游之，益廣宗廟，大孝之本。」上乃詔有司立原廟。

惠帝廟　在高帝廟後。

文帝廟　號顧成。見上。

景帝廟　號德陽宫。史記：孝景中四年三月，置德陽宫。瓚曰：是景帝廟也。帝自作之，諱不言廟，故號爲宫。

武帝廟　號龍淵，今長安西，茂陵東有其處，作銅飛龍故以名。

昭帝廟　號徘徊。

宣帝廟　號樂遊。見上。

元帝廟　號長壽。

成帝廟　號陽池。

太上皇有寢廟園、原廟。昭靈后、武哀王、昭哀后皆有園。孝惠皇帝有寢廟園。孝文太后、孝昭太后皆有寢園。衛思后、皇祖、悼考皆有廟園。廟曰奉明。

元、成之世，祖宗廟在郡國者六十八，合百六十七所。京師自高祖至宣帝與太上皇、悼皇考，各自居陵，旁立廟，并爲百七十六。又園中各有寢便殿，日祭於寢，月祭於殿，時祭於便殿。寢日四上食。廟歲二十五祠，便殿四祠。又月一游衣冠。四時祭宗廟，用太牢，列侯皆獻酎金以助祭。諸侯王及列侯歲時詣京師，侍祠助祭。

南北郊　天郊在長安城南，地郊在長安城北。所屬掌治壇墠郊宫，歲時供張以奉郊祀。武帝定郊祀之事，祠太一於甘泉圜丘，取象天形，就陽位也。祀后土于汾陰澤中方丘，取象地形，就陰位也。至成帝徙泰畤、后土于京師，始祀上帝于長安南郊，祀后土于長安北郊。

漢初，除秦社稷，立漢社稷，其後又立官社，配以夏、禹，而不立官稷。至平帝元始三年，始立官稷于官社之後。

太上皇陵　高帝葬太上皇于櫟陽北原，因置萬年縣于櫟陽大城内，以爲奉陵邑。其陵在東者太上皇，在西者昭靈后也。（高祖初居櫟陽，故太上皇因在櫟陽。十年，太上皇崩，葬北原。）

高祖長陵　在渭水北，去長安城三十五里。山東西廣一百二十步，高十三丈。長陵城周七里百八十步，因爲殿垣，門四出，及便殿、掖庭、諸官寺，皆在中。

呂后陵　在高祖陵東。按史記：高后合葬長陵。註云：漢帝后同塋，則爲合葬，不同陵也。

惠帝安陵　去長陵十里，在長安城北三十五里。安陵有果園、鹿苑云。

文帝霸陵　在長安城東七十里，因山爲藏，不復起墳，就其水名以爲陵號。

景帝陽陵　在長安城東北四十五里。按：景帝五年作陽陵，起邑陽陵山，方一百二十步，高十丈。

武帝茂陵　在長安城西北八十里。建元二年初置。茂陵邑本槐里縣之茂鄉，故曰茂陵。周迴三里。三輔舊事云：武帝於槐里茂鄉徙户一萬六千，置茂陵，高一十四丈一百步。茂陵園有鶴觀。

昭帝平陵　在長安城西北七十里，去茂陵十里。

宣帝杜陵　在長安城南。帝在民間時，好游鄠、杜間，故葬此。

元帝渭陵　在長安城北五十六里。

成帝延陵　在扶風，去長安六十二里。王莽時，遣使壞渭陵、延陵園門罘罳，曰：「毋使民復思也。」又以墨色洿其周垣。

哀帝義陵　在扶風渭城西北原上，去長安四十六里。

平帝康陵　在長安北六十里興平原口。

文帝母薄太后南陵　在霸陵南，故曰南陵。

昭帝母趙婕妤雲陵　在雲陽甘泉宫南，今人呼爲女陵。

李夫人墓　在茂陵西北一里。東西五十步，南北六十步，高八丈。俗名英陵，亦曰集僊臺。

漢有長水、中壘、屯騎、虎賁、越騎、步兵、射聲、胡騎八營宿衛，王宫周廬直宿處。

虎威、章溝　皆署名。

武庫　在未央宮，蕭何造，以藏兵器。水經注：昆明故渠，出二宮之間，又東歷武庫北，樗里子葬於此。史記：樗里子名疾，秦惠王異母弟也。滑稽多智，秦人號曰智囊。葬於渭南章臺之東，曰：「後百歲，當有天子之宮夾我墓。」樗里子疾室在昭王廟西，渭南陰鄉樗里，故俗謂之樗里子。至漢興，長樂宮在其東，未央宮在其西，武庫正直其墓。秦人諺曰：「力則任鄙，智則樗里。」田蚡傳：嘗請考工地益宅，上怒曰：「君何不遂取武庫？」

靈金内府　太上皇微時佩一刀，長三尺，上有銘，字難識。傳云殷高宗伐鬼方時所作也。高祖以之斬白蛇，及定天下，藏於寶庫。守藏者見白氣如雲出户，狀若龍蛇，呂后改庫曰靈金藏。惠帝即位，以此庫貯禁兵器，名曰靈金内府。

太倉　蕭何造，在長安城外東南。在禁苑西北，距中渭橋與長安故城相接，四面俱十三里，亦隸苑中。

細柳倉、嘉倉　在長安西，渭水北。古徼西有細柳倉，城東有嘉倉。

未央六廄　在長安故城中。漢官儀曰：未央宮六廄，長樂、承華等廄令，皆秩六百石。

翠華廄、大輅廄、果馬廄、軛梁廄、騎馬廄、大宛廄、胡河廄、騊駼廄　皆在長安城外。

霸橋觀馬廄　在長安城外。

都廄　天子車馬所在。

中厩　皇后車馬所在。

獸圈九，彘圈一，在未央宫中。郡國志曰：虎圈在通化門東二十五里。文帝問上林尉及馮媛當熊皆此處。獸圈上有樓觀。

蠶室　行腐刑之所也，司馬遷下蠶室。

鐘室　在長樂宫。吕后縛韓信置鐘室中。

作室　尚方工作之所。

蠻夷邸　在長安城藁街。師古曰：若今鴻臚客館。

横橋　三輔舊事云：秦造横橋，漢承秦制，廣六丈三百八十步。置都水令以掌之，號爲石柱橋。漢末董卓燒之。水經注曰：橋之北首壘石水中，故謂之石柱橋。

渭橋　在長安北三里，跨渭水爲橋，秦始皇造，刻石作力士孟賁等像。

霸橋　在長安東，跨水作橋。漢人送客至此橋，折柳贈别。王莽時霸橋災。

便門橋　武帝時作。見上。

飲馬橋　在宣平城門外。

楊溝　長安御溝謂之楊溝，謂植高楊於上也。

長安九市　廟記云：長安市有九，各方二百六十六步。六市在道西，三市在道東。

凡四里爲一市，致九州之人。在突門夾橫橋大道。市樓皆重屋，又曰：旗亭樓在杜門大道南。又有當市樓，有令署，以察商賈貨財買賣貿易之事，三輔都尉掌之。直市在富平津西南二十五里，秦文公造，物無二價，故以直市爲名。班固西都賦云：九市開場，貨別隧分。張衡西京賦云「廓開九市，通闤帶闠，旗亭五重，俯察百隧」是也。又有柳市、漢宮闕疏：細柳倉有柳市。東市、西市。在醴泉坊。惠帝紀：六年六月，起長安西市。郡國志：長安大俠萬子夏名章，居柳市。史記：司馬季主卜於東市。鼂錯朝服斬於東市。西京雜記：漢元始間，太學列槐數百行，諸生朔望會市，各持其土物及經書，買賣議論，謂之槐市。漢書百官表：京兆有長安市令丞，馮翊有長安四市長丞。食貨志：莽遂於長安及五都立五均官，更名長安東、西市令及洛陽、邯鄲、臨菑、宛、成都市長皆爲五均司市稱師。東市稱京，西市稱畿，洛陽稱中，餘四都各用東西南北爲稱，皆置交易丞五人，錢府丞一人。

長安八街九陌　有香室街、夕陰街、尚冠前街。三輔舊事云：長安城中八街九陌。漢書：劉屈氂妻梟首華陽街。京兆尹張敞走馬章臺街。陳湯斬郅支王，首懸藁街。

長安城中閭里　長安閭里一百六十，室居櫛比，門巷修直。潘岳西征賦：尚冠、修成，黃棘、宣明，建陽、昌陰，北煥、南平。李善註：皆里名。漢書：萬石君石奮徙家長安戚里。宣帝爲曾孫舍長安尚冠里。劉向列女傳：節女長安大昌里人也。

後漢

光武帝建武十九年，修西京宮室。

趙

晉書載記曰：劉曜都長安，起光世殿於前，紫光殿於後，繕宗廟、社稷、南北郊。立太學於長樂宮東，小學於未央宮西。曜命起酆明觀，立西宮，建陵霄臺於滈池，又將於霸陵西南營壽陵。侍中喬豫、和苞諫止之。省酆水囿以與貧民。

後趙

晉書載記曰：石季龍發雍、洛、秦、并州十六萬人城長安未央宮。

秦

晉書載記曰：苻健僭即皇帝位於太極前殿。置來賓館於平朔門以懷遠人。起靈臺於杜門。

苻堅起明堂，繕南、北郊。

自永嘉之亂，庠序無聞，堅頗留心儒學，王猛整齊風俗，政理稱舉，學校漸興。關、隴清晏，百姓豐樂，自長安至於諸州，皆夾路樹槐柳，三十里一亭，四十里一驛，旅行者取給於途，工商貿販於道。百姓歌之曰：「長安大街，夾樹楊槐。下走朱輪，上有鸞棲。英彦雲集，誨我萌黎。」

堅置聽訟觀於未央之南。

後秦

晉書載記曰：姚興起浮圖於永貴里，立波若臺於中宮，沙門坐禪者恒有千數。

後魏

周書薛憕傳曰：大統四年，宣光、清徽殿成，憕爲之頌。

後周

周書明帝本紀曰：二年冬十二月癸亥，太廟成。

武成三年春三月辛酉，重陽閣成。

武帝本紀曰：武成二年冬十二月，改作露門、應門。

保定三年秋八月丁未，改作露寢。

天和元年春正月辛巳，露寢成，幸之。令群臣賦古詩，京邑耆老並預會焉，頒賜各有差。

二年春三月癸酉，改武遊園爲道會苑。丁亥，初立郊丘壇壝制度。

建德元年冬十二月庚寅，幸道會苑，以上善殿壯麗，焚之。六年夏五月己丑，詔曰：「朕欽承丕緒，寢興寅畏，惡衣菲食，貴昭儉約。上棟下宇，土堦茅屋，猶恐居之者逸，作之者勞，詎可廣厦高堂，肆其嗜欲。往者冢臣專任，制度有違，正殿別寢，事窮壯麗。非直雕牆峻宇，深戒前王，而締構弘敞，有踰清廟。不軌不物，何以示後。兼東夏初平，民未見德，率先海内，宜自朕始。其露寢、會義、崇信、含仁、雲和、思齊諸殿，農隙之時，悉可毁撤。雕斵之物，並賜貧民。繕造之宜，務從卑樸。」

宣政元年春三月戊辰，於蒲州置宮。廢同州及長春二宮。帝身衣布袍，寢布被，無金寶之飾。宮殿華綺者，皆撤毁之，改爲土階數尺，不施櫨栱。其雕文刻鏤，錦繡纂組，一皆禁斷。後宮嬪御，不過十餘人。

宣帝本紀曰：大象二年春三月辛卯，行幸同州。乙未，改同州宫爲天成宫。帝所居宫殿帷帳，皆飾以金玉珠寶，光華炫燿，極麗窮奢。又以五色土塗所御天德殿，各隨方色。

隋

隋書高祖本紀曰：開皇四年夏六月壬子，開渠自渭達河以通運漕。

十三年春二月丙子，詔營仁壽宫。

十八年冬十二月，自京師至仁壽宫，置行宫十有二所。

舊唐書封倫傳曰：楊素將營仁壽宫，引倫爲土木監。隋文帝至宫所，見制度奢侈，大怒曰：「楊素爲不誠矣！殫百姓之力，雕飾離宫，爲吾結怨於天下。」素惶恐，慮將獲譴。倫曰：「公當勿憂，待皇后至，必有恩詔。」明日，果召素入對，獨孤后勞之曰：「公知吾夫妻年老，無以娱心，盛飾此宫，豈非孝順。」素退問倫曰：「卿何以知之？」對曰：「至尊性儉，故初見而怒，然雅聽后言。后婦人也，惟麗是好，后心既悦，帝慮必移，所以知耳。」素歎服曰：「揣摩之才，非吾所及。」

煬帝本紀曰：大業五年春二月己未，上御崇德殿之西院，愀然不怡，謂左右曰：「此先帝之所居，實用增感，情所未安，宜於此院之西別營一殿。」

地理志曰：京兆郡，城東西十八里一百一十五步，南北十五里一百七十五步。東面通化、春明、延興三門，南面啓夏、明德、安化三門，西面延平、金光、開遠三門，北面光化一門。里一百六，市二。

大興縣 有長樂宮。

長安縣 有仙都、福陽、太平等宮。有舊長安城。

盩厔縣 有宜壽、仙遊、文山、鳳皇等宮。

鄠縣 有甘泉宮。

渭南縣 有步壽宮。

華陰縣 有興德宮。

馮翊郡 朝邑縣有長春宮。

扶風郡 雍縣有岐陽宮。郿縣有安仁宮、鳳泉宮。普潤縣有仁壽宮。

歷代宅京記卷之六

關中四

唐

舊唐書中間多參用册府元龜及新唐書，更不分別。高祖本紀曰：武德元年夏五月，改隋大興殿爲太極殿，昭陽門爲順天門。

秋七月庚申，詔隋氏離宫遊幸之所並廢之。

冬十月，以武功舊宅爲武功宫。

五年秋七月甲申，作弘義宫。在宫城外西偏。初，秦王居宫中承乾殿，帝以秦王有定天下功，特降殊禮，别建此宫以居之。

六年夏四月己未，以故第爲通義宫。

冬十二月庚戌，以奉義監爲龍躍宫，帝龍潛時莊舍也。武功宅爲慶善宫。

七年夏五月丙戌，作仁智宮於宜君縣。宜君縣置於古祋祤城，隋屬京兆郡，時屬宜州。

八年夏四月甲申，作太和宮於終南山。長安城南五十里有太和谷太和宮。冬十月，營永安宮，改名大明宮，以備太上皇清暑。

九年夏六月，改東宮弘禮、嘉福等門爲光宣門。

太宗本紀曰：貞觀三年夏四月乙亥，太上皇徙居弘義宮，更名大安宮。甲午，上始御太極殿。

馬周傳曰：周爲監察御史，上疏曰：「臣伏見大安宮在宮城之西，其牆宇門闕之制，方之紫極，尚爲卑小。臣伏以皇太子之宅，猶處城中，大安宮至尊所居，更在城外。雖太上皇游心道素，志存清儉，陛下重違慈旨，愛惜人力，而蕃夷朝見及四方觀者，有不足瞻仰焉。臣願營築雉堞，修起門樓，務從高敞，以稱萬方之望，則大孝昭乎天下矣。」

二十年秋七月辛亥，宴五品以上於飛霜殿。殿在玄武門北，因地形高敞，層閣三城，軒欄相注，又引水爲潔渌池，樹白楊槐柳，與陰相接，以滌炎暑焉。

冬十月，司空房玄齡及將作大匠閻立德大營北闕，制顯道門觀並成。

二十一年夏四月乙丑，作翠微宮。籠山爲苑，自初裁至於設幄，九日而罷。宮正門北開，謂之雲霞門。視朝殿名翠微殿，其寢殿名含風殿。并爲皇太子構別宮，去臺連延里餘，正門西開，名金華門，内殿名喜安殿。

秋七月丙申，作玉華宫於宜君縣之鳳皇谷。帝手詔曰：「朕聞上代無爲，簷茅而砌土；中季華用，檻玉而臺瓊。燥濕之致雖同，奢儉之情則異。朕承皇王之緒，執造化之綱，包萬類於心端，圖八紘於目際，夷夏一軌，區宇大同。每流鑑於前，經常披懷而自勖，思所以收驕閉逸，卷慾除華。而頃年以來，憂勞煩結，暨至兹歲，風疾彌時，重以景爍流金，風湯溽暑，邅廻幾度，旭暮增勞，俯仰巖廊，寢興添弊，唯冀廓景延涼，蕩兹虚惙。近因群下之志，南營翠微，本絶丹青之工，纔假林泉之勢，峰居隘乎蛟睫，山逕險乎焦原，雖一己之可娱，念百僚之有倦，所以載懷爽塏，爰制玉華。故遵意於朴厚，本無情於壯麗，尺版尺築，皆悉折庸；寸作寸功，故非虚役。猶恐遐邇乖聽，方輿怨咨，非其樂勞人而竭力，好峻宇而雕牆，但以養性全生，不獨在私在己；怡神祈壽，良以爲國爲人。比者屢有征行，非無疲頓，前歲問罪遼左，去秋巡幸靈州，今復土木頻興，營繕屢動。永言思此，深念人勞，一則以慚，一則以愧，何則？匈奴爲患，自古弊之。十月防秋，人血丹於水脉；千里轉戰，漢骨皓於塞垣。當此之疲，人不堪命，尚興未央之役，猶起甘泉之功。今則毳幙穹廬，取爲郡縣；天山瀚海，分爲苑池。去既往之長勞，成將來之永逸，譬廻一年之役，創此新宫，想志士哲人不以爲言也。布告黎庶，明此意焉。」宫既成，正門謂之南風門，殿覆瓦，餘皆葺之以茅。帝以意在清凉，務從儉約，匠人以爲層巖峻谷，玄覽遐長，於是疏泉抗殿，包山通苑。皇太子所居南風門之東，正門謂之嘉禮門，殿名暉和殿。其官曹寺署，並皆創立。微事營造，庶物亦擾市取供，而折番和雇之費，以巨億計矣。及帝行幸，敕奉御王孝積於顯道門内起紫微殿十三間，文甓重基，高敞宏壯，帝見之甚悦。后妃傳：徐賢妃上疏諫太宗曰：「北闕初建，南營翠微，曾未移時，玉華創制。」蓋二年之中興此三役，貞觀之政與此少衰。

高宗本紀曰：永徽二年秋九月癸巳，詔廢玉華宮爲佛寺，苑内及諸曹司舊是百姓田宅者，並還本主。

戊戌，改名九成宫爲萬年宫。

三年夏四月，新殿成，移御之日謂侍臣曰：「朕性不宜熱，所司頻奏請造此殿，既作之後，深懼人勞，今既暑熱，朕居屋下，尚有流汗，匠人暴露實爲可愍。」長孫無忌曰：「聖心每以恤人爲念，臣等不勝幸甚。」

五年春三月戊午，幸萬年宫。帝謂太尉長孫無忌曰：「此宫非直凉爽宜人，且去京不遠。朕離此十年，屋宇無多損壞，昨者不易一椽一瓦，便已可安，不知公等得安堵未，曹司廨署周足未。」乃親制萬年宫銘，并序七百餘字，群臣請刊石，建於永光門。詔從之。

冬十月癸卯，築京師羅郭，和雇京兆百姓四萬一千人，板築三十日而罷，起觀于九門。

顯慶元年夏六月，改東宮弘教殿爲崇教殿。

龍朔二年夏四月辛巳，作蓬萊宮。正門曰丹鳳，正殿曰含元。含元殿之後曰宣政。宣政左右有中書、門下二省，弘文館、史館。蓬萊宮即大明宮，亦曰東内。程大昌曰：大明宮地本太極宮之後苑，東北面射殿之地，在龍首山上。太宗初，於其地營永安宮，以備太上皇清暑，雖嘗改名大明宮，而太上皇仍居大安宮，不曾徙入。龍朔二年，高宗苦風痺，惡太極宮卑下，故就修大明宮，改爲蓬萊宮，取殿後蓬萊池以爲名。

三年春二月，賦雍、同等十五州民錢，減百官一月俸，助作蓬萊宮。夏四月丙午，蓬萊宮含元殿成。上始移仗居之。更名故宮曰西内。故宮謂太極宮，自武德以來人主居之，自是以後謂之西内。戊申，始御紫宸殿聽政。

册府元龜曰：初，遣司稼少卿梁孝仁監造，悉於庭院列白楊樹。右驍衛大將軍契苾何力入宮中縱觀，孝仁指白楊曰：「此木易長，不過二三年，宮中可得蔭映。」何力不答，但誦古詩：「白楊多悲風，蕭蕭愁殺人。」孝仁遽令拔去之，更植梧桐。新書契苾何力傳同，孝仁作脩仁。

乾封二年春二月辛丑，復以萬年宮爲九成宮。

咸亨元年春三月丁丑，改蓬萊宮爲含元宮。

四年秋七月庚午，九成宮、太子新宮成。上召五品以上諸親宴太子宮，極歡而罷。

永淳元年春二月，新書在秋七月。作萬泉宮於藍田。

武后長安元年冬十一月戊寅，改含元宮爲大明宮。

十二月，改含元殿爲大明殿。

中宗神龍元年春二月，復改大明殿爲含元殿。

景龍元年秋八月戊寅，改玄武門爲神武門，樓爲制勝樓。睿宗景雲元年冬十月，以大內爲太極宮。

玄宗開元二年秋七月甲寅，作興慶宮。初，則天之世，長安城東隅，民王純家井溢，浸成大池數十頃，號隆慶池。池在隆慶坊南。程大昌曰：帝王之興若符瑞，理固有之，然而傅會者多。六典所記隆慶坊有井，忽湧爲小池，周袤十數丈，常有雲氣或黄龍出其中。至景雲間潛復出水，其沼浸廣，里人悉移居，遂鴻洞爲龍池。然予詳而考之長安志曰：「龍池在躍龍門南，本是平地，自垂拱初載後因雨水流潦爲小流，後又引龍首渠水分溉之，日以滋廣。至景龍中，彌亘數頃，深至數丈，常有雲龍之祥，後因謂之龍池。」志又曰：「隋城外東南角有龍首堰，自此堰分澭水北流，至長樂坡分爲二渠，其西渠自永嘉坊西南流經興慶宮。」則是興慶之能變平地爲龍池者，實引澭之力也。至六典所記，則全没導澭之實，乃言初時井溢已乃泉生，合二水以成此池，專以歸諸變化也。上在藩邸，與宋王成器等列第於其北，望氣者常言鬱鬱有帝王氣，中宗乃幸池上，結綵爲樓，宴侍臣泛舟，戲象以厭之。上即位，宋王成器等累表請以舊宅爲宮。制曰：「朕昔與兄弟聯居藩邸，虔奉聖訓，遂膺昌期，嘗思鄠、杜之游，頗有芒、碭之氣，王等固陳符瑞，取則不遠，擬備巡幸，推而勿居，式遵故事，宜依今請。」於是以舊宅爲宮，興慶宮謂之南内，在皇城中，南距京城之東，直東内之南。自東内達南内，有夾城複道經通化門達南内。人主往來兩宮，外人莫知之。仍各賜成器等宅環於宮側。寧王、岐王宅在安興坊，薛王宅在勝業坊，二坊相連，皆在興慶宮西，寧王即宋王也。睿宗諸子傳曰：玄宗兄弟，聖曆初，出列第於東都積善坊，五人分院同居，號五王宅。大足元年，從幸西京，賜宅於興慶坊，亦號五王宅。及先天之後，興慶是龍潛舊邸，因以爲宮。寧王憲於勝業東南角賜宅，申王撝、岐王範於安興坊東南賜宅，薛王業於勝業西北角賜宅。邸第相望，環於宮側。又於宮西南置樓，題其西曰花萼相輝之樓，南曰勤政務本之樓。上或登樓聞王奏樂，則召升樓同宴，或幸其所居盡歡，賞賚優渥。帝戒諸王曰：「奉先帝宮室，不敢有加，時時補葺，已愧於勞人矣。惟興慶創制，乃朝廷百辟卿士以吾舊邸因欲修建，不免群卿考室之詞，是即庶民子來之請，亦所以表休徵之地。新作南樓，本欲察甿俗，采風謡，以防壅塞，是亦古闢四門達四聰之意，時有作樂宴慰，不徒然也。今因大哥讓朱邸以成花萼相輝之美，歷觀自古聖帝明王有所興作，欲以助教化也。吾所冀者，式崇敦睦，漸漬薄俗，令其人信厚耳。」

十一年冬十月丁酉，作温泉宮於驪山。雍録曰：驪山温湯，在臨潼縣南一百五十步，直驪山之西北。十道志曰：泉有三所，其一處即皇堂石井，後周宇文護所造。隋文帝又修屋宇，并植松柏千餘株。貞觀十八年，詔閻立本營建宮殿，賜名湯泉宮。是年，更名温泉宮而改作之。

十九年夏六月，詔修理兩都街市、溝渠、橋道。

二十四年夏六月，廣花萼樓，築夾城，至芙蓉園。是年十二月，毀東市東北角，道政坊西北角，以廣花萼樓前。

二十六年春正月，修望春宮。

冬十月，詔於西京、東都往來之路作行宮千餘間。

二十八年春正月，於兩京路及城中苑内種果樹。鄭審有奉使巡檢兩京路種果樹事畢入秦詩。

天寶元年冬十月，作長生殿，名曰集靈臺，以祀神。

三載冬十二月癸巳，置會昌縣於温泉宮下。

六載冬十月，改温泉宮爲華清宮。十二月壬戌，發馮翊、華陰等郡民夫築會昌城，置百司，王公各置第舍，土畝直千金。

七載冬十二月戊戌，或言玄元皇帝降于朝元閣。上於華清宮中起老君殿，殿之北爲朝元閣。制改會昌縣曰昭應，朝元閣曰降聖。

八載夏四月，作觀風樓。在華清宮。

五月，作振旅亭。在開遠門外。

十載夏四月，作交泰殿。在興慶宮。

十二載冬十月，和雇京城户丁一萬三千人築興慶宮牆，起樓觀。

肅宗乾元元年春正月，改丹鳳門爲明鳳門，安化門爲達禮門，安上門爲先天門。京城及坊門名有「安」字者悉改之。代宗廣德元年秋九月，禁城内六街種植。初，諸軍使以時艱歲儉，奏耕京城六街之地以供芻，至是禁之。

永泰二年春正月，敕修國子學、祠堂、論堂、六館院及官吏所居廳宇，用錢四萬貫，拆曲江亭瓦木助之。八月，成。

種城内六街樹，禁侵街築垣舍者。中朝故事云：天街兩畔槐木俗號爲槐衙，曲江池畔多柳，亦號爲柳衙，以其成行排立也。駱賓王詩：楊溝連鳳闕，槐路擬鴻都。舊書吴湊傳云：官街樹缺，所司植榆以補之。湊曰：榆非九衢之玩，亟命易之以槐。及槐陰成而湊卒，人指樹而懷之。

九月庚申，京兆尹黎幹以京城薪炭不給，奏開漕渠，自南山谷口入京城，至薦福寺東街，北抵景風、延喜門入苑，闊八尺，深一丈。渠成，是日上御安福門以觀之。

大曆二年秋七月丁卯，魚朝恩奏以先所賜莊爲章敬寺，以資章敬太后冥福，上母吴后謚章敬。仍請以章敬爲名，復加興造，窮極壯麗。以城中材木不足充費，乃奏壞曲江亭館、華清宮觀樓及百司行廨，將相没官宅，給其用，費逾萬億。長安朱雀街東第五街，皇城之東第三街，昇道坊龍華尼寺南，有流水屈曲，謂之曲江。此地在秦爲宜春苑隑州，在漢爲樂游園。開元疏鑿，遂爲勝境。其南有紫雲樓、芙蓉苑，其西有杏園、慈恩寺，江側菰蒲葱翠，柳陰四合，碧渡紅蕖，依映可愛。

德宗貞元三年，作玄英門及觀於大明宮北垣。

四年春二月，築延喜門北複道，屬於永春門。

三月，築武德東門垣，約左藏庫之北屬宮城東垣，因廢武庫，以器械隸於軍器使。

八年春正月，新作玄武門及廡會踘場。

十二年秋八月庚午，增修望仙樓。廣夾城十王宅。玄宗諸子傳：先天之後，皇子幼則居内，東封年，以漸成長，乃於安國寺東，附苑城同爲大宅，分院居，爲十王宅。令中官押之，於夾城中起居，每日家令進膳。又引詞學工書之人入教，謂之侍讀。十王謂慶、忠、棣、鄂、榮、光、儀、潁、永、延、濟，蓋舉全數。其後，盛、義、壽、陳、豐、恒、涼六王，又就封入内宅。二十五年，鄂、光得罪，忠繼大統。天寶中，慶、棣又殁，唯榮、儀等十四王居院，而府幕列于外坊，特通名起居而已。外諸孫成長，又于十宅外置百孫院。每歲幸華清宮，宮側亦有十王院、百孫院。宮人每院四百餘人，百孫院三四十人。又於宮中置維城庫，諸王月俸物，約之而給用。諸孫納妃嫁女，亦就十宅中。太子不居於東宮，但居於乘輿所幸之别院。太子亦分院而居，婚嫁則同親王、公主，在于崇仁之禮院。

十三年春三月戊子，造會慶亭於麟德殿前。

夏六月辛巳，引龍首渠水自通化門入，至太清宮前。

秋七月壬辰，浚魚藻池。

八月丁巳，詔曰：昆明池俯近都城，古之舊制，蒲魚所産實利於人。令京兆尹韓臯充使疏浚，并修石炭、賀蘭二堰。冬十一月，工成。

十九年春二月丁亥，修含元殿。

憲宗元和二年夏六月丁巳朔，始置百官待漏院於建福門外。故事，建福、望仙等門，昏而閉，五更而啓，與諸坊門同時。至德中，有吐蕃囚自金吾仗亡命，因敕晚開門，宰相待漏於太僕寺車坊，至是始令有司據班品置院。

丙子，左神策軍新築夾城，别開門曰玄化，建樓曰晨耀。（册府作「輝」，舊唐書作「耀」，據改。）

三年冬十月，修南内殿及勤政樓、明光樓。

六年夏五月，毁興安門南竹亭。

八年秋七月癸酉，修興唐觀，北距禁城開複道以通行幸。

九年夏六月，置禮賓院於長興里北。

十二年夏四月，築夾城，自雲韶門、芳林門西至脩德里，以通于興福寺。又置新市於芳林門南。

五月己酉，作蓬萊池周廊四百間。

十三年春二月，詔六軍使修麟德殿，浚龍首池，起承暉殿，（裴度傳作「凝暉」。）雕飾綺焕，徙佛寺之花木以充焉。大明宮東面有東内苑，苑中有龍首殿、龍首池，龍首渠水自城南而注入于此池。宋白曰：龍首殿在右軍。

十四年春正月，徙置仗内教坊于延政里。

十五年秋七月，作永安殿、寶慶殿，脩日華門、通乾門。

穆宗長慶元年夏五月辛亥，於禁中造百尺樓。

文宗太和元年夏四月壬寅，詔毁昇陽殿東放鴨亭。戊申，毁望仙門側看樓十間，並敬宗所造也。

秋八月癸卯，詔毁如京倉舍，以其地歸門下省。寶歷末，好廣苑囿，門下省馬厩因通入禁中，至是還之。

二年秋八月，修安福樓及兩儀殿、甘露殿。

九月，築昭慶門内西牆。

九年春正月辛卯，發左右神策軍千五百人，浚曲江及昆明池。昆明池見上。長安志曰：今爲民田。夫既可以爲民田，則非有水之地矣。然則漢於何取水也？長安志引水經曰：交水西至石堨，武帝穿昆明池，所造有石闥堰，在縣西南三十二里，則昆明之周三百餘頃者，用此堰之水也。昆明基高，故其下流尚可壅激以爲都城之用，於是並城疏别三派，城内外皆賴之，此池仍在。括地志曰：豐、鎬二水皆已堰入昆明池，無復流派。括地志作於太宗之世，則唐初仍自壅堰未廢，至文宗而猶嘗加濬也。然則圖經之作當在文宗後，故竭而爲田也。

司芟除栽植。

二月，敕都城勝賞之地，唯有曲江，承平以前，亭館接連，近年廢毀，思俾修葺，已令所司芟除栽植。其諸司如有力及要創置亭館者，給與閒地，任其營造。雍録：唐曲江，本秦隑州，至漢爲樂遊苑，基地最高，四望寬敞。隋營京城，宇文愷以其地在京城東南隅，地高不便，故闕此地，不爲居人坊巷，而鑿爲池，以厭勝之。又會黄渠水自城外南來，故隋世遂從城外包之入城爲芙蓉池，且爲芙蓉園也。漢武帝時，池周回六里餘，唐周七里，占地三十頃，又加展拓矣。其地在城東南昇道坊龍華寺之南。

秋七月，毁銀臺門，起修三門樓。詔發左右軍二千人，填龍首池以爲鞠場。庚戌，建紫雲樓於曲江。

九月，帝幸右銀臺門觀工，發左右神策軍一千五百人，浚曲江及昆明池。

十月乙亥，内出曲江新造紫雲樓彩霞亭額，左軍中尉仇士良以鼓吹迎於銀臺門。

鄭注傳曰：注言秦中有災，宜興工役以禳之。文宗能詩，常吟杜甫江頭篇云：「江頭宫殿鎖千門，細柳新蒲爲誰緑？」始知天寶以前，曲江四岸有樓臺、行宫、廨署，心切慕之。既得注言，即命左右神策軍差人淘曲江、昆明二池，仍許公卿、士大夫之家於江頭立亭館，以時追賞。通鑑：十二月甲申，敕罷修曲江亭館。

武宗會昌元年春三月，建靈符應聖院於龍首池。

三年夏五月，築望仙觀于禁中。

五年春正月己酉朔，敕造望仙臺於南郊壇。

夏六月，神策奏修望仙樓及廊舍五百三十九間功畢。

宣宗大中元年春二月，修百福殿院。

秋八月，神策軍奏修百福殿成，名其殿曰雍和殿，樓曰親親樓，凡廊舍屋宇七百間，以會諸王子孫。

二年春正月，神策軍修左銀臺門樓、屋宇及南面城牆，至睿武樓。

五年，修明儀樓。

僖宗光啓三年六月丙辰，太常禮院奏：「太廟十一室，并祧廟八室，孝明太后等別廟三室，自車駕再幸山南，並經焚毀，神主失墜。今大駕還京，宜先葺宗廟神主，然後還宮。」遂詔修奉太廟使宰相鄭延昌修奉。是時宮室未完，國力方困，未暇舉行舊制，延昌請權以少府監大廳爲太廟。太廟凡十一室，二十三間，間十一架，今監五間，請添造成十一間，以備十一室之數。」敕曰：「敬依典禮。」

新唐書地理志曰：上都初曰京師，天寶元年曰西京，會要：開元元年十二月三日改爲京兆府。至德二載曰中京，十二月十五日。上元二年復曰西京，九月二十一日。肅宗元年曰上都。建卯月一日。

皇城長千九百一十五步，廣千二百步。宮城在北，長千四百四十步，廣九百六十步，周四千八百六十步，其崇三丈有半。龍朔後，皇帝常居大明宮，乃謂之西內，神龍元年曰太極宮。大明宮在禁苑東南，西接宮城之東北隅，長千八百步，廣千八十步，曰東內。本永安宮，貞觀八年置，九年曰大明宮，以備太上皇清暑，百官獻貲以助役。高宗以風痺，厭西內湫溼，龍朔三年始大興葺，曰蓬萊宮，咸亨元年曰含元宮，長安元年復曰大明宮。興慶宮在皇城東南，距京城之東，開元初置，至十四年又增廣之，謂之南內。二十年，築夾城入芙蓉園。京城前直子午谷，後枕龍首山，左臨灞岸，右抵灃水，其長六千六百六十五步，廣五千五百七十五步，周二萬四千一百二十步，其崇丈有八尺。

京兆府

萬年縣有南望春宮，臨滻水，西岸有北望春宮，宮東有廣運潭。

舊唐書韋堅傳曰：天寶元年，擢爲陝郡太守，水陸轉運使。自西漢以及隋，有運渠自關門西抵長安，以通山東租賦。堅奏請於咸陽壅渭水作興成堰，截灞、滻水傍渭東注，至關西永豐倉下與渭合。於長安城東九里長樂坡下、滻水之上架苑牆，東面有望春樓，樓下穿潭以通舟楫，二年而成。堅預於東京、汴、宋取小斛底船三二百隻置於潭側，其船皆署牌表之。樓下連檣彌亘數里，觀者山積，堅跪上諸郡輕貨，又上百牙盤食。玄宗歡悦，賜名廣運潭。

長安縣有大安宫，本弘義，後更名。南五十里太和谷有太和宫，武德八年置，貞觀十年廢，二十一年復置，曰翠微宫，籠山爲苑，元和中以爲翠微寺。天寶二年，尹韓朝宗引渭水入金光門，置潭于西市，以貯材木。大歷元年，尹黎幹自南山開漕渠抵景風、延喜門入苑以漕炭薪。咸陽縣有望賢宫。

興平縣西十八里有隋仙林宫。

渭南縣西十里有遊龍宫，開元二十五年更置。東十五里有隋崇業宫。

昭應縣有宫在驪山下，貞觀十八年置，咸亨二年始名温泉宫，天寶六載更名華清宫，治湯井爲池，環山列宫室，又築羅城，置百司及十宅。

高陵縣西四十里有龍躍宫，武德六年，高祖以舊第置，德宗以爲修真觀。

藍田縣，永淳元年作萬全宫，弘道元年廢。

鄠縣東南三十里有隋太平宫，西南二十二里有隋甘泉宫。

武功縣有慶善宫，臨渭水，武德元年，高祖以舊第置宫，後廢爲慈德寺。

華原縣有永安宫，長安二年置。有蒲萄園宫。

華州

鄭縣東北三里有神臺宫，本隋普德宫，咸亨二年更名。華陰縣西十八里有瓊岳宫，故隋華陰宫，顯慶三年更名。東十三里有隋金城宫，武德三年廢，顯慶三年復置。

同州

馮翊縣南三十二里有興德宫，在志武里，高祖將趨長安所次。朝邑縣有長春宫。

鳳翔府

麟遊縣西五里有九成宫，本隋仁壽宫，義寧元年廢，貞觀五年復置更名，永徽二年曰萬年宫，乾封二年復曰九成宫，周垣千八百步，并置禁苑及府庫官寺等。又西三十里有永安宫，貞觀八年置。

盩厔縣有司竹園。東南三十二里有隋宜壽宫，有樓觀、老子祠。

坊州

宜君縣有仁智宫。北四里鳳凰谷有玉華宫，永徽二年廢爲玉華寺。

唐六典曰：京城左河、華，右隴坻，前終南，後九嵕。南面三門：中曰明德，左曰啓夏，右曰安化。東面三門：中曰春明，北曰通化，南曰延興。西面三門：中曰金光，北曰開遠，南曰延平。今京城，隋文帝開皇二年六月，詔左僕射高熲所置。南直終南山子午谷，北據渭水，東臨滻川，西次灃水。太子左庶子宇文愷創制規謀，將作大匠劉龍、工部尚書賀婁子幹、太府少卿高龍乂並充檢校，至三年三月移入新都焉，名曰大興城。東西十八里一百一十五步，南北十五里一百七十五步，牆高一丈八尺。皇城之南東西十坊，南北九坊。皇城之東西各一十二坊，兩市居四方之地，凡一百一十坊。開元十四年，又取東面兩坊爲興慶宮。皇城在京城之中，東西五里一百一十五步，南北三里一百四十步，今謂之子城。南面三門：中曰朱雀，左曰安上，右曰含光，朱雀門正南當明德門，正北當承天門，外横街正東直春明門，正西直金光門。東面二門：北曰延喜，南曰景風。延喜門則承天門，外横街東直通化門。西面二門：北曰安福，南曰順義。安福門西直開遠門。其中左宗廟，在安上門内之東。右社稷，在含光門内之西。百僚廨署列乎其間，凡省六、寺九、臺一、監四、衛十有八。六省謂尚書、中書、門下、秘書、殿中、内侍省。九寺謂太常、宗正、司農、太府、鴻臚、衛尉、光禄、太僕、大理寺。一臺謂御史臺。四監謂少府、將作、國子、都水監。十八衛謂左右衛，左右金吾衛，左右驍衛，左右武衛，左右威衛，左右領軍衛，左右監門衛，左右千牛衛，左右羽林軍衛。今按中書、門下凡有三所，並在宮城之内，國子監在皇城之南，左右金吾衛在皇城之東西，左右羽林軍在玄武門之北。東宮官屬凡府一、坊三、寺三、率府十。一府謂詹事府。三坊謂左右春坊，内坊。三寺謂家令、率更、僕寺。十率府謂左右衛率府，左右清道率府，左右司禦率府，左右内率府，左右監門率府。宮城在皇城之北，南面三門：中曰承天，東曰長樂，西曰永安。承天門，隋開皇二年作，初曰廣陽門，仁壽元年改曰昭陽門，武德元年改曰順天門，神龍元年改曰承天門。舊唐書五行志曰：隋文時，自長安故城東南移於唐興村置新都，今西内承天門正當唐興村門，有大槐樹，柯枝森鬱，即村門樹也。有司以行列不正將去之，太宗曰：「高祖常坐此樹下，不可去也。」若元正冬至，大陳設燕會，赦過宥罪，除舊布新，受萬國之朝貢，四夷之賓客，則御承天門聽政。蓋古之外朝也。其北曰太極門，其内曰太極殿，朔望則坐而視朝焉。蓋古之中朝也。隋曰大興門大興殿，煬帝改曰虔福門，貞觀八年改曰太極門，武德元年改曰太極殿，有東上、西上二閤門，東西廊，左延明、右延明二門。次北曰朱明門，左曰虔化門，右曰肅章門。肅章之西曰暉政門，虔化之東曰武德西門。其内有武德殿，有延恩殿。又北曰兩儀門，其内曰兩儀殿，常日聽朝而視事焉。蓋古之内朝也。隋曰中華殿，貞觀五年改爲兩儀殿。承天門之東曰長樂門，北入恭禮門，又北入虔化門，則宮内也。承天門之西曰廣運門。永安門北入安仁門，又北入肅章門，則宮内也。兩儀殿之東曰萬春殿，西曰千秋殿。兩儀之左曰獻春門，右曰宜秋門。宜秋之右曰百福門，其内曰百福殿。百福之西曰承慶門，内曰承慶殿。獻春之左曰立政門，其内曰立政殿。立政之東曰大吉門，其内曰大吉殿。兩儀之北曰甘露門，其内曰甘露殿，左曰神龍門，其内曰神龍殿，右曰安仁門，其内曰安仁殿。又有興仁、宣猷、崇道、惠訓、昭德、安禮、正禮、宣光、通福、光昭、嘉猷、華光、暉儀、壽安、綏福等門，薰風、就日、翔鳳、咸池、臨昭、望僊、鶴羽、乘龍等殿，凌烟、翔鳳等閣。

大明宮在禁苑之東南，西接宮城之東北隅，龍朔二年，高宗以大内卑溼，乃於此置宮。南面五門：正南曰丹鳳門，東曰望仙門，次曰延政門，西曰建福門，次曰興安門。南當皇城之啓夏門。舊京城八苑之北門，開皇三年開，餘四門並與宮同置。丹鳳門内正殿曰含元殿，殿即龍首山之東趾也，階上高於平地四十餘尺，南去丹鳳門四百餘步，東西廣五百步，今元正冬至於此聽朝也。夾殿兩閣，左曰翔鸞閣，右曰棲鳳閣。與殿飛廊相接。夾殿東有通乾門，西有觀象門。閣下即朝堂，肺石登聞鼓，如承天之制。其北曰宣政門，門外東廊曰齊德門，西廊曰興禮門，內曰宣政殿。殿前東廊曰日華門，門東門下省，省東南北街，南直含耀門，出昭訓門。宣政殿前西廊曰月華門，門西中書省，省西南北街，南直昭慶門，出光範門。宣政之左曰東上閤，右曰西上閤，次西曰延英門，其內之左曰延英殿，右曰含象殿。宣政北曰紫宸門，其內曰紫宸殿。即內朝正殿也。殿之南面曰紫宸門，左曰崇明門，右曰光順門。殿之東曰左銀臺門，西曰右銀臺門，次北曰九僊門。殿之北面曰玄武門，左曰銀漢門，右曰青霄門。其內又有麟德、凝霜、承歡、長安、僊居、拾翠、碧羽、金鑾、蓬萊、含涼、珠境、三清、含冰、水香、紫蘭等殿，玄武、明儀、大角等觀，鬱儀、結隣、承雲、修文等閣也。興慶宮在皇城之東南，東距外郭城東垣。即今上龍潛舊宅也。開元初以爲離宮，至十四年又取永嘉、勝業坊之半以置朝，自大明宮東夾羅城複道，經通化門磴道潛通焉。宮之西曰興慶門，其內曰興慶殿，即正衙殿，有龍池殿。次南曰金明門，門內之北曰大同門，其內曰大同殿。宮之南曰通陽門，北入曰明光門，其內曰龍堂。通陽之西曰花蕚樓，樓西寧王第，取詩人棠棣之義以名樓焉。樓西曰明義門，其內曰長慶殿。宮之北曰躍龍門，其內左曰芳苑門，右曰麗苑門，南走龍池曰瀛洲門，內曰南薰殿。瀛洲之左曰僊雲門，北曰先射殿。又有同光、承雲、初陽、飛軒、玉華等門，飛僊、交泰、同光、榮光等殿。初上居此第，其里名協聖諱。所居宅之東有舊井，忽湧爲小池，周袤纔數尺，常有雲氣，或見黄龍出其中。至景龍中，瀰復出水，其沼𡒄廣，時即連合爲一。未半歲，而里中人悉移居，遂鴻洞爲龍池焉。蓋符命之先也。禁苑在大内宫城之北，北臨渭水，東距滻川，西盡故都城。其周一百二十里。禽獸及蔬果莫不毓焉，若祠禴蒸嘗，四時之薦，蠻夷戎狄，九賓之享，則蒐狩以爲儲供焉。

舊唐書地理志：苑城東西二十七里，南北三十里，東至灞水，西連故長安城，南連京城，北枕渭水。苑内離宫亭觀二十四所，漢長安故城東西十三里，亦隸入苑中，苑置四面監總監以掌種植。

康駢劇談録曰：含元殿國初建造，鑿龍首崗以爲基址，彤墀釦砌，高五十餘尺，左右立棲鳳、翔鸞二闕，龍尾道出於闕前，倚欄下瞰前山，如在諸掌。殿去五門二里，每元朔朝會，禁軍與御仗宿於殿庭，金甲葆戈，雜以綺繡，羅列文武，纓珮序立，蕃夷酋長仰觀玉座，若在霄漢。

又曰曲江池，本秦世隑洲，開元中疏鑿，遂爲勝境。其南有紫雲樓、芙蓉苑，其南有杏園、慈恩寺，花卉環周，烟水明媚，都人遊玩盛於中和上巳之節，綵幄翠幬匝於堤岸，鮮車健馬比肩繫轂，上巳即賜宴臣僚，京兆府大陳筵席。長安、萬年兩縣，以雄盛相較，錦繡珍玩，無所不施，百辟會於山亭，恩賜太常及教坊聲樂。池中備綵舟數隻，唯宰相、三使、北省官與翰林學士登焉。每歲傾動皇州以爲盛，入夏則菰蒲葱翠，柳陰四合，碧波紅蕖，湛然可愛。

宋史宋庠傳：論唐入閤儀曰：「入閤，乃唐隻日於紫宸殿受常朝之儀也。唐有大内，又有大明宫，宫在大内之東北，世謂之東内。高宗以後，天子多在大明宫。宫之正南門曰丹鳳門，門内第一殿曰含元殿，大朝會則御之。第二殿曰宣政殿，謂之正衙，朔望大册拜則御之，第三殿曰紫宸殿，謂之上閤，亦曰内衙，隻日常朝則御之。天子坐朝，須立仗於正衙殿，或乘輿止御紫宸，即唤仗自宣政殿兩門入，是謂東、西上閤門也。」

又按唐自中葉以還，雙日及非時，大臣奏事别開延英殿，若今假日御崇政、延和是也。乃知唐制每遇坐朝日即爲入閤，其後正衙立仗，因而遂廢，甚非禮也。

五代

册府元龜曰：後梁太祖開平元年夏四月戊辰，廢西京，以京兆府爲大安府，置佑國軍。

三年秋七月庚午，改佑國軍爲永平軍。

後唐莊宗同光元年冬十一月辛酉，復以永平軍大安府爲西京京兆府。

二年八月壬午，西京奏重修華清宫温湯屋宇。

後晉高祖天福三年冬十月丙辰，廢西京爲晉昌軍。

後漢高祖乾祐元年春三月，改晉昌軍爲永興軍。

歷代宅京記卷之七

雒陽上

周

漢書地理志曰：周地，柳七星、張之分野也。今之河南、雒陽、穀城、平陰、偃師、鞏、緱氏，是其分也。昔周公營雒邑，以爲在于土中，諸侯蕃屏師古曰：言雒陽四面皆有諸侯爲蕃屏。四方，故立京師。至幽王淫褒姒，以滅宗周，子平王東居雒邑。其後五伯更帥諸侯以尊王室，故周於三代最爲長久，八百餘年至於赧王，乃爲秦所兼。初，雒邑與宗周通封畿，韋昭曰：通在二封之地共千里也。師古曰：宗周鎬京也，方八百里，八八六十四，爲方百里者六十四也。雒邑，成周也，方六百里，六六三十六，爲方百里者三十六。二都得百里者，方千里也。故詩云：「邦畿千里。」東西長而南北短，短長相覆爲千里。至襄王以河南賜晉文公，又爲諸侯所侵，故其分墜小。師古曰：墜，古地字。周人之失，巧僞趨利，貴財賤義，高富下貧，憙爲商賈，不好仕宦。自柳三度至張十二度，謂之鶉火之次，周之分也。

汲冢周書作雒解曰：周公俘殷獻民，遷于九畢，賢民，士大夫也。九畢，成周之地，近王化也。俾康叔宇于殷，俾中旄父宇于東。康叔代霍叔。中旄代管叔。乃作大邑成周于土中。王城也，於天下爲中。城方千七百二十丈，郛方七百里。疑當作七十。南繫于洛水，北因于郟山，以爲天下之大湊。湊，會也。制郊甸方六百里，國西土爲方千里，西土岐州通爲圻内。分以百縣，縣有四郡，郡有四鄙。大縣立城，方王城三之一，小縣立城，方王城九之一，乃設邱兆于南郊，以上帝配以后稷、日月、星辰，先王皆與食。先王、后稷謂郊時。建大社于國中，其壝東青土，南赤土，西白土，北驪土，中央疊以黄土。將建諸侯，鑿取其方一面之土，苞以黄土，苴以白茅，以爲土封，故曰受則土於周室，乃位五宫：太廟、宗宫、考宫、路寢、明堂。五宫，宫府寺也。太廟，后稷二宫，祖考廟也。路寢，王所居也。咸有四阿、反坫、重亢、重郎、常累、復格、藻棁、設移、旅楹、惷常畫。咸，皆也。廟四下曰阿。反坫，外尚室也。重亢，累棟也。重郎，累屋也。常累，系也。復格，累之櫺也。藻棁，畫梁柱也。承屋曰移。旅，別也。惷，謂藻井之飾也。言皆畫列柱爲之也。内階、玄階、堤唐、山廧。以黑石爲階。唐，中庭道。堤，謂爲高之也。山廧，謂畫山雲。應門、庫臺、玄閫。門者，皆有臺，於庫門見之，後可知也。又以黑石爲門階也。

後漢郡國志曰：河南，帝王世紀曰：城西有郟鄏陌。周公時所城雒邑也，春秋時謂之王城。

鄭玄詩譜曰：周公攝政五年，成王宅洛邑，使召公先相宅，既成，謂之王城。博物記曰：王城方一千七百二十丈，郛方七十里，南望雒水，北至郟山。地道記曰：去雒城四十里。左傳：定八年，單子伐穀城。杜預曰：在縣西。東城門名鼎門，帝王世紀曰：東南門九鼎所從入。又曰：武王定鼎今雒陽西南，雒水之北，有鼎中觀是也。北城門名乾祭。左傳：昭二十四年，士伯立於乾祭。皇覽曰：城西南柏亭西周山上周靈王冢，民祠之不絶。又有甘城，杜預曰：縣西南有甘泉。有蒯鄉。左傳：昭二十三年，尹辛攻蒯。晉地道記曰：縣西南有蒯亭。雒陽摯虞曰：古之周南，今之雒陽。魏氏春秋曰：有委粟山，在陰鄉，魏時營爲圜邱。皇覽曰：縣東北山萇弘冢，縣北芒山道西吕不韋冢。周時號成周。公羊傳曰：成周者何？東周也。何休曰：周道始成，王之所都也。帝王世紀曰：城東西六里十一步，南北九里一百步。晉元康地道記曰：城内南北九里七十步，東西六里十步，爲地三百頃一十二畝三十六步。城東北隅有周威烈王冢。有狄泉，在城中。左傳：僖二十九年，盟于狄泉。杜預曰：城内太倉西南池水。或曰：本在城外，定元年，城成周乃繞之。案：此水晉時在東宫西北。帝王世紀曰：狄泉本殷之墓地，在成周東北，今城中有殷王冢是也。又太倉中大冢，周景王也。有唐聚。左傳：昭二十三年，尹辛敗劉師于唐。有上程聚。古程國，史記曰：重黎之後，伯休甫之國也。關中更有程地。帝王世紀曰：文王居程，徙都豐，故此加爲上程。有士鄉聚。馮異斬武勃地。有褚氏聚。左傳：昭二十六年，王宿褚氏。杜預曰：縣南有褚氏亭。有榮錡澗。左傳：周景王崩于榮錡氏。杜預曰：鞏縣西。有泉亭。杜預曰：縣西南有泉亭，即泉戎也。有圉鄉。左傳：昭二十二年，單氏伐東圉。杜預曰：縣東南有圉鄉，又西南有戎城，即伊雒之戎。有大解城。左傳：昭二十三年，晉師次于解。杜預曰：縣西南有大解、小解。

漢

漢書高帝本紀曰：五年，帝乃都雒陽。夏五月，置酒雒陽南宫。括地志：南宫在雒陽縣東北二十六里洛陽故城中。大事記註輿地志云：秦時已有南、北宫，更始自洛陽而西，馬奔觸北宫鐵柱門。光武幸南宫却非殿，則自高帝迄于王莽，洛陽南、北宫、武庫皆未嘗廢。蓋秦雖都關中，猶倣周東都之制，建宫闕于洛陽。車千秋子爲雒陽武庫令。趙涉勸周亞夫抵雒陽直入武庫。

六年冬十二月，至雒陽居南宫。張良傳同。

後漢

後漢書光武本紀曰：建武元年冬十月癸丑，車駕入洛陽，幸南宫却非殿，遂定都焉。蔡質漢典職儀曰：南宫至北宫，中央作大屋，複道，三道行，天子從中道，從官夾左右，十步一衛。兩宫相去七里。又，雒陽宫闕名有却非殿。

二年春正月壬子，起高廟，建社稷於雒陽，立郊兆於城南。續漢志曰：立社稷於雒陽，在宗廟之右，皆方壇，四面及中各依方色，無屋，有牆門而已。續漢書曰：制郊兆於雒陽城南七里，爲壇八陛，中又爲重壇，天地位皆在壇上。其外壇上爲五帝位，青帝位在甲寅，赤帝位在丙巳，黄帝位在丁未，白帝位在庚申，黑帝位在壬亥。其外爲壝，重營皆紫，以象紫宮。營有通道以爲門，日月在營内南道，日在東，月在西。北斗在北道之西。外營、中營凡千五百一十四神，高皇帝配食焉。北郊在雒陽城北四里，方壇四陛。地祇位南面，西上。高皇后配西面，皆在壇上。地理群后從食，皆在壇下。中嶽在未，四嶽各依其方。淮、海俱在東，河在西，濟在北，江在南，餘山川各如其方。

十四年春正月，起南宫前殿。

中元元年，初起明堂、靈臺、辟雍及北郊兆域。漢官儀曰：明堂四面起土作壍，上作橋，壍中無水。明堂去平城門二里所，天子出從平城門，先歷明堂，乃至郊祀。又曰：辟雍去明堂三百步。車駕臨辟雍，從北門入。三月、九月，皆於中行鄉射禮。辟雍以水周其外，以節觀者。漢宫闕疏曰：靈臺高三丈，十二門。漢官儀：北郊壇在城西北角，去城一里所。謂方壇四陛，但存壇祠舍而已。其鼓吹樂及舞人御帳，皆從南郊之具。

二年春正月辛未，初立北郊，祀后土。

明帝本紀曰：永平三年，起北宫及諸官府。

永平五年，自長安迎取飛廉并銅馬置上西門外，名平樂館。

晉書食貨志曰：永平五年，作常滿倉。立粟市于城東，粟斛直錢二十。

本紀又曰：八年冬十月，北宫成。

和帝本紀曰：永元五年春二月戊戌，詔自京師離宫、果園、上林、廣成囿廣成苑在汝州西。悉以假貧民，資得採捕，不收其稅。

順帝本紀曰：陽嘉元年，起西苑，修飾宫殿。

漢安元年秋七月，始置承華廄。東觀記曰：時以遠近獻馬衆多，園廄充滿，始置承華廄。

桓帝本紀曰：延熹二年秋七月，初造顯陽苑。

蔡邕述行賦曰：徐璜、左悺五侯，擅貴於其所處，又起顯明苑於城西。

桓帝本紀論曰：前史稱桓帝好音樂，善琴笙。飾芳林而考濯龍之宮，薛綜注東京賦云：濯龍，殿名。芳林謂兩旁樹木蘭也。考，成也。既成而祭之。春秋「考仲子之宮」是也。設華蓋以祠浮圖、老子。浮圖，今佛也。續漢志曰：祀老子於濯龍宮，文罽爲壇，飾淳金銀器，設華蓋之坐，用郊天樂。

靈帝本紀曰：光和三年，作罼圭、靈昆苑。罼圭苑有二，東罼圭苑周一千五百步，中有魚梁臺，西罼圭苑周三千三百步，並在雒陽宣平門外也。

五年秋八月，起四百尺觀於阿亭道。

中平二年，造萬金堂於西園。

三年春，復修玉堂殿，鑄銅人四，黄鐘四，其音中黄鐘也。子爲黄鐘。及天禄、蝦蟆。天禄，獸名。西京有天禄閣。

宦者傳曰：帝造萬金堂於西園，引司農金錢繒帛，仞積其中。仞，滿也。明年，使鉤盾令宋典繕脩南宫玉堂。又使掖庭令畢嵐鑄銅人四，列於蒼龍、玄武闕。蒼龍，東闕。玄武，北闕。又鑄四鐘，皆受二千斛，縣於玉堂及雲臺殿前。又鑄天禄蝦蟆，吐水於平門外橋東，轉水入宮。又作翻車、渴烏，翻車，設機車以引水。渴烏，爲曲筒以氣引水上也。施於橋西，用灑南北郊路，以省百姓灑道之費。

獻帝本紀曰：初平元年春二月丁亥，遷都長安。董卓驅徙京師百姓悉西入關，自留屯畢圭苑。三月己酉，董卓焚雒陽宫廟及人家。

董卓傳曰：是時雒中貴戚室第相望，金帛財産，家家殷積。卓縱放兵士，突其廬舍，淫略婦女，剽虜資物，謂之搜牢。言牢固者皆搜索取之也。一曰牢，漉也。二字皆從去聲，今俗亦有此言。及何后葬，開文陵，靈帝陵。卓悉取藏中珍物。又壞五銖錢，更鑄小錢，悉取雒陽及長安銅人、鐘虡、飛廉、銅馬之屬，以充鑄焉。鐘虡以銅爲之，故賈山上書云：「懸石鑄鐘虡。」前書音義曰：虡，鹿頭龍身，神獸也。説文：鐘鼓之跗，以猛獸爲飾也。明帝永平五年，長安迎取飛廉及銅馬置上西門外，名平樂館。銅馬則東門京所作，致于金馬門外者也。張璠紀曰：太史靈臺及永安候銅蘭楯，卓亦取之。

百官志曰：雒陽城十二門，其正南一門曰平城門，漢官秩曰：平城門爲宫門，不置候，置屯司馬，秩千石。李尤銘曰：平城司午，厥位處中。古今注曰：建武十四年九月，開平城門。北宫門屬衛尉。其餘上西門，應劭漢官儀曰：上西所以不純白者，漢家初成，故丹鏤之。李尤銘曰：上西在季，位月惟戌。雍門，銘曰：雍門處中，位月在酉。廣陽門，銘曰：廣陽位孟，厥月在申。津門，銘曰：津名自定，位季月未。小苑門，開陽門，應劭漢官儀曰：開陽門始成未有名，宿昔有一柱來在樓上，琅邪開陽縣上言，縣南城門一柱飛去。光武皇帝使來讖視，悵然，遂堅縛之，刻記其年月，因以名焉。銘曰：開陽在孟，位月惟巳。耗門，銘曰：耗門値季，月位在辰。中東門，銘曰：中東處仲，月位在卯。上東門，銘曰：上東少陽，厥位在寅。穀門，銘曰：穀門北中，位當于子。夏門，銘曰：夏門値孟，位月在亥。凡十二門。蔡質漢官儀曰：雒陽二十四街，街一亭，十二城門，門一亭。

又曰：宮掖門，每門司馬一人。南宮南屯司馬，主平城門；北宮門蒼龍司馬，主東門；按雒陽宮門名爲蒼龍闕門。玄武司馬，主玄武門；北屯司馬，主北門；北宮朱爵司馬，主南掖門；古今注曰：永平二年十一月，初作北宮朱爵南司馬門。東明司馬，主東門；朔平司馬，主北門：凡七門。

潘岳懷舊賦：啓開陽而朝邁，濟清、洛以徑渡。

魏

魏志文帝本紀曰：黄初元年冬十二月，初營洛陽宮。臣松之按：諸書記是時帝居北宮，以建始殿朝群臣，門曰承明，陳思王植詩曰「謁帝承明廬」是也。至明帝時，始於漢南宮崇德殿處起太極、昭陽諸殿。魏略曰：詔以漢火行也，火忌水，故「洛」去「水」而加「佳」。魏於行次爲土。土，水之牡也，水得土而乃流，土得水而柔，故除「佳」加「水」，變「雒」爲「洛」。

二年，築陵雲臺。

世説曰：陵雲臺，樓觀精巧，先稱平衆木輕重，然後造構，乃無錙銖相負揭，臺雖高峻，常隨風摇動，而終無傾倒之理。魏明帝登臺，懼其勢危，别以大材扶持之，樓即頽壞。論者謂輕重力偏故也。

洛陽宫殿簿曰：陵雲臺，上壁方十三丈，高九尺。疑當作丈。樓方四丈，高五丈。棟去地十三丈五尺七寸五分也。

三年，穿靈芝池。

五年，穿天淵池。

七年春三月，築九華臺。

明帝本紀曰：太和元年夏四月甲申，初營宗廟。

三年冬十月，改平望觀曰聽訟觀。初，洛陽宗廟未成，神主在鄴廟。十一月，廟成，遣太常韓暨持節迎高皇帝、太皇帝、武帝、文帝神主于鄴。十二月己丑至，奉安神主于廟。

青龍三年，是時，大治洛陽宫，起昭陽、太極殿，築總章觀。百姓失農時，直臣楊阜、高堂隆等各數切諫，雖不能聽，常優容之。魏略曰：是年起太極諸殿，築總章觀，高十餘丈，建翔鳳於其上。又於芳林園中起陂池，楫櫂越歌。又於列殿之北，立八坊，諸才人以次序處其中。通引穀水過九龍殿前，爲玉井綺欄，蟾蜍含受，神龍吐出。使博士馬均作司南車水轉百戲。歲首建巨獸，魚龍曼延，弄馬倒騎，備如漢西京之制，築閶闔諸門闕外罘罳。

秋七月，洛陽崇華殿災。八月，命有司復築崇華殿，改名九龍殿。時郡國有九龍見，故名。

高堂隆傳曰：青龍中，大治殿舍，西取長安大鐘。

帝愈增崇宮殿，彫飾觀閣，鑿太行之石英，采穀城之文石，起景陽山於芳林之園，建昭陽殿於太極之北，鑄作黃龍鳳皇奇偉之獸，飾金墉、陵雲臺、陵霄闕。百役繁興，作者萬數，公卿以下至於學生，莫不展力，帝乃躬自掘土以率之。魏略曰：景初元年，徙長安諸鐘虡、駱駝、銅人、承露盤。盤折，銅人重不可致，留于霸城。大發銅鑄作銅人二，號曰翁仲，列坐于司馬門外。又鑄黃龍、鳳皇各一，龍高四丈，鳳高三丈餘，置内殿前。起土山於芳林園西北陬，使公卿群僚皆負土成山，樹松竹雜木善草於其上，捕山禽雜獸置其中。漢晉春秋曰：帝徙盤，盤折，聲聞數十里，金狄或泣，因留於霸城。

本紀曰：景初元年冬十月乙卯，營洛陽南委粟山爲圜丘。十二月壬子冬至始祀。

魏書李業興傳：梁散騎常侍朱异問業興曰：「魏洛中委粟山是南郊耶？」業興曰：「委粟是圜丘，非南郊。」异曰：「比聞郊、丘異所，是用鄭義。我此中用王義。」業興曰：「然，洛京郊、丘之處專用鄭解。」

高堂隆傳曰：陵霄闕始構，有鵲巢其上，帝以問隆，對曰：「詩云：『維鵲有巢，維鳩居之。』今興起宮室，而鵲來巢，此宮室未成身不得居之象也。天戒若曰，宮室未成，將有他姓制御之，不可不深慮。」於是帝改容動色。

宋書禮志曰：魏明帝天淵池南，設流杯石溝，燕群臣。

禮志曰：太康六年，蠶于西郊，與籍田對其方也。先蠶壇高一丈，方二丈，爲四出陛，陛廣五尺，在皇后採桑壇東南，帷宮外門之外而東南，去帷宮十丈，在蠶室西南，桑林在其東。

禮志曰：漢儀，季春上巳，官及百姓皆禊于東流水上，洗濯祓除去宿垢，而自魏以後，恒用三日，不以上巳也。晉中朝公卿以下至於庶人，皆禊洛水之側。趙王倫篡位三日，會閶闔三門，北有大夏、廣莫二門，司隸校尉、河南尹及百官列城内也。

宋書禮志曰：咸寧二年起國子學。太康五年，修作明堂、辟雍、靈臺。

後魏

魏書高帝本紀曰：太和十七年秋九月庚午，幸洛陽，周巡故宫基址。帝顧侍臣曰：「晉德不修，早傾宗祀，荒毁至此，用傷朕懷。」遂詠黍離之詩，爲之流涕。

十九年秋八月，金墉宫成。冬十一月，行幸委粟山。議定圓丘。甲申，有事於圓丘。

二十年夏五月丙戌，初營方澤于河陰。丁亥，有事于方澤。

秋九月丁亥，將通洛水入穀，帝親臨觀。

任城王澄傳曰：車駕還雒，引見王公侍臣於清徽堂。高祖曰：「此堂成來，未與王公行宴樂之禮。後東閤廡堂粗復始就，故今與諸賢，欲無高而不升，無小而不入。」因之流化渠。高祖曰：「此曲水者，亦有其義，取乾道曲成，萬物無滯。」次之洗煩池。高祖曰：「此池中亦有嘉魚。」澄曰：「此所謂『魚在在藻，有頒其首』。」高祖曰：「且取『王在靈沼，於牣魚躍』。」次之觀德殿。高祖曰：「射以觀德，故遂命之。」次之凝閒堂。高祖曰：「此取夫子閒居之義。不可縱奢以忘儉，自安以忘危，故此堂後作茅茨堂。」謂李沖曰：「此東曰步元廡，西曰游凱廡。此堂雖無唐堯之君，卿等當無愧於元、凱。」沖對曰：「臣既遭唐堯之君，不敢辭元、凱之譽。」

郭祚傳曰：高祖幸華林園，因觀故景陽山。祚曰：「山以仁靜，水以智流，願陛下修之。」高祖曰：「魏明以奢失於前，朕何爲襲之於後？」祚曰：「高山仰止。」高祖曰：「得非景行之謂？」李沖傳曰：沖機敏有巧思，北京明堂、圓丘、太廟，及洛都初基，安處郊兆，新起宮寢，皆資於沖。

世宗本紀曰：景明二年秋九月丁酉，發畿內夫五萬五千人築京師三百二十三坊，四旬而罷。

廣陽王嘉傳曰：嘉爲司州牧，表請於京四面築坊三百二十，各周一千二百步，乞發三正復丁以充兹役。冊府元龜註：三正謂京邑每坊置里正三人也。雖有暫勞，姦盜永止。詔從之。

本紀又曰：冬十一月壬寅，改築圓丘於伊水之陽。

三年冬十一月己卯，詔曰：京洛兵蕪，歲踰十紀。先皇定鼎舊都，維新魏曆，翦掃榛荒，剏兹雲構，鴻功茂績，規模長遠。今廟社乃建，宫極斯崇，便當以來月中旬，蠲吉徙御。仰尋遺意，感慶交衷。既禮盛周宣斯干之制，事高漢祖壯麗之儀，可依典故，備兹考吉，以稱遐邇人臣之望。

正始元年冬十一月戊午，詔曰：古之哲王，創業垂統，安民立化，莫不崇建膠序，開訓國胄，昭宣三禮，崇明四術，使道暢群邦，風流萬宇。自皇基徙構，光宅中區，軍國務殷，未遑經建，靖言思之，有慚古烈。可敕有司依漢、魏舊章，營繕國學。

四年夏六月己丑朔，詔曰：高祖德格兩儀，明並日月，播文教以懷遠人，調禮學以旌儁造，徙縣中區，光宅天邑，總霜露之所均，一姬卜於洛涘，戎繕兼興，未遑儒教。朕纂承鴻緒，君臨寶歷，思模聖規，述遵先志。今天平地寧，方隅無事，可敕有司準訪前式，置國子，立太學，樹小學於四門。

閏九月甲午，禁大司馬門不得車馬出入。

永平二年秋九月壬午，詔定諸門闥名。

四年夏五月己亥，遷代京銅龍置天淵池。

茹皓傳曰：皓性微工巧，多所興立。爲山於天淵池西，採掘北邙及南山佳石。徙竹汝、潁，羅蒔其間，經構樓館，列於上下。樹草栽木，頗有野致。世宗心悅之，以時臨幸。

延昌元年夏四月丁卯，詔曰：遷京嵩縣，年將一紀，虎闈闕唱演之音，四門絶講誦之業，博士端然，虛祿歲祀，貴游之胄，歎同子衿，靖言念之，有兼愧慨。可嚴敕有司，國子學孟冬使成，太學、四門明年暮春令就。

三年冬十二月庚寅，詔立明堂。

禮志曰：初，世宗永平、延昌中，欲建明堂，而議者或云五室，或云九室，頻屬年饑，遂寢。熙平中，復議之，詔從五室。及元乂執政，遂改營九室。值世亂不成，宗配之禮，迄無所設。

任城王澄傳曰：靈太后鋭於繕興，在京師則起永寧、太上公等佛寺，外州各造五級佛圖。

源子恭傳曰：正光初爲起部郎。明堂、辟雍並未建就，子恭上書曰：「臣聞辟臺望氣，軌物之德既高；方堂布政，範世之道斯遠。是以書契之重，理冠於造化；推尊之美，事絶於生民。至如郊天饗帝，蓋以對越上靈；宗祀配天，是用酬膺下土。大孝莫之能加，嚴父以兹爲大，乃皇王之休業，有國之盛典。竊惟皇魏居震統極，總宙馭宇，革制土中，垂式無外。自北徂南，同卜維於洛食，定鼎遷民，均氣候於寒暑。高祖所以始基，世宗於是恢構。按功成作樂，治定制禮，乃訪遺文，修廢典，建明堂，立學校，興一代之茂矩，標千載之英規。永平之中，始創雉構，基趾草昧，迄無成功。故尚書令、任城王臣澄按故司空臣冲所圖明堂様，并連表詔答、兩京模式，奏求營起。緣期發旨，即加葺繕。侍中、領軍臣叉，物動作官，宣贊授令。自兹厥後，方配兵人，或給一千，或與數百，進退節縮，曾無定準，欲望速了，理在難克。若使專役此功，長得營造，委成責辦，容有就期。但所給之夫，本自寡少；諸處競借，動即千計。雖有繕作之名，終無就功之實。爽塏荒茫，淹積年載，結架崇構，指就無兆。仍令肄胄之禮，掩抑而不進；養老之儀，寂寥而不返。構厦止於尺土，爲山頓於一簣，良可惜歟！愚謂召民經始，必有子來之歌；興造勿亟，將致不日之美。況本兵不多，兼之牽役，廢此與彼，循環無極。便是輟創禮之重，資不急之費，廢經國之功，供寺館之役，求之遠圖，不亦闕矣？今諸寺大作，稍以粗舉，並可徹減，專事經綜，嚴勒工匠，務令克成。使祖宗有薦配之期，蒼生覩禮樂之富。」書奏，從之。

劉芳傳曰：芳表曰：「夫爲國家者，罔不崇儒尊道，學校爲先，誠復政有質文，兹範不易，諒由萬端資始，衆務禀法故也。唐、虞已往，典籍無據，隆周以降，任居虎門。周禮大司樂云：『師氏，掌以媺詔王。居虎門之左，司王朝，掌國中之事，以教國子弟。』蔡氏勸學篇云：『周之師氏，居虎門左，敷陳六藝，以教國子。』今之祭酒，即周師氏。洛陽記：『國子學官與天子宫對，太學在開陽門外。』按學記云：『古之王者，建國親民，教學爲先。』鄭氏注云：『内則設師保以教，使國子學焉，外則有太學、庠序之官。』由斯而言，國學在内，太學在外，明矣。按如洛陽記，猶有仿像。臣愚謂：今既徙縣崧瀍，皇居伊雒，宫闕府寺，僉復故址，至於國學，豈可舛替，校量舊事，應在宫門之左。至如太學，基所炳在，仍舊營構。又云太和二十年，發敕立四門博士，於四門置學。臣按：自周已上，學惟以二，或尚西，或尚東，或貴在國，或貴在郊。爰暨周室，學蓋有六。師氏居内，太學在國，四小在郊。禮記云：周人『養庶老於虞庠，虞庠在國之西郊』，禮又云：『天子設四學，當入學而太子齒。』注云：『四學，周四郊之虞庠也。』按大戴保傅篇云：『帝入東學，尚親而貴仁；帝入南學，尚齒而貴信；帝入西學，尚賢而貴德；帝入北學，尚貴而尊爵；帝入太學，承師而問道。』周之五學，於此彌彰。按鄭注學記，周則六學。所以然者，注云：『内則設師保以教，使國子學焉，外則有太學、庠序之官。』此其證也。漢、魏以降，無復四郊。謹尋先旨，宜在四門。按王肅注云：『天子四郊有學，去王都五十里。』考之鄭氏，不云遠近。今太學故坊，基址寬曠，四郊別置，相去遼闊，檢督難周。計太學坊并作四門，猶爲太廣。以臣愚量，同處無嫌。且今時制置，多循中代，未審四學應從古不？求集名儒禮官，議其定所。」從之。

隋書經籍志曰：「遷雒已後，置道場於南郊之旁，方二百步。正月、十月之十五日，並有道士歌人百六人，拜而祠焉。

歷代宅京記卷之八

雒陽中

水經注：洛陽，周公所營洛邑也。故洛誥曰：我卜瀍水東，亦惟洛食。其城方七百二十丈，南繫于洛水，北因于郟山，以爲天下之湊，方六百里，因西爲千里。春秋昭公二十三年，晉合諸侯大夫戍成周之城，故亦曰成周也。遷自序云：太史公留滯周南。摯仲治曰：古之周南，今之洛陽。漢高祖始欲都之，感婁敬之言，不日而駕行矣。屬光武中興，定居洛邑，逮於魏、晉，咸兩宅焉。故魏略曰：漢火行忌水，故去其水而加佳；魏爲土德，土水之牡也。水得土而流，土得水而柔，除佳加水。

又曰：伊水又東北至洛陽縣南，逕圜邱東，大魏郊天之所，準漢故事建之。後漢書郊祀志曰：建武二年，初制郊兆於洛陽城南七里，爲圜壇八陛，中又爲重壇，天地位其上，皆南向。其外壇上爲五帝位，其外爲壝，重營皆紫，以像紫宮。

又曰：穀水又逕河南王城北，所謂成周矣。公羊曰：成周者何？東周也。何休曰：名爲成周者，周道始成，王所都也。地理志曰：河南河南縣，故郟、鄏地也。京相璠曰：郟，山名；鄏，地邑也。卜年定鼎爲王之東都，謂之新邑，是爲王城。其城東南，名曰鼎門，蓋九鼎所從入也，故謂是地爲鼎中。楚之伐陸渾之戎，問鼎於此。述征記曰：穀、洛二水，本於王城東北合流，所謂穀、洛鬭也。今城之東南缺千步，世又謂之穀、洛鬭處，俱爲非也。余按史傳，周靈王之時，穀、洛二水鬭，毁王宫，王將堨之，太子晉諫，王不聽，遺堰三堤尚存。國語周靈王二十二年，穀、洛鬭，將毁王宫，王欲壅之，太子晉諫曰不可。王卒壅之。左傳：襄公二十五年，齊人城郟。穆叔如周賀。韋昭曰：洛水在王城南，穀水在王城北，東入于瀍。至靈王時，穀水盛出于王城西，而南流合于洛，兩水相格，有似於鬭，而毁王城西南也。潁容著春秋條例，隋經籍志云：漢公車徵士潁容著春秋釋例十卷。言西城梁門枯水處，世謂之死穀是也。始知緣生行中造次入關，經究故事，與實違矣。考王封周桓公，於是爲西周，及其孫惠公，封少子於鞏爲東周，故有東西之名矣。秦滅周爲三川郡。項羽封申陽爲河南王。漢以爲河南郡。王莽又名之曰保忠信鄉。光武都洛陽，以爲尹。尹，正也，所以董正京畿，率先百郡。左傳：昭公二十四年，士伯立于乾祭而問於介衆。乾祭，王城北門。穀水又東流逕乾祭門北，子朝之亂晉所開也。東至千金堨。河南十二縣境簿曰：河南縣城東十五里，有千金堨。洛陽記：千金堨，舊堰穀水，魏時更修此堰，謂之千金堨。積石爲堨，而開溝渠五所，謂之五龍渠。渠上立堨，堨之東首，立一石人，石人腹上刻勒云：太和五年二月八日庚戌，造築此堨，更開溝渠。此水衝渠止，其水助其堅也。堨是都水使者陳協所造也。語林曰：陳協數進阮步兵酒，後晉文王欲修九龍堨，阮舉協，文王用之。掘地得古承水銅龍六枚，堰遂成。水歷堨東注，謂之千金渠。逮于晉世，大水暴注，溝瀆泄壞，又廣功焉。石人東脇下文云：太始七年六月二十三日，大水迸瀑，出常流上三丈，蕩壞二堨，五龍泄水，南注瀉下，加歲久漱齧，每澇即壞，歷載捐棄大功，故爲今堨。更於西開泄，名曰代龍渠，地形正平，誠得爲泄至理。千金不與水勢激爭，無緣當壞。由其卑下，水得踰上漱齧故也。今增高千金，於舊一丈四尺，五龍自然必歷世無患。若五龍歲久復壞，可轉於西更開二堨二渠，合用二十三萬五千六百九十八功。以其年十月二十三日起作，功重人少，到八年四月二十日畢，代龍渠即九龍渠也。後張方入洛，破千金堨，遺基見存。朝廷太和中，修復故堨，北引渠東合舊瀆又東，晉惠帝造石梁於水上。

按橋西門之南頰文，稱晉元康二年十一月二十日，改治石巷水門。巷東西長七尺，南北龍尾廣十二丈。巷瀆口高三丈，謂之皋門橋。又潘岳西征賦曰「秣馬皋門」，即此處也。穀水又東，又結石梁跨水，制城西梁也。穀水又東，左會金谷水。水出太白原，東南流歷金谷，謂之金谷水。東南流逕晉衛尉卿石崇之故居也。石季倫金谷詩集叙曰：余以元康七年，從太僕出爲征虜將軍，有别廬在河南界金谷澗中。有清泉茂樹，衆果竹柏，藥草蔽翳。西北角築之，謂之金墉城。魏文帝起層樓於東北隅。晉宫閣名曰金墉，有崇天堂，即此地。上界木爲樹，皇居創徙，宫極未就，止蹕於此，搆宵樹於故臺。南曰乾光門，夾建兩觀，觀下列朱桁於塹，以爲御路。東曰含春門，北有遝門。城上西面列觀，五十步一睥睨，屋臺置一鍾，以和漏鼓。西北連廡函蔭，墉比廣榭，炎夏之日，常以避暑，爲緑水池一所。穀水逕洛陽小城北，因阿舊城，憑結金墉，故向城也。永嘉之亂，結以爲壘，號曰洛陽壘，故洛陽記曰：陵雲臺西有金市，金市北對洛陽壘者也。又東歷大夏門下，故夏門也。陸機與弟書云：門有三層，高百尺，魏明帝造。門内東側際城，有魏文帝所起景陽山，餘基尚存。孫盛魏春秋曰：黄初元年，文帝愈崇宫殿，雕飾觀閣，取白石英及紫石英及五色大石，於太行穀城之山。起景陽山於芳林園，樹松竹草木，捕禽獸以充其中。于是百役繁興，帝躬自掘土，率群臣三公以下，莫不展力。山之東，舊有九江。陸機洛陽記曰：九江直作圓水，水中作圓壇三破之，夾水得自逕通。賦曰：濯龍、芳林，九谷八溪，芙蓉覆水，秋蘭被崖。今也山則塊阜獨立，江無復彷彿矣。東京賦注引洛陽圖經云：濯龍，池名。芳林，苑名。九谷八溪，養魚池也。渠水又東，枝分南入華林園，歷疏圃南。圃中有古玉井，井悉以珉玉爲之，以錙石爲口，工作精密，猶不變古，璨焉如新。又瑶華宫南，歷景陽山北，山有都亭。堂上結方湖，湖中起御坐石也。御坐前建蓬萊山，曲池接筵，飛沼拂席，南面射侯夾席，武峙背山。堂上則石路崎嶇，巖嶂峻嶮，雲臺風觀，纓巒帶阜。其中引水，飛臯傾瀾，瀑布或枉渚，聲溜潺潺不斷。柏竹蔭於層石，繡薄叢於泉側，微飆暫拂，則芳溢於六空，入爲神居矣。其水東注天淵池。池中有魏文帝九龍殿，洛陽宫殿簿有明光殿、式乾殿、九華殿、蔬圃殿。而魏志云青龍三年，還洛陽宫，復崇華殿，改名九龍殿。殿基悉是洛陽故碑累之，今造釣臺於其上。池南直魏文帝茅茨堂，前有茅茨碑，是黄初中所立也。其水自天淵池，東出華林園，逕聽訟觀南，故平望觀也。魏明帝常言，獄天下之命也，每斷大獄，恒幸觀聽之。以太和三年更從今名。池水又東流于洛陽縣之南池，池即故狄泉也，南北百一十步，東西七十步。

皇甫謐曰：悼王葬景王於翟泉，今洛陽太倉中大冢是也。春秋定公元年，晉魏獻子合諸侯之大夫于翟泉，始盟城周。班固、服虔、皇甫謐，咸言翟泉在洛陽東北，周之墓地。今按周威烈王葬洛陽城内東北隅，景王冢在洛陽太倉中，翟泉在兩冢之間，側廣莫門道，東建春門路。北路，即東宫街也。於洛陽爲東門北。後秦封吕不韋爲洛陽十五萬户侯，大其城，并得景王冢矣，是其墓地也。及晉永嘉元年，洛陽東北步廣里地陷，有二鵝出，蒼色者飛翔冲天，白色者止焉。陳留孝廉董養曰：步廣，周之狄泉，盟會之地，今色蒼胡象矣，其可盡言乎。後五年，劉曜、王彌入洛，帝居平陽。陸機洛陽記：步廣里在洛陽城内宫東，是狄泉所在，不得於太倉西南也。京相璠與裴司空彦季修晉輿地圖，作春秋地名，亦言今太倉西南，池水名狄泉。又曰舊説言狄泉本自在洛陽北芒弘，城周乃繞之。杜預因其一證，謂必是狄泉，而即實非也，後遂爲東宫池。晉中州記曰：惠帝爲太子，出聞蝦蟇聲，問人爲是官蝦蟇私蝦蟇？侍臣賈胤對曰：「在官地爲官蝦蟇，在私地爲私蝦蟇。」令曰：「若官蝦蟇，可給廪。」昔晉朝收愍懷太子於後池，即是池也。其一水自大夏門東逕宣武觀，憑城結搆，不更層墉。左右夾列步廊，參差翼跂，南望天淵池，北矚宣武場。竹林七賢論曰：王戎幼而清秀，魏明帝於宣武場上，爲欄苞虎阱，使力士袒裼，迭與之博，縱百姓觀之。戎年七歲，亦往觀焉。虎乘間薄欄而吼，其聲震地，觀者無不辟易顛仆，戎亭然不動。帝於門上見之，使問姓名而異之。場西故賈充宅地。穀水又東逕廣莫門北，漢之穀門也。北對芒阜，連嶺修垣，苞總衆山。始自洛口，西踰平陰，悉芒壠也。魏志曰：明帝欲平北芒，令登臺見孟津。侍中辛毗諫曰：「若九河溢涌，洪水爲害，邱陵皆夷，何以禦之？」帝乃止。穀水又東屈而逕建春門石橋下，即上東門也。阮嗣宗詠懷詩曰「步出上東門」者也。一曰上升門。晉曰建陽門。百官志曰：洛陽十二門，每門候一人，六百石。東觀漢記曰：郅惲爲上東門候，光武嘗出夜還，詔開門欲入，惲不內，上令從門間識面。惲曰：「火明遼遠。」遂拒不開，由是上益重之。亦袁本初挂節處也。橋首建兩石柱，橋之右柱銘云：陽嘉四年乙酉壬申，詔書以城下漕渠，東通河、濟，南引江、淮，方貢委輸，所由而至，使中謁者魏郡清淵馬憲監作石橋梁柱，敦敕工匠，盡要妙之巧，攢立重石，累高周距，橋工路博，流通萬里。三月起作，八月畢成，其水依柱。又自樂里道屈而東出陽渠。昔陸機爲成都王穎入洛，敗此而返。水南即馬市也，舊洛陽有三市，斯其一也。陸機洛陽記曰：洛陽舊有三市，一曰金市，在宮西大城内；二曰馬市，在城東；三曰羊市，在城南。嵇叔夜爲司馬昭所害處也。北則白社故里也。昔孫子荆會董威輦於白社，謂此矣。又東逕馬市石橋，橋南有二石柱，並無文刻也。漢司空漁陽王梁之爲河南也，將引穀水以溉京都，渠成而水不流，故以坐免。後張純堰洛而通漕，洛中公私懷贍。是渠今引穀水，蓋純之創也。按陸機洛陽記、劉澄之永初記，言城之西面有陽渠，周公制之也。昔周遷殷民于洛邑，城隍逼狹，卑陋之所耳。晉故城成周，以居敬王。秦又廣之，以封不韋。以是推之，非專周公可知矣。亦謂之九曲瀆，故河南十二縣簿云：九曲瀆在河南鞏縣西，西至洛陽。又按傅暢晉書云：都水使者陳良鑿運渠，從洛口入注九曲，至東陽門，是以阮嗣宗詠懷詩所謂「朝出上東門，遥望首陽岑」，又言「遥遥九曲間，徘徊欲何之」者也。陽渠水南暨閶闔門，漢之上西門者也。漢宮記曰：上西門所以不純白者，漢家厄於戌，故以丹鏤之。太和遷都，徙門南側，其水北乘高渠，枝分上下，歷故石橋，東入城逕望先寺，中有碑。渠水又東歷故金市南，直千秋門，右宮門也。又枝流入石逗伏流，注靈芝九龍池。魏太和中，皇都遷洛陽，經構宮極，修理街渠，發石視之，嘗無毀壞，又石工細密，非今之所擬，遂因用之。其一水自千秋門南流，逕神虎門下，東對雲龍門。二門衡栿之上，皆刻雲龍風虎之狀，以火齊薄之，及其晨光初起，夕景斜輝，霜文翠照，陸離眩目。又南逕通門、掖門西，又南流東轉，逕閶闔門南。案禮：王有五門，謂皋門、庫門、雉門、應門、路門。路門一曰畢門，亦曰虎門也。魏明帝上法太極於洛陽南宮，起太極殿于漢崇德殿之故處。改雉門爲閶闔門。昔在漢世，洛陽宮殿門題，多是大篆，言是蔡邕諸子。自董卓焚宮殿，魏太祖平荆州，漢吏部尚書安定梁孟皇，善師宜官八分體，求以贖死。太祖善其法，常仰繫帳中愛翫之，以爲勝宜官。北宮牓題，咸是鵠筆。南宮既建，明帝令侍中京兆韋誕，以古篆書之。書斷云：師宜官，南陽人。靈帝徵天下工書於鴻都門，數百人八分，稱宜官爲最。大則一字徑丈，小則方寸千言。梁鵠字孟皇，安定烏氏人，受書法於師宜官，以善八分書知名。韋誕字仲將，京兆人，諸書並善，題署尤精。皇都遷洛，始令中書舍人沈含馨以隸書書之。景明正始之年，又敕符節令江式，以大篆易之。今諸桁榜題，皆是式書。周官：太宰以正月懸治法於象。

魏廣雅曰：闕謂之象。魏風俗通曰：魯昭公設兩觀於門，是謂之闕，從門厥聲。爾雅曰：觀謂之闕。説文曰：闕，門觀也。漢官典職曰：偃師去洛四十五里，望朱雀闕，其上鬱然與天連，是明峻極矣。洛陽故宮名，有朱雀闕、白虎闕、蒼龍闕、北闕、南宮闕也。東觀漢記曰：更始發洛陽，李松奉引車馬，奔觸北闕鐵柱門，三馬皆死，即斯闕也。白虎通曰：門必有闕者何？闕者，所以飾門，别尊卑也。今閶闔門外，夾建巨闕以應天宿，雖不如禮，猶象魏之，上加復思，以易觀矣。廣雅曰：復思謂之屏。釋名曰：屏，自障屏也。罘思在門外。罘，復也。臣將入言事，於此復重思之也。潁容又曰：闕者，上有所失，下得書之於闕，所以求論譽於人，故謂之闕矣。今闕前水南道右，置登聞鼓，以納諫也。昔黄帝立明堂之議，堯有衢室之問，舜有告善之旌，禹有立鼓之訊，湯有總街之誹，武王有靈臺之復，皆所以廣設過誤之備也。渠水又枝分，夾路南逕出太尉、司徒兩坊間，謂之銅駞街。舊魏明帝置銅駞諸獸於閶闔南街。陸機云：駞高九尺，即出太尉坊者也。水西有永寧寺，熙平中始創也。作九層浮圖。浮圖下基方一十四丈，自金露槃下至地四十九丈，取法代都七級而又高廣之，雖二京之盛，五都之富，利刹靈圖，未有若斯之構。按釋法顯行傳：西國有爵離浮圖，其高與此相狀，東都西域，俱爲莊妙矣。其地是曹爽故宅。經始之日，於寺院西南隅，得爽窟室，下入地可丈許，地壁悉纍方石砌之，石作細密，都無所毁。

其石悉入法用。渠左是魏、晉故廟地，今悉民居，無復遺墉也。渠水又西歷廟社之間，南注南渠。廟社各以物色辨方。周禮廟及路寢，皆如明堂，而有燕寢焉。唯祧廟別無。後代通爲一廟，列正室於下，無復燕寢之制。禮：天子建國，左廟右社，以石爲主，祭則希冕。今多王公攝事，王者不親拜焉。咸寧元年，洛陽大風，帝社樹折，青氣屬天，元皇東渡，晉社代昌矣。王隱晉書曰：武帝咸寧元年八月，大風折大社樹，有青氣出焉。占曰東莞當有帝者。明年，元帝生此，晉室中興之表也。渠水自銅駞街東逕司馬門南。魏明帝始築闕崩，壓殺數百人，遂不復築，故無闕門。南屏中舊有置銅翁仲處，金狄既淪，故處亦褫，唯壞石存焉。自此南直宣陽門，經緯通達，皆列馳道，往來之禁，一同兩漢。曹子建嘗行御街，犯門禁，以此見薄。渠水又東逕杜元凱所謂狄泉北，今無水。坎方九丈六尺，深二丈餘，似是人功而不類於泉陂，是驗非之一證也。又皇甫謐帝王世紀云：王室定，遂徙居成周。小不受王都，故壞翟泉而廣之，泉源既塞，明無故處，是驗非之二證也。杜預言翟泉在太倉西南。既言西南，於雒陽不得爲東北，是驗非之三證也。稽之地說，事幾明矣，不得爲狄泉也。渠水歷司空府前，逕太倉南，出東陽門石橋下，注陽渠。穀水逕閶闔而南土山東。水西三里有坂，坂上有土山，漢大將軍梁冀所成，築土爲山，植林成苑。

張璠漢記曰：山多峭坂，以象工崤。積金玉，採捕禽獸以充其中。有人殺苑兔者，迭相尋逐，死者十三人。南出逕西陽門，舊漢氏之西明門也，亦曰雍門矣。舊門在南，太和中，以故門邪出，故徙是門，東對東陽門。穀水又南逕白馬寺東，是漢明帝夢見太人金色，項佩白光，以問群臣。或對曰：「西方有神，名曰佛，形如陛下所夢，得無是乎？」於是發使天竺，寫致經像，始以榆欓盛經，白馬負圖，表之中夏，故以「白馬」爲寺名。此榆欓榆欓未詳，考之袁宏漢紀及牟子，俱不言其事。唯吴越春秋嘗有「甘密九欓，文笥七枚」之文，解者以爲欓與甓通。而齊民要術云：榆十五年後中爲車轂及蒲萄瓮，知以榆木爲瓮，遠致蒲萄也。甓、瓮、欓三字互通，則榆欓乃以榆木爲經函耳。後移在城内愍懷太子浮圖中，近世復遷此寺。穀水又南逕平樂觀東。李尤平樂觀賦曰：

乃設平樂之顯觀，章秘偉之奇珍。

華嶠後漢書曰：靈帝於平樂觀下起大壇，上建十二重五采華蓋，高十丈。壇東北爲小壇，復建九重華蓋，高九丈，列奇兵騎士數萬人，天子住大蓋下。禮畢，天子躬擐甲，稱無上將軍，行陣三匝而還，設秘戲以示遠人。故東京賦曰：其西則有平樂都場，示遠之觀，龍雀蟠蜿，天馬半漢。應劭曰：飛廉神禽，能致風氣，古人以良金鑄其形。明帝永平五年，長安迎取飛廉并銅馬，置上西門外平樂觀。今於上西門外，無他基觀，惟西明門外，獨有此臺，巍然廣秀，疑即平樂觀也。又言皇女稚殤埋於臺側，故復名之曰皇女臺。晉灼曰：飛廉鹿身，頭如雀，有角而蛇尾豹文。董卓銷爲金用，銅馬徙於建始殿東堦下，胡軍喪亂，此象遂淪。穀水又南逕西明門，故廣陽門也。門左枝渠東派入城，逕太社前，又東逕太廟南，又東於青陽門右下注陽渠。穀水又南，東屈逕津陽門南，故津門也。昔洛水泛泆，漂害者衆，津陽城門校尉將築以遏水，諫議大夫陳宣止之曰：王尊臣也，水絶其足，朝廷中興，必不入矣。水乃造門而退。穀水又東逕宣陽門南，故苑門也。皇都遷洛，移置此，對閶闔門，南直洛水浮桁。故東京賦曰：泝洛背河，左伊右瀍者也。門左即洛陽池處也，池東舊平城門所在矣。今塞北對洛陽南宮，故蔡邕曰：平城門，正陽之門，與宮連屬，郊祀法駕所由從出，謂之最尊者。

洛陽諸宮名曰：南宮有謻臺、臨照臺。東京賦曰：其南則有謻門，曲榭依阻城洫，注云：謻門，冰室門也。依阻洫城下池也。皆屈曲邪行，依城池爲道，故說文曰：隍，城池也。有水曰池，無水曰隍矣。謻門，即宣陽門也。門內有宣陽冰室。周禮有冰人，日在北陸而藏之西陸，朝覿而出之。冰室舊在宣陽門內，故得是名。門既擁塞，冰室又罷，穀水又逕靈臺北。望雲物也，漢光武所築，高六丈，方二十步。世祖嘗宴於此臺，得鼮鼠於此臺上。亦諫議大夫第五子陵之所居，倫少子也。三輔決録云：第五頡，字子陵。洛陽無主人，鄉里無田宅，寄止靈臺，或十日不炊。穀水又東逕平昌門南，故平門也，又逕明堂北。漢光武中元元年立，尋其基構，上圓下方，九室重隅十二堂。蔡邕月令章句同之，故引水於其下爲璧雍也。穀水又東逕開陽門南，晉宫闕名曰：故建陽門也。漢官儀曰：開陽門始成，未有名，宿昔有一柱，來在樓上。琅邪開陽縣上言縣南城門一柱飛去。光武皇帝使來識視良是，遂堅縛之，刻記年月日以名焉。何湯，字仲弓，嘗爲門候，上微行夜還，湯閉門不内，朝廷嘉之。又東逕國子太學石經北。周禮有國學，教成均之法。學記曰：古者家有塾，黨有庠，遂有序，國有學，亦有虞氏之上庠下庠，夏后氏之東序西序，殷人之左學右學，周人之東膠虞庠。王制云：養國老於上庠，養庶老於下庠，故有太學、小學，教國之子弟焉，謂之國子。漢、魏以來，置太學於國子堂。東漢靈帝光和六年，刻石鏤碑載五經，立於太學講堂前，悉在東側。蔡邕以熹平四年，與五官中郎將堂谿典、光禄大夫馬日磾、議郎張訓、漢書作馴。韓説、大史令單颺等，奏求正定六經文字，靈帝許之。邕乃自書丹於碑，使工鐫刻，立於太學門外，於是後儒晚學，咸取正焉。及碑始立，其觀視及筆寫者，車乘日千餘輛，填塞街陌矣。今碑上悉銘刻蔡邕等名。魏正始中，又立古篆隸三字石經。魏初傳古文出邯鄲淳石經，古文轉失。淳法樹之於堂西。石長八尺，廣四尺，刻石於其下，碑石四十八枚，廣三十丈。魏文帝又刊典論六碑，附於其次。陸機言太學贊别一碑，在講堂西，下列石龜。碑載蔡邕、韓説、高堂谿等名。太學弟子贊復一碑，在外門中。今二碑並無石經。東有一碑，是漢順帝陽嘉八年立。碑文云：建武二十七年造太學，年積毁壞。

永建六年九月，詔書修太學，刻石記年，用作工徒十一萬二千人，陽嘉九年八月作畢。碑南面刻頌，表裏鏤字猶存不破。漢石經北，有晉辟雍行禮碑，是太始二年立。其碑中折，但世代不同，物不停故，石經淪缺，存毁幾半，駕言永久，諒用憮焉。考古有三雍之文，今靈臺太學，並無辟雍處。晉永嘉中，王彌、劉曜入洛，焚毁二學，尚彷彿前基矣。穀水於城東南隅，枝分北注，逕青陽門東，故清明門也，亦曰稅門也，亦曰芒門。又北逕東陽門東，故中東門也。又北逕故太倉西。洛陽地記曰：大城東有太倉，倉下運船，常有千計，即是處也。又北入洛陽溝。穀水又東，左迤爲池。又東右出爲方湖，東西二百九十步，南北七十步，故水衡署之所在也。穀水又東南，轉屈而東注，謂之阮曲云，阮嗣宗之故居也。穀水又東注鴻池陂。百官志曰：鴻池，池名也。在洛陽東二十里。丞一人，二百石。池東西千步，南北千一百步，四周有塘。池中又有東西横塘，水溜逕通。故李尤鴻池陂銘曰「鴻澤之陂，聖王所規，開水東注，出自城池」也。其水又東，左合七里澗。晉後略曰：成都王穎，使吴人陸機爲前鋒都督伐京師，輕進爲洛軍所乘，大敗於鹿苑，人相登躡，死於塹中及七里澗，澗爲之滿，即是澗也。澗有石梁，即旅人橋也。昔孫登不欲久居洛陽，知楊氏榮不保終，思欲遯跡林鄉，隱淪妄死，楊駿埋之於此橋之東。駿後尋亡矣。凡是數橋，皆纍石爲之，亦高壯矣。朱超石與兄書云：橋去洛陽宫六七里，悉用大石，下圓以通水，可受大舫過也。題其上云：太康三年十一月初就功，日用七萬五千人，至四月末止。此橋經破落，復更修補，今無復文字。

雒陽伽藍記曰：魏太和十七年，高祖遷都雒陽，詔司空公穆亮營造宮室。雒陽城門依魏、晉舊名，東面有三門：北頭第一門曰建春門。漢曰上東門。阮籍詩曰「步出上東門」是也。魏、晉曰建春門，高祖因而不改。次南曰東陽門。漢曰東中門。魏、晉曰東陽門，高祖因而不改。次南曰青陽門。漢曰望京門。魏、晉曰清明門，高祖改爲青陽門。南面有四門：東頭第一門曰開陽門。初漢光武遷都雒陽，作此門始成，未有名，忽夜中有柱自來在樓上。後琅邪開陽縣上言縣南城門一柱飛去，使來視之，則是也。因以開陽爲名。魏、晉及高祖因而不改。次西曰平昌門。漢曰平門。魏、晉曰平昌門，高祖因而不改。次西曰宣陽門。漢曰津陽門。魏、晉曰宣陽門，高祖因而不改。西面有四門：南頭第一門曰西明門。漢曰廣陽門，魏、晉因而不改，高祖改爲西明門。次北曰西陽門。漢曰雍門。魏、晉曰西明門，高祖改爲西陽門。次北曰閶闔門。漢曰上西門。上有銅璇璣玉衡，以齊七政。魏、晉曰閶闔門，高祖因而不改。次北曰承明門。高祖所立，當金墉城前東西大道。遷京之始，宮闕未就，高祖住在金墉城。城西有王南寺，高祖數詣寺與沙門論義，故通此門，而未有名，世人謂之新門。時王公卿士常迎駕於新門，高祖謂御史中尉李彪曰：

「曹植詩云『謁帝承明廬』，此門宜以『承明』爲稱。」遂名之。北面有二門：西頭曰大夏門。漢曰夏門。魏、晉曰大夏門，高祖因而不改。世宗造三層樓，去地二十丈。雒陽城門樓皆兩重，去地百尺，唯大夏門甍棟千雲。東頭曰廣莫門。漢曰穀門。魏、晉曰廣莫門，高祖因而不改。自廣莫門以西，至大夏門，宫觀相連，被諸城上也。一門有三道，所謂九逵。城内永寧寺，熙平元年靈太后胡氏所立也，在宫前閶闔門南一里御道西。其寺東有太尉府，西對永康里，南界昭玄曹，北隣御史臺。閶闔門前御道東有左衛府，府南有司徒府，司徒府南有國子學堂，國子學南有宗正寺，寺南有太廟，廟南有護軍府，府南有衣冠里。御道西有右衛府，府南有太尉府，府南有將作曹，曹南有九級府，府南有太社，社南有凌陰里，即四朝時藏冰處也。中有九層浮圖一所。建義元年，太原王爾朱榮總士馬於此寺。永安二年五月，北海王顥入雒，在此寺聚兵。三年，逆賊爾朱兆囚莊帝於寺。永熙三年二月，浮圖爲火所燒。其年十月，京師遷鄴。

建中寺，普泰元年尚書令樂平王爾朱世隆所立也。本閹官司空劉騰宅，在西陽門内御道北延年里。宅東有太僕寺，寺東有乘黄署，署東有武庫，署即魏相國司馬文王府，武庫東至閶闔門是也。西陽門内御道南，有永康里。内有領軍將軍元乂宅。孝昌元年，太后誅乂等，没騰田宅。普泰元年，世隆爲榮追福，題以爲寺。

長秋寺，劉騰所立。在西陽門內御道北一里，亦在延年里，是晉中朝時金市處。寺北有濛汜池。

瑤光寺，世宗宣武皇帝所立。在閶闔門御道北，東去千秋門二里。千秋門內道北有西遊園，園中有凌雲臺，是魏文帝所築者。臺上有八角井，高祖於井北造涼風館，登之遠望，目極雒川。臺下有碧海曲池。臺東有宣慈觀，去地十丈。觀東有靈芝釣臺，累木爲之，出於海中，去地二十丈。風生户牖，雲起梁棟，丹楹刻桷，圖寫列僊。刻石爲鯨魚，背負釣臺，如自空中飛下。釣臺南有宣光殿，北有嘉福殿，西有九龍殿。殿前有九龍吐水成一海，凡四殿，皆有飛閣向靈芝臺往來。三伏之月，皇帝在靈芝臺避暑。寺北有承明門，有金墉城，即魏氏所築。晉永康中，惠帝幽於金墉城。東有雒陽小城，永嘉中所築。城東北角有魏文帝百尺樓，年雖久遠，形製如初。高祖在城内作光極殿，因名金墉城門爲光極門。又作重樓飛閣，遍城上下，從地望之如雲也。

景樂寺，太傅清河文獻王懌所立也。在閶闔南御道東，西望永寧寺正相當。寺西有司徒府，北連義井里。里北門外有桑樹數十株，下有甘井一所，飲水庇陰，多有憩者。

昭儀尼寺，閹官等所立也。在東陽門内一里御道南。東陽門内道北有太倉、導官二署。東南治粟里，倉司官屬住其内。寺有池，京師學徒謂之翟泉。衒之按：杜預註春秋云翟泉在晉太倉西南。按：晉太倉在建春門內，今太倉在東陽門內，此地在今太倉西南，明非翟泉也。後隱士趙逸云：此地是晉侍中石崇家池，池南有綠珠樓。於是學徒始寤。

修梵寺，在青陽門內御道北。寺北有永和里，漢太師董卓之宅也。里南北皆有池，卓之所造。今猶有水，冬夏不竭。

建春門內御道南有句盾、籍田、典農三署。籍田南有司農寺。御道北有空地，擬作東宮，晉中朝時太倉處也。太倉南有翟泉，周迴三里，即春秋所謂王子虎、晉狐偃盟于翟泉也。水猶澄清，洞底明淨。高祖於此泉北置河南尹。晉中朝時步廣里也。王隱晉書曰：董養字仲道，泰始初到雒下，干祿求榮。永嘉中，雒城東北角步廣里地陷，中有二鵝，蒼者飛去，白者不能飛。問之博識者，莫能知。養聞，歎曰：「昔周時所盟狄泉，此地也。中有二鵝，蒼者胡象，後胡當入雒，白者不能飛，此國諱也。」泉西有華林園。高祖以泉在園東，因名蒼龍海。華林園中有大海，即漢天淵池。池中猶有文帝九華臺。高祖於臺上造清涼殿，世宗於海內作蓬萊山。山上有僊人館，上有釣臺殿，並作虹蜺閣，乘虛來往。至於三月禊日，季秋九辰，皇帝駕龍舟鷁首，游於其上。海西有藏冰室，六月出冰，以給百官。海西南有景陽山。山東有羲和嶺，嶺上有溫風室。山西有姮娥峰，峰上有寒露館，並飛閣相通，淩山跨谷。山北有玄武池。山南有清暑殿。殿東有臨澗亭，殿西有臨危臺。景陽觀山南，有百果園，園有柰林，柰林南有石碑一，魏明帝所立也。題云苗茨之碑。高祖於碑北作苗茨堂。柰林西有都堂，有流觴池。堂東有扶桑海。凡此諸海，皆有石竇流於地下，西通穀水，東連陽渠，亦與翟泉相連。

城東明懸尼寺，彭城武宣王勰所立也。在建春門外石橋南。穀水周迴繞城，至建春門外，東入陽渠石橋。橋有四柱在道南，銘曰漢陽嘉四年將作大匠馬憲造。孝昌三年大雨頽橋，柱始埋没，道北二柱，至今猶存。寺東有中朝時常滿倉，高祖令爲租場，天下貢賦所聚蓄也。

龍華寺，宿衛羽林虎賁等所立也。在建春門外陽渠南。寺南有租場。陽渠北有建陽里，里有土臺，高三丈，上作二精舍。趙逸云此臺是中朝旗亭也。上有二層樓，懸鼓擊之以罷市。

出建春門外一里餘，至東石橋，南北而行。晉太康元年造。橋南有中朝時牛馬市，刑嵇康之所也。橋北大道西有建陽里，大道東有綏民里。里内有雒陽縣，臨渠水。綏民里東有崇義里，崇義里東有七里橋，以石爲之。中朝杜預之荆州，出頓之所也。七里橋東一里，郭門開三道，號爲三門。離别者，多云相送三門外。京師士子，送去迎歸，常在此處也。

莊嚴寺，在東陽門外一里御道北，所謂東安里也。北爲租場。

秦太上君寺，胡太后所立也。在東陽門外二里御道北，所謂暉文里。當時太后正號崇訓，母儀天下，號父爲秦太上公，母爲秦太上君。爲母追福，因以名焉。

正始寺，百官等所立也。正始中立，因以爲名。在東陽門外御道南，所謂敬義里也。里內有典虞曹。敬義里南有昭德里。

平等寺，廣平武穆王懷捨宅所立也。在青陽門外二里御道北，所謂孝敬里也。北史盧辯傳：永熙二年，平等浮圖成，孝武會萬僧於寺，石佛低舉其頭，終日乃止。帝禮拜之。辯曰：「石立社移，自古有此，陛下何怪。」

景寧寺，太保司徒公楊椿所立也。在青陽門外三里御道南，所謂景寧里也。道北有孝義里。里西北角有蘇秦冢，冢旁有寶明寺。孝義里東即是雒陽小市。市北有殖貨里。

城南景明寺，宣武皇帝所立也。景明年中立，因以爲名。在宣陽門外一里御道東。其寺東西南北方五百步，前望嵩山少室，却負帝城。正光年中，太后造七層浮圖一所。北史彭城王勰傳：景明、報德寺僧鳴鐘欲飯，忽聞勰薨，二寺一千餘人皆嗟痛，爲之不食，但飲水而齋。

大統寺，在景明寺西，所謂利民里。

秦太、上公二寺，在景明寺南一里。西寺太后所立，東寺黄姨所造，並爲父追福，因以名之，時人號爲雙女寺。並門隣雒水，林木扶疎。寺東有靈臺一所，基址雖頽，猶高五丈餘，是漢光武所立。靈臺東辟雍，是魏武所立。至正光中，造明堂于辟雍之西南，上圓下方，八窗四闥。汝南王復造甎浮圖于靈臺之上。

報德寺，高祖孝文皇帝所立也。爲馮太后追福。在開陽門外三里。開陽門御道東有漢國子學堂，堂前有三種字石經二十五碑，表裏刻之，寫春秋、尚書二部，作篆科斗隸三種字，漢右中郎將蔡邕筆之遺跡也。猶有十八碑，餘皆殘毁。復有石碑四十八枚，亦表裏隸書，寫周易、尚書、公羊、禮記四部。又讚學碑一所，並在堂前。魏文帝作典論六碑，至太和十七年猶有四存。高祖題爲勸學里。武定四年大將軍遷石經于鄴。雒陽記：太學在雒陽城南開陽門外。講堂長十丈，廣二丈。堂前石經四部，本碑凡四十六枚，西行尚書、周易、公羊傳十六碑存，十二碑毁。南行禮記十五碑悉崩壞。東行論語三碑，二碑毁。禮記碑上有諫議大夫馬日磾、議郎蔡邕名。

勸學里東有延賢里。

宣陽門外四里至雒水上，作浮橋，所謂永橋也。神龜中，常景爲汭頌。南北兩岸有華表峰高二十丈，華表上作鳳凰似欲冲天勢。永橋以南，圜丘以北，伊、雒之間夾御道，有四夷館，道東有四館，一名金陵，二名燕然，三名扶桑，四名崦嵫。道西有四館，一曰歸正，二曰歸德，三曰慕化，四曰慕義。吴人投國者處金陵館，三年以後，賜宅歸正里。北夷來附者處燕然館，三年以後，賜宅歸德里。東夷來附者處扶桑館，賜宅慕化里。西夷來附者處崦嵫館，賜宅慕義里。是以附化之民，萬有餘家，門巷修整，閭闔填列。青槐蔭陌，緑柳垂庭。天下難得之貨，咸悉在焉。别立市於雒水南，號曰四通市，民間謂永橋市。南道東有白象、獅子二坊。

高陽王寺，高陽王雍之宅也。在津陽門外三里御道西。寺北有中甘里。

崇虚寺，在城西，即漢之濯龍園也。延熹九年，桓帝祠老子於濯龍園，設華蓋之座，用郊天之樂，此其地也。

城西白馬寺，漢明帝所立也。在西陽門外三里御道南。帝夢金人長丈六，項背日月光明。胡神號曰佛，遣使向西域求之，乃得經象焉。時以白馬負經而來，因以爲名。明帝崩，起祇洹于陵上，自此以後，百姓冢上或作浮圖焉。

寶光寺，在西陽門外御道北。園中有一海，號咸池。普泰末，雍州刺史隴西王爾朱天光總士馬於此寺。寺門無何都崩，天光惡之，其年戰敗，斬于東市。

出西陽門外四里，御道南有雒陽大市，周迴八里，市東南有皇女臺，漢大將軍梁冀所造，猶高五丈餘。景明中，北邱道恒立靈僊寺於其上。臺西有河陽縣。市西北有土山魚池，亦冀之所造。即漢書所謂「採土築山，十里九坂，以象二崤」者。市東有通商、達貨二里。里内之人盡皆工巧屠販爲生，資財巨萬。市南有調音、樂律二里。里内之人，絲竹謳歌，天下妙伎出焉。市西有延酤、治觴二里。里内之人多醞酒爲業。市北有慈孝、奉終二里。里内之人以賣棺槨爲業。别有阜財、金肆二里，富人在焉。凡此十里，多諸工商貨殖之民。千金比屋，層樓對出，重門啟扇，閣道交通，迭相臨望。自延酤以西，張方溝以東，南臨洛水，北達芒山，其間東西二里，南北十五里，並名爲壽丘里，皇宗所居也。民間號爲王子坊。經河陰之役，諸元殲盡，王侯第宅，多題爲寺。壽丘里間，列刹相望。

出閶闔門城外七里，有長分橋，即漢之夕陽亭也。中朝時以穀水迅急，注於城下，多壞民家，立石橋以限之，長則分流入雒，故名曰長分橋。或云：晉河間王在長安，遣張方征長沙王，營軍于此，因號張方橋也。未知孰是。今民間語訛，號爲張夫人橋。朝士送迎，多在此處。長分橋西，有千金堰。魏書：崔亮爲僕射，奏於張方橋東堰穀水造水碾磨數十區，其利十倍，國用便之。計其水利，日益千金，因以爲名。昔都水使者陳勰所造，令備夫一千，歲恒修之。

城北禪虚寺，在大夏門外御道西。寺前有閱武場，歲終農隙，甲士習戰，千乘萬騎，常在於此。中朝時，宣武場在大夏門東北，今爲光風園，苜蓿生焉。

凝玄寺，在廣莫門外一里御道東，所謂永平里也。

城東北有上高里，殷之頑民所居處也。高祖名聞義里。遷京之始，朝士住其中，迭相譏刺，竟皆去之。唯有造瓦者止其内，京師瓦器出焉。

京師東西二十里，南北十五里，户十萬九千餘。廟社宫室府曹以外，方三百步爲一里，里開四門，門置里正二人，吏四人，門士八人，合有二百二十里。寺有一千三百六十七所。天平元年遷都鄴城，雒陽餘寺四百二十一所。

歷代宅京記卷之九

雒陽下

後周

周書宣帝本紀曰：大象元年春二月癸亥，詔曰：「河、洛之地，世稱朝市。上則於天，陰陽所會，下紀於地，職貢路均。聖人以萬物阜安，乃建王國。時經五代，世歷千祀，規模宏遠，邑居壯麗。自魏氏失馭，城闕爲墟，君子有戀舊之風，小人深懷土之思。我太祖受命酆、鎬，胥宇崤、函，蕩定四方，有懷光宅。高祖神功聖略，混一區宇，往巡東夏，省方觀俗，布政此宮，遂移氣序。朕以眇身，祗承寶祚，庶幾聿修之志，敢忘燕翼之心。一昨駐蹕金墉，備嘗游覽，百王制度，基址尚存，今若因修，爲功易立。宜命邦事，修復舊都。奢儉取文質之間，功役依子來之義。北瞻河內，咫尺非遥，前詔經營，今宜停罷。」於是發山東諸州兵，增一月功爲四十五日役，起洛陽宮。常役四萬人，并移相州六府於洛陽，稱東京六府。

辛卯，詔徙鄴城石經於洛陽。

竇熾傳曰：周宣營建東京，以熾爲京洛營作大監。宫苑制度，皆取決焉。

帝好自矜夸，飾非拒諫。禪位之後，彌復驕奢，所居宫殿，帷帳皆飾以金玉珠寶，光華炫燿，極麗窮奢。及營洛陽宫，雖未成畢，其規模壯麗，踰於漢、魏遠矣。

隋書樊叔略傳曰：拜汴州刺史。宣帝時，營建東京，以叔略有巧思，拜營構監，宫室制度皆叔略所定。

静帝本紀曰：宣帝崩，停洛陽宫作。

隋

隋書煬帝本紀曰：仁壽四年冬十一月癸丑，詔曰：「乾道變化，陰陽所以消息，沿創不同，生靈所以順叙。若使天意不變，施化何以成四時；人事不易，爲政何以釐萬姓！易不云乎：『通其變，使民不倦。』『變則通，通則久。』『有德則可久，有功則可大。』朕又聞之，安安而能遷，民用丕變。是故姬邑兩周，如武王之意，殷人五徙，成湯后之業。雒邑自古之都，王畿之内，天地之所合，陰陽之所和。控以三河，固以四塞，水陸通，貢賦等。故漢祖曰：『吾行天下多矣，唯見雒陽。』自古皇王，何嘗不留意，所不都者蓋有由焉。或以九州未一，或以困其府庫，作雒之制所以未暇也。我有隋之始，便欲創兹懷、洛，日復一日，越暨于今，永懷先旨，興言感哽！朕肅膺寶歷，纂臨萬邦，遵而不失，思奉先志。今者漢王諒悖逆，毒被山東，遂使州縣或淪非所。此由關河懸遠，兵不赴急。加以并州移户復在河南，周遷殷民，意在於此。况復南服遐遠，東夏殷大，因機順動，今也其時。群司百辟，僉諧厥議。但成周墟埆，弗堪葺宇。今可於伊、雒營建東京，便即設官分職，以爲民極。夫宫室之制，本以便生，上棟下宇，足避風露，高臺廣厦，豈曰適形。故傳云：『儉，德之共；侈，惡之大。』宣尼有云：『與其奢也，寧儉。』豈謂瑶臺瓊室方爲宫殿者乎，土階采椽而非帝王者乎？是知非以天下奉一人，乃以一人主天下也。民惟邦本，本固邦寧，百姓不足，君孰與足！今所營構，務從節儉，無令雕牆峻宇復起於當今，欲使卑宫菲食將貽於後世。有司明爲條格，稱朕意焉。」

大業元年春三月丁未，詔尚書令楊素、納言楊達、將作大匠宇文愷營建東京，徙豫州郭下居民以實之。又於皂澗營顯仁宫，採海内奇禽異獸草木之類，以實園苑。徙天下富商大賈數萬家於東京。

宇文愷傳曰：遷都雒陽，以愷爲營東都副監，尋遷將作大匠。愷揣帝心在宏侈，於是東京制度窮極壯麗。帝大悦之。兩京記曰：煬帝登北邙觀伊闕曰：「此龍門邪，自古何爲不建都於此？」蘇威曰：「以俟陛下。」大業元年，自故都移於今所。其地周之王城，初謂之東京，改爲東都。

太平御覽曰：煬帝遷洛陽於故周之王城，即今東都城也。辛亥，發河南諸郡男女百餘萬，北史作七百萬。開通濟渠，自西苑引穀、洛水達於河，自板渚引河通於淮。

二年春正月辛酉，東京成，賜監督者有差。

禮儀志曰：既營建雒邑，帝無心京師，乃於東都固本里北起天經宫，以遊高祖衣冠，四時致祭。

地理志曰：河南郡舊置洛州，大業元年移都，改曰豫州。東面三門，北曰上春，中曰建陽，南曰永通。南面二門，東曰長夏，正南曰建國。里一百三，市三。

桃林縣有上陽宫。

陜縣有弘農宫。

宜陽縣有福昌宫。

壽安縣有顯仁宫。

煬帝紀曰：於皂澗營顯仁宫，採海内奇禽異獸草木之類，以實園苑。

唐

唐書高祖本紀曰：武德四年冬十二月，使行臺僕射屈突通焚乾元殿、應天門、紫微觀。

太宗本紀曰：貞觀四年夏六月乙卯，發卒治洛陽宫。竇璡傳曰：爲將作大匠，修葺洛陽宫，於宫中鑿池起山，崇飾雕麗，太宗怒，遽令毁之。

十一年春正月庚子，作飛山宫。秋七月壬寅，廢明德宫及飛山宫之元圃院，賜遭水家。時大雨水，穀、洛溢。

高宗本紀曰：顯慶元年，敕司農少卿田仁汪因東都舊殿餘址修乾元殿，高一百二十尺，東西三百四十五尺，南北一百七十六尺。

二年冬十二月丁卯，以洛陽宫爲東都，洛州官吏員品如雍州。罷洛陽宫總監。改青城宫爲東都苑北面監，明德宫爲東都苑南面監，洛陽宫農圃監爲東都苑東面監，食貨監爲東都苑西面監。洛州北市置官員，准東、西市隸太府寺。

五年夏四月，作八關宫於東都苑内。五月壬戌，幸八關宫，改爲合璧宫。

秋九月，改東明門爲賓躍門，西明門爲宣耀門。時韋機爲司農少卿，受詔檢校東都營田園苑之事。帝謂之曰：「兩都是朕東西二宅也，今之宮館，隋代所造，歲序既淹，漸將頹毁，欲有修造，又費財力如何？」機奏曰：「臣任司農向已十年，前後省費，今見貯錢三千萬貫，若以供葺理，可不勞而就也。」帝大悦，詔機兼統將作、少府二司，使漸營之。於是機始造宿羽、高山等宮，并移洛水之中橋，自立德之西街，徙於長夏之通衢，韋機傳曰：自立德坊曲徙於長夏門街。遂廢利涉橋，公私以爲便。及機遷職，帝登洛水高岸，有臨眺之美，詔機於其所營上陽宮。宮成，移御之。

帝御洛北陰殿，尚書左僕射劉仁軌謂侍御史狄仁傑曰：「古之陂池臺榭皆在深宮重城之内，不欲外人見之，恐傷百姓之心也。韋宏機之作，列岸修廊在於堙堞之外，萬方朝謁無不覿之，此豈致君堯、舜之意哉！」

麟德二年春二月辛未，乾元殿成。洛陽宮正殿也。改應天門爲則天門。應天門，武德四年焚之，至是造成。

調露元年春正月己酉，上幸東都。司農卿韋宏機作宿羽、高山、上陽等宮，按大典：宿羽、高山二宮，皆在東都禁苑中。制度壯麗。上陽宮臨洛水爲長廊，亘一里。宮成，上徙御之。

夏五月戊戌，作紫桂宮於澠池之西。

永淳元年夏四月，改紫桂宮爲芳桂宮。秋七月己亥，作奉天宮於嵩山南。宮在洛州嵩陽縣。

宏道元年冬十二月丁巳，遺詔廢萬泉、芳桂、奉天等宫。

武后本紀曰：光宅元年秋九月甲寅，改東都爲神都，宫名太初。

垂拱四年春二月庚午，毁乾元殿，於其地作明堂。以僧懷義爲使，凡役數萬人。

冬十二月辛亥，明堂成，高二百九十四尺，方三百尺。凡三層，下層法四時，各隨方色，中層法十二辰，上爲圓蓋，九龍捧之，上層法二十四氣，亦爲圓蓋。上施鐵鳳，高一丈，飾以黄金，中有巨木十圍，上下通貫，栭、櫨、橕、欂，籍以爲本，下施鐵渠，爲辟雍之象，號曰萬象神宫。改河南爲合宫縣。又命懷義作夾紵大像，其小指中猶容數十人，於明堂北起天堂五級以貯之，至三級則俯視明堂矣。懷義以功拜左威衛大將軍、梁國公。侍御史王求禮上書曰：「古之明堂，茅茨不翦，采椽不斲。今者飾以珠玉，塗以丹青，鐵鷟入雲，金龍隱霧，昔殷辛瓊臺，夏癸瑶室，無以加也。」太后不報。

延載元年秋八月，武三思帥四夷酋長，請鑄銅鐵爲天樞，立於端門之外，端門，洛陽皇城正南門。銘紀功德，黜唐頌周。以姚璹爲督作，使諸胡聚錢百萬億，買銅鐵不能足，賦民間農器以足之。

天册萬歲元年正月夏正十一月。丙申夜，天堂火延及明堂，比明皆盡，命更造明堂、天堂。舊書薛懷義傳：有御醫沈南璆得幸，懷義恩漸衰，恨怒頗甚，乃焚天堂，明堂，並爲灰燼。則天媿而隱之，又令懷義充使督作。又鑄銅爲九州鼎，神都鼎曰豫州，高一丈八尺，受千八百石。冀州鼎曰武興，雍州鼎曰長安，兖州鼎曰日觀，青州鼎曰少陽，徐州鼎曰東原，揚州鼎曰江都，荆州鼎曰江陵，梁州鼎曰成都。八州鼎高一丈四尺，各受千二百石。及十二神，皆高一丈，各置其方。

夏四月戊寅，天樞成，天樞，其制若柱。高一百五尺，徑十二尺，八面各徑五尺。下爲鐵山，周百七十尺，以銅爲蟠龍、麒麟縈繞之。上爲騰雲承露盤，徑三丈，四龍人立捧火珠，高一丈。工人毛婆羅造模，武三思爲文，刻百官及四夷酋長名。太后自書其榜曰大周萬國頌德天樞。

萬歲通天元年春三月丁巳，新明堂成，高二百九十四尺，方三百尺，規模率小於舊。上施金塗鐵鳳，高二丈，後爲大風所損，更爲銅火珠，群龍捧之，號曰通天宮。

神功元年夏四月戊辰，九鼎成，徙置通天宮。豫州鼎高丈八尺，受千八百石，餘州高丈四尺，受千二百石。各圖山川物産於其上，共用銅五十六萬七百餘斤。太后欲以黄金千兩塗之。姚璹曰：「九鼎神器，貴於天質自然，臣觀其五采煥炳相雜，不待金色以爲炫燿。」太后從之。自玄武門曳入，令宰相、諸王帥南北牙宿衛兵十餘萬人，并仗内大牛、白象共曳之。

久視元年春一月夏正正月。戊寅，作三陽宫於告成之石淙。三陽宫去洛城一百六十里。萬歲登封元年改洛州陽城縣曰告成。

大足元年夏六月，於東都立德坊南穿新潭，安置諸州租船。李昭德傳曰：長壽中，神都改作文昌臺及定鼎、上東諸門，又城外郭皆昭德創其制度，時人以爲能。初，都城洛水天津之東，立德坊西南隅，有中橋及利涉橋，以通行李。上元中，司農卿韋機始移中橋置於安衆坊之左街，當長夏門，都人甚以爲便，因廢利涉橋，所省萬計。然歲爲洛水衝注，常勞治葺，昭德創意積石爲脚鋭其前，以分水勢，自是竟無漂損。

長安四年春正月丁未，毁三陽宫，以其材作興泰宫於萬安山。萬安山，在洛陽壽安縣西南四十里。

玄宗開元元年秋七月甲戌，毁天樞。

五年秋七月，太常少卿王仁忠等奏則天立明堂不合古制。又明堂尚質而窮極奢侈，密邇宫掖，人神雜擾。甲子，制復以明堂爲乾元殿。冬至元日受朝賀，季秋大享，復就圜丘。

詔曰：古者操皇綱執大象者，何嘗不上稽天道，下順人極，或變通以隨時，爰損益以成務。且衢室創制，度堂以筵。因之以禮神，是光孝享，用之以布政，蓋稱視朔，先王所以厚人倫感天地者也。少陽有位，上帝斯歆，此則神貴於不黷，禮殷於至敬。今之明堂，俯臨宮掖，比之嚴祀，有異肅恭，苟非憲章，將何軌物？由是禮官、博士、公卿大夫廣參群議，欽若前古，宜存路寢之式，用罷辟雍之號。可改爲乾元殿，每臨御宜依正殿禮。

十年冬十月癸丑，復以乾元殿爲明堂。

十三年夏四月丙辰，上與中書、門下及禮官學士宴於集仙殿，上曰：「仙者，憑虛之論，朕所不取。賢者，濟理之具，朕今與卿等合宴，宜更名集賢殿。」丁巳，改集仙殿爲集賢殿，麗正殿書院改集賢殿書院。

二十年夏四月癸巳，改造天津橋，毀皇津橋，合爲一橋。

二十七年冬十月，詔將作大匠康䛒素詣東都，毀則天所立明堂。䛒素言則天時以木爲瓦，夾紵漆之，毀之勞人。奏請且拆上層，卑於舊制九十五尺。又去柱心木，平座上置八角樓，樓上有八龍，騰身捧火珠。又小於舊制圓五尺，覆以真瓦，依舊爲乾元殿。十一月甲辰成。

天寶二年冬十二月，改應天門爲乾元門。本則天門，神龍元年三月，避則天號，改爲應天門。唐隆元年七月，避中宗號，改爲神龍門。開元初，又爲應天門。

代宗永泰元年冬十一月，河南道都統、黄門侍郎、平章事王縉請修東京宫殿，從之。王縉傳曰：遷河南副元帥，請減軍資錢四十萬貫修東京殿宇。

武宗會昌五年秋八月，宰相李德裕等奏：東都九廟神主二十六，今貯於太微宫小屋，請以廢寺材復修太廟。九月，詔修東都太廟。

宣帝紀曰：會昌六年四月，東都留守李石奏修奉太廟畢，所迎奉太微宫神主祔廟訖。東都太廟者，本武后家廟，神龍中中宗反正，廢武氏廟主，立太祖以下神主祔之。安禄山陷洛陽，以廟爲馬廄，棄其神主，協律郎嚴郢收而藏之。史思明再陷洛陽，尋又散失。賊平，東京留守盧正己又募得之，廟已焚毁，乃寄主於太微宫。大歷十四年，留守路嗣恭奏重修太廟，以迎神主。詔百官參議，紛然不定，禮儀使顔真卿堅請歸祔，不從。會昌五年，留守李石因太微宫正殿圮陊，以廢弘敬寺爲太廟，迎神主祔之。又下百寮議，皆言准故事，無兩都具置之禮。惟禮部侍郎陳商議云：周之文、武，有鎬、洛二廟，今兩都異廟可也。然不宜置主於廟，主宜依禮瘞於廟之北墉下。事未行而武宗崩。宣宗即位，因詔有司迎太微宫寓主，祔廢寺之新廟，而知禮者非之。

昭宗天祐元年夏閏四月，車駕還于東都。

昭宣帝天祐二年夏五月壬戌，敕：法駕遷都之始，雒京再造之初，慮懷土有類於新豐，權更名以變於舊制。今則妖星既出於雍分，是年春正月，彗星出北河，貫文昌。五月，復出軒轅左角及于天市垣。高閎難倣於秦餘，宜改舊門之名，以壯卜年之永。其京都見在門名與西京同者，並改之。於是改延喜門爲宣仁門，重明門爲興教門，長樂門爲光政門，光範門爲應天門，乾化門爲乾元門，宣政門爲敷政門，宣政殿爲貞觀殿，日華門爲左延福門，月華門爲右延福門，萬壽門爲萬春門，積慶門爲興善門，含章門爲膺福門，含清門爲延義門，金鑾門爲千秋門，延和門爲章善門，保寧殿爲文思殿。

唐書地理志曰：東都，隋置，武德四年廢，其年十一月改東都，六年九月改洛州，貞觀六年號洛陽宮，顯慶二年曰東都，十二月十三日丁卯。光宅二年曰神都，九月五日。神龍元年復曰東都，二月五日。天寶元年曰東京，二月二十日。開元元年十二月一日改爲河南府，上元二年罷京，九月二十日。肅宗元年復爲東都。建卯月一日。皇城長千八百一十七步，廣千三百七十八步，周四千九百三十步，其崇三丈七尺，曲折以象南宮垣，名曰太微城。宮城在皇城北，長千六百二十步，廣八百有五步，周圍四千九百二十一步，其崇四丈八尺，以象北辰藩衛，曰紫微城，武后號太初宮。上陽宮在禁苑之東，東接皇城之西南隅，上元中置，高宗之季，常居以聽政。都城前直伊闕，後據邙山，左瀍右澗，洛水貫其中，以象河漢。東西五千六百一十步，南北五千四百七十步，西連苑，北自東城而東二千五百四十步，周二萬五千五十步，其崇丈有八尺，武后號曰金城。

河南府　澠池縣西五里有紫桂宮，儀鳳二年置。調露二年曰避暑宮，永淳元年曰芳桂宮，宏道元年廢。

福昌縣西十七里有蘭昌宮，有故隋福昌宮，顯慶三年復置。

永寧縣西五里有崎岫宮，西三十三里有蘭峰宮，皆顯慶三年置。

壽安縣西一十九里有連昌宮，顯慶三年置。西南四十里萬安山有興泰宮，長安四年置。

汝州　臨汝縣有清暑宮，在鳴皋山南，貞觀中置。

東都城，左成皋，右函谷，前伊闕，後邙山。南面三門：中曰定鼎，左曰長夏，右曰厚載。東面三門：中曰建春，南曰永通，北曰上東。北面二門：東曰安喜，西曰徽安。都城，隋煬帝大業元年，詔左僕射楊素、右庶子宇文愷移故都創造也。南直洛水之口，北倚邙山之塞，東出瀍水之東，西出澗水之西。洛水貫都，有河漢之象焉。東去故都十八里。煬帝既好奢靡，愷又多奇巧，遂作重樓曲閣，連闥洞房，綺繡瑰奇，窮巧極麗。大業末喪亂，爲王充所據。武德五年平充，乃詔焚乾陽殿及建國門，廢東都以爲洛州總管府，尋以宮城倉猶在，乃置陝東道大行臺。武德九年，復爲洛州都督府。貞觀六年，改爲洛陽宮。十二年，車駕始幸洛陽。明慶元年，復置爲東都。龍朔中，詔司農少卿田仁汪隨事修葺，後又命司農少卿常機更加營造。永昌中遂改爲神都，漸加營構，宮室、百司，市里、郛郭於是備矣。東面十五里二百一十步，南面十五里七十步，西面連苑，距上陽宮七里，北面距徽安門七里。郛郭南廣北狹，凡一百三坊，三市居其中焉。開元十二年，廢西市，取厚載門之西一坊地及西市入苑。西連禁苑。苑西四門：南曰迎秋，次曰遊義，次曰籠烟，北曰靈溪。皇城在都城之西北隅，南面三門：中曰端門，左曰左掖門，右曰右掖門。東面一門曰賓耀。西面二門：南曰麗景，北曰宣耀。東城在皇城之東。東曰宣仁門，南曰承福門。皇城在東城之內，百僚廨署如京城之制。皇宮在皇城之北，東西四里一百八十步，南北二里八十五步，周回十三里二百四十一步。南面三門：中曰應天，左曰興教，右曰光政。應天門、端門若西京承天之門。其內曰乾元門。若西京之太極門，東廊有左延福門，西廊有右延福門。興教之內曰會昌，其北曰章善。光政之內曰廣運，其北曰明福。乾元之左曰萬春，右曰千秋，其內曰乾元殿。則明堂也。證聖元年營造。上圓下方，八窗四闥，高三百尺，元正冬至，有時而御焉。殿之左曰春暉門，右曰秋暉門，北曰燭龍門。明福之東曰武成門，其內曰武成殿。明福之西曰崇賢門，其內曰集賢殿。武成之北曰□壽殿。集賢之北曰僊居殿，其東曰億歲殿，又東曰同明殿。其內又有觀禮、歸義、收成、光慶等門，延祥、延壽、觀文、六合等殿，宜春、仙居、迎祥、六合等院也。其西北出曰洛城西門，其內曰德昌殿，北曰儀鸞殿。德昌南出曰延慶門，又南曰韶暉門。西南曰洛城南門，其內曰洛城殿，又北曰飲羽殿。洛城南門之西有麗景，夾城自此潛通於上陽焉。上陽宮，在皇城之西南，苑之東垂也。南臨洛水，西距穀水，東面即皇城右掖門之南，上元中營造。高宗晚年常居北宮以聽政焉。東面三門：南曰提象門，即正衙門。北曰星躔門。提象門內曰觀風門，南曰浴日樓，北曰七寶閣，其內曰觀風殿。殿東面，其內又有麗春臺、耀堂亭、九州亭。其西則有西上陽宫，兩宫夾殿，水虹橋以通往來。北曰化成院，西南曰甘露殿，殿東曰雙曜亭。又西曰麟趾殿，東曰神和亭，西曰洞元堂。觀風之西曰本枝院，又西曰麗春殿，東曰含蓮亭，西曰芙蓉亭。又西曰宜男亭，北曰芬芳門，其内曰芬芳殿。又有露菊亭，互春、妃嬪、僊杼、冰井等院，散布其内。宫之南面曰僊洛門，又西曰通僊門。並在院中。其内曰甘湯院，次北東上曰玉京門，門内北曰金闕門，南曰泰初門。玉京之西曰客省院、蔭殿、翰林院。又西曰上陽宫，宫西曰含露門。玉京西北出曰僊桃門，又西曰壽昌門，門北出曰玄武門。門内之東曰飛龍廄。禁苑在皇都之西，北距北邙，西至孝水，南帶洛水支渠，穀、洛二水會於其門，東面十七里，南面二十九里，西面五十里，北面二十里。周廻一百二十六里。中有合璧、冷泉、高山、龍樓、翠微、宿羽、明德、望春、青城、黄女、凌波十有一宫，芳樹、金谷二亭，凝碧之池。開元二十四年，上以爲穀、洛二水或泛溢，疲費人功，遂敕河南尹李適之出内庫和雇修三陂以禦之，一曰積翠，二曰月陂，三曰上陽。爾後二水無力役之患。京都之制備焉。

後梁

太祖開平元年夏四月戊辰，改東都爲西都。

五月，以西都水北宅爲大昌宫。

三年春正月，改西都貞觀殿爲文明殿，含元殿爲朝元殿。二月，改思政殿爲金鑾殿。

後唐

莊宗同光元年冬十一月，河南尹張全義議請遷都洛陽，從之。通鑑考異曰：實録：「甲辰，議修洛陽太廟。」按：梁以汴州爲東京，洛京爲西京。莊宗以魏州爲東京，太原爲西京，真定爲北都。及滅梁，廢東京爲汴州，以永平軍爲西京，而不云以洛陽爲何京。若以爲東京，則與魏州無以異。諸書但謂之洛京，亦未嘗有詔改梁西京爲洛京。至同光三年始詔依舊以洛京爲東都。或者以永平爲西京時，即改梁西京爲洛京，而史脱其文也。今無可質正，故但謂之洛陽。

二年春正月丁未，敕明堂殿僞梁改爲朝元殿，今復舊名。改崇勳殿爲中興殿，應順門爲永曜門，太平門爲萬春門，通政門爲廣政門，鳳鳴門爲韶和門，萬春門爲中興門，解卸殿爲端明殿。秋八月辛巳，詔諸道節度、觀察、防禦、團練刺史等，並令于洛陽修宅一區。

三年夏四月壬寅，重修嘉慶殿，改名廣壽。帝苦溽暑，於禁中擇高凉之所，皆不稱旨。宦者因言：「臣見長安全盛時，大明、興慶宫樓觀以百數。今日宅家曾無避暑之所，宫殿之盛曾不及當時公卿第舍耳。」帝乃命宫苑使王允平别建一樓以清暑。宦者曰：「郭崇韜常不伸眉，爲孔謙論用度不足，恐陛下欲營繕，終不可得。」上曰：「吾自用内府錢，無關經費。」然猶慮崇韜諫，遣中使語之曰：「今歲盛暑異常，朕昔在河上，與梁人相拒，行營卑溼，被甲乘馬，親當矢石，猶無此暑。今居深宮之中而暑不可度，奈何？」對曰：「陛下昔在河上，勍敵未滅，深念讐耻，雖有盛暑，不介聖懷。今患已除，海内賓服，故雖珍臺閒館，猶覺鬱蒸也。陛下儻不忘艱難之時，則暑氣自消矣。」帝默然。宦者曰：「崇韜之第，無異皇居，宜其不知至尊之熱也。」帝卒命允平營樓，日役萬人，所費巨萬。崇韜諫曰：「今兩河水旱，軍食不充，願且息役，以俟豐年。」帝不聽。

秋八月，毁京城南北壘。光啟末，張全義爲河南尹，爲蔡賊所攻，乃於南市築壘自固。又於市南嘉善坊别築南城，天復修都之際，元未毁撤，至是左補闕楊途奏毁之。

册府元龜曰：後唐天成四年八月乙丑，左補闕楊途奏：「竊見京城之内，尚有南州、北州，縱市井不可改移，城池即宜廢毁。伏見都城舊牆多已摧塌，不可使浩穰神京旁通緑野，徘徊壁壘，俯近皇居，無復因循，急亟宜修葺。」初，光啟末，張全義爲河南尹，爲蔡賊所攻，乃於南市一方之地築壘自固，後延於市南，又築嘉善坊爲南城。天復修都之際，元未毁撤。途之所奏，頗適事宜。

庚申，新作興教門樓。門蓋昭宗所改，郭從謙之變，亂兵焚興教門。

明宗長興四年夏六月，名宫西新園曰永芳園，新殿曰和慶殿。

後晉

晉高祖天福二年春正月丙寅，改中興殿爲天福殿，中興門爲天福門。秋七月，改玄德殿爲廣政殿，玄德門爲廣政門。冬十一月，改洛京潛龍宅爲廣德宫。

通鑑：天福三年六月，河南留守高行周奏修洛陽宫。左諫議大夫薛融諫曰：「今宫室雖經焚毁，猶侈于帝堯之茅茨；所費雖寡，猶多于漢文之露臺。况魏城未下，時范延光據魏州。公私困窘，誠非陛下修宫館之日，俟海内平寧，營之未晚。」上納其言，仍賜詔褒之。

七年春閏三月，改宣明門爲朱鳳門，武德殿爲視政殿，文思殿爲崇德殿，晝堂爲太清殿，寢殿爲乾福殿，其門悉從殿名。改皇城四門名，南曰乾明，北曰玄德，東曰萬春，西曰千秋。

後周

周世宗顯德元年秋七月，西京留守武行德葺洛陽羅城。五代史職方考曰：洛陽，梁、唐、晉、漢、周，常以爲都，唐故爲東都。梁爲西都。後唐爲洛京。晉爲西京，漢、周因之。

羅紹威傳曰：梁太祖即位，將都洛陽，紹威取魏良材，爲五鳳樓、朝元前殿，浮河而上，立之京師。

地理通釋：京城周回五十二里，大内據京城之西北。

宋史地理志曰：西京，唐顯慶間爲東都，開元改河南府，宋爲西京，山陵在焉。宫城周迴九里三百步。城南三門：中曰五鳳樓，東曰興教，西曰光政。因隋、唐舊名。東一門曰蒼龍，西一門曰金虎，北一門曰拱宸。舊名玄武，大中祥符五年改。五鳳樓内，東西門曰左、右永泰門，門外道北有鸞和門，太平興國三年，以車輅院門改。右永泰門西有永福門。興教、光政門内各三門，曰左、右安禮，左、右興善，左、右銀臺。蒼龍、金虎門内第二隔門曰膺福、千秋。膺福門内道北門曰建禮。正殿曰太極，舊名明堂，太平興國二年改。殿前有日、月樓，日華、月華門，又有三門，曰太極殿門。後有殿曰天興，次北殿曰武德，西有門三重，曰應天、乾元、敷教。内有文明殿，旁有東上閤門、西上閤門，前有左、右延福門。後又有殿曰垂拱，殿北有通天門，柱廊北有明福門，門内有天福殿，殿北有寢殿曰太清，第二殿曰思政，第三殿曰延春。東又有廣壽殿，視朝之所也。北第二殿曰明德，第三殿曰天和，第四殿曰崇徽。天福殿西有金鑾殿，對殿南廊有彰善門。殿北第二殿曰壽昌，第三殿曰玉華，第四殿曰長壽，第五殿曰甘露，第六殿曰乾陽，第七殿曰善興。西有射弓殿。千秋門內有含光殿。拱宸門內西偏有保寧門，門內有講武殿，北又有殿相對。內園有長春殿、淑景亭、十字亭、九江池、砌臺、娑羅亭。宮城東西有夾城，各三里餘。東二門：南曰賓暉，北曰啟明。西三門：南曰金曜，北曰乾通。宮室合九千九百九十餘區。夾城內及內城北，皆左右禁軍所處。皇城周迴十八里二百五十八步。南面三門：中曰端門，東西曰左、右掖門。東一門曰宣仁。西三門：南曰麗景，與金曜相直，中曰開化，與乾通相直，北曰應福。內皆諸司處之。京城周五十二里九十六步。隋大業元年築，唐長壽二年增築。南三門：中曰定鼎，東曰長夏，西曰厚載。東三門：中曰羅門，南曰建春，北曰上東。西一門曰關門。北二門：東曰安善，西曰徽安。

政和元年十一月，重修大內，至六年九月畢工。朱勝非言：政和間，議朝謁諸陵，敕有司預爲西幸之備，以蔡攸妻兄宋昇爲京西都漕，修治西京大內，合屋殿千間，盡以真漆爲飾，工役甚大，爲費不貲。而漆飾之法，須骨灰爲地，科買督迫，灰價日增，一斤至數千。於是四郊冢墓，悉被發掘，取人骨爲灰矣。

宋昇傳曰：爲京西都轉運使，涖葺西宮。方是時，徽宗議謁諸陵，有司預爲西幸之備。昇治宮城，廣袤十六里，創廊屋四百四十間。

歷代宅京記卷之十

成都

漢

三國志蜀先主傳曰：建安二十六年夏四月丙午，即皇帝位於成都武擔之南。蜀本紀曰：武都有丈夫化爲女子，顔色美好，蓋山精也。蜀王娶以爲妻，不習水土，疾病欲歸國，蜀王留之，無幾物故。蜀王發卒之成都，擔土於成都郭中葬，蓋地數畝，高七丈，號曰「武擔」也。

諸葛亮傳曰：先主詣亮，屏人曰：「漢室傾頽，姦臣竊命，主上蒙塵，孤不度德量力，欲信大義於天下，而智術淺短，遂用猖獗，至於今日。然志猶未已，君謂計將安出？」亮曰：「自董卓以來，豪傑並起，跨州連郡者不可勝數。曹操比於袁紹，則名微而衆寡，然操遂能克紹，以弱爲强者，非惟天時，抑亦人謀也。今操已擁百萬之衆，挾天子以令諸侯，此誠不可與争鋒。孫權據有江東，已歷三世，國險而民附，賢能爲之用，此可與爲援而不可圖也。荆州北據漢、沔，利盡南海，東連吴會，西通巴、蜀，此用武之國，而其主不能守，此殆天所以資將軍，將軍豈有意乎？益州險塞，沃野千里，天府之土，高祖因之以成帝業。劉璋闇弱，張魯在北，民殷國富而不知存恤，智能之士思得明君。將軍既帝室之胄，信義著於四海，總攬英雄，思賢如渴，若跨有荆、益，保其巖阻，西和諸戎，南撫夷越，外結好孫權，内修政理，天下有變，則命一上將將荆州之軍以向宛、雒，將軍身率益州之衆以出秦川，百姓孰敢不簞食壺漿以迎將軍者乎？誠如是，則霸業可成，漢室可興矣。」先主曰：「善。」

晉

晉書李壽載記曰：壽廣修宫室，引水入城，又廣太學，起讌殿。

唐

唐書肅宗本紀曰：至德二載冬十二月戊午，詔曰：「頃者上皇在蜀，朕亦居岐，其以蜀郡爲成都府，號南京。鳳翔府爲西京。西京爲中京。府尹以下，秩同京兆。」

地理志曰：成都府蜀郡，至德二載曰南京，爲府。十二月十五日。上元元年罷京。九月七日。

五代史前蜀世家曰：王衍起宣華苑，苑有重光、太清、延昌、會真之殿，清和、迎仙之宫，降真、蓬萊、丹霞之亭，飛鸞之閣，瑞獸之門。又作怡神亭，與諸狎客、婦人日夜酣飲。

歷代宅京記卷之十一

鄴上

魏

三國志魏太祖本紀曰：漢建安十三年春正月，作玄武池以肄舟師。

十五年冬，作銅雀臺。

十八年秋九月，作金虎臺，鑿渠引漳水入白溝以通河。

宋書禮志曰：建安二十二年，魏國作泮宫于鄴城南。

又曰：建安十八年七月，始建宗廟于鄴。

後趙

晉書載記曰：石勒令少府任汪、都水使者張漸等，監營鄴宫。

石虎使牙門將張彌徙洛陽鐘簴、九龍、翁仲、銅駝、飛廉于鄴。一鐘没於河，募浮没三百人入河，繫以竹絙，牛百頭，鹿櫨引之乃出。造萬斛舟以渡之，以四輪纏輞車，轍廣四尺，深二尺，運至鄴。

又納解飛之説，於鄴正南投石於河，以起飛橋，功費數千億萬，橋竟不成，役人飢甚，乃止。

虎於襄國起太武殿，於鄴造東西宫。太武殿高二丈八尺，以文石綷之，下穿伏室，置衛士五百人於其中。東西七十五步，南北六十五步。皆漆瓦、金鐺、銀楹、金柱、珠簾、玉壁，窮極伎巧。又起靈風臺九殿於顯揚殿後，選士庶之女以充之。

虎盛興宫室於鄴，起臺觀四十餘所，營長安、洛陽二宫，作者四十餘萬人。

虎使尚書張群發近郡男女十六萬，車十萬乘，運土築華林苑及長牆於鄴北，廣長數十里。以燭夜作，起三觀、四門，三門通漳水，皆爲鐵扉。暴風大雨，死者數萬人。鑿北城，引水於華林園。城崩，壓死者百餘人。

五行志曰：石季龍時，鄴城鳳陽門上金鳳凰二頭飛入漳河。

燕

晉書載記曰：慕容儁自薊城遷于鄴，繕脩宮殿，復銅雀臺。慕容垂克鄴，以鄴城廣難固，築鳳陽門大道之東爲隔城。

後魏

宋書魯秀傳曰：或告拓跋燾，鄴民欲據城反，遣秀檢察，并燒石虎殘宮室。

魏書高祖本紀曰：太和十七年冬十月癸卯，幸鄴城。初，帝之南伐也，起宫殿于鄴西。十一月癸亥，宫成。

十八年春正月丁未朔，朝群臣于鄴宫澄鸞殿。

曰：孝文經鄴，登銅雀臺，崔光曰：鄴城平原千里，漕運四通，有西門史起遺迹，可以饒富，請都之。孝文曰：「鄴城非長久之地，石虎傾于前，慕容滅于後，國富主奢，暴成速敗。且西有枉人山，東有列人縣，北有柏人城，君子不飲盜泉，惡其名也。」

張熠傳曰：天平初，遷鄴草創，右僕射高隆之、吏部尚書元世儁奏曰：「南京宫殿，毁撤送都，連筏竟河，首尾大至，自非賢明一人，專委受納，則恐材木耗損，有闕經構。熠清貞素著，有稱一時，臣等輒舉爲大將。」詔從之。

孝静帝本紀曰：天平元年冬十一月庚寅，車駕至鄴，居北城相州之廨，改相州刺史爲司州牧，魏郡太守爲魏尹，徙鄴舊人西徑百里以居新遷之人。分鄴置臨漳縣，以魏郡、林慮、廣平、陽邱、汲郡、黎陽、東濮陽、清河、廣宗等郡爲皇畿。閏十二月，初置四中郎將，于礓石橋置東中，蒲泉置西中，濟北置南中，洺水置北中。

二年秋八月甲午，發衆七萬六千人營新宫。

四年夏四月辛未，遷七帝神主入新廟。

興和元年秋九月甲子，發畿内民夫十萬人城鄴城，四十日罷。

冬十一月，新宫成。

二年春正月丁丑，御新宫。

武定四年秋八月，移洛陽漢、魏石經于鄴。

北齊書辛術傳曰：解褐司空胄曹參軍，與僕射高隆之共典營構鄴都宫室，術有思理，百工克濟。

高隆之傳曰：爲尚書令右僕射，領營構，京邑制度，莫不由之。增築南城，周迴二十五里。以漳水近於帝城，起長隄以防汎溢之患。又鑿渠引漳水周流城郭，造治碾磑，並有利于時。

魏書李業興傳曰：遷鄴之始，起部郎中辛術奏曰：「今皇居徙御，百度創始，營構一興，必宜中制。上則憲章前代，下則模寫洛京。今鄴都雖舊，基址毁滅，又圖記參差，事宜審定。臣雖曆職司，學不稽古。通直散騎常侍李業興碩學通儒，博聞多識，千門萬户，所宜訪詢。今求就之披圖案記，考定是非，參古雜今，折中爲制，召畫工并所須調度，具造新圖，申奏取定。庶經始之日，執事無疑。」詔從之。

地形志曰：司州治鄴城。太祖天興四年置相州。天平元年遷都改。魏尹，天平初改。

鄴，漢、晉屬，天平初併蕩陰、安陽，屬之蕩陰。太和中置鬬，今罷。有西門豹祠、武城、牖里城、蕩城、石竇堰。有南部、右部、西部尉。天平中，決漳水爲萬金渠，今世號天平渠。

齊

北齊書文宣帝本紀曰：天保元年秋八月，詔文襄皇帝所運蔡邕石經五十二枚，移置學館，依次修立。

二年秋七月己卯，改顯陽殿爲昭陽殿。

冬十月戊申，起宣光、建始、嘉福、仁壽諸殿。

七年夏四月丁卯，造金華殿。

是年，脩廣三臺宮殿。

九年秋八月，先是，發丁匠三十餘萬營三臺于鄴下，因其舊基而高博之，大起宫室及遊豫園。至是三臺成，改銅雀曰金鳳，金虎曰聖應，冰井曰崇光。冬十一月甲午，帝至自晉陽，登三臺，御乾象殿，朝讌群臣，並命賦詩。

武成帝本紀曰：河清二年夏五月壬午，詔以城南雙堂閏位之苑，廻造大總持寺。

秋八月辛丑，詔以三臺宫爲大興聖寺。

後主本紀曰：天統二年春三月乙巳，太上皇帝詔以三臺施興聖寺。

三年春正月，鄴宫九龍殿災，延燒西廊。

四年夏四月辛未，鄴宫昭陽殿災及宣光、瑶華等殿。

五年春正月辛亥，詔以金鳳等三臺未入寺者施大興聖寺。

帝承武成之奢麗，以爲帝王當然，乃更增益宫苑，造偃武、修文臺，其嬪嬙諸院中起鏡殿、寶殿、瑇瑁殿，丹青彫刻，妙極當時。所愛不恒，數毁而又復。夜則以火照作，寒則以湯爲泥，百工困窮，無時休息。后妃傳曰：後主爲曹昭儀別起隆基堂，極爲綺麗。隋書食貨志曰：天統中毁東宫，造修文、偃武、隆基、嬪嬙諸院，起玳瑁樓。又於遊豫園穿池，周以列館，中起三山，構臺以象滄海，并大修佛寺，勞役鉅萬。

後周

周書武帝本紀曰：建德六年正月辛丑，詔曰：「僞齊叛渙，竊有漳濱，世縱淫風，事窮彫飾。或穿池運石，爲山學海；或層臺累構，槩日凌雲。以暴亂之心，極奢侈之事，有一於此，未或弗亡。朕菲食薄衣，以弘風教，追念生民之費，尚想力役之勞。方當易茲弊俗，率歸節儉。其東山、南園及三臺可並毁撤，瓦木諸物，凡入用者，盡賜下民。山園之田，各還本主。」

靜帝本紀曰：大象二年秋八月，移相州於安陽，其鄴城及邑居皆毁廢之。時初平尉遲迥。

水經注曰：鄴本齊桓公所置也。故管子曰築五鹿、中牟、鄴以衛諸夏也，後屬晉。魏文侯七年，始封此地，故曰魏也。漢高帝十二年，置魏郡治鄴縣。王莽更名魏城，後分魏郡置東、西部都尉，故曰三魏。魏武又引漳流，自城南東入，逕銅雀臺下，伏流入城，東注謂之長明溝也。渠水又南逕止車門下。魏武封於鄴，爲北宫，宫有文昌殿，溝水南北夾道，枝流引灌，所在通溉，東出石竇下，注之湟水。故魏武登臺賦曰引長明灌街里，謂此渠也。石氏于文昌故殿處，造東、西太武二殿。於濟北穀城之山，採文石爲基。一基下五百武直宿衛，屈柱屈柱似是屋柱之譌。趺瓦，悉鑄銅爲之，金漆圖飾焉。又徙長安、洛陽銅人，置諸宮前以華國也。城之西北有三臺，皆因城爲之基，巍然崇舉，其高若山。建安十五年，魏武所起。其中曰銅雀臺，高十丈，有屋百餘間。臺成，命諸子登之，並使爲賦。陳思王下筆成章，美捷當時，亦魏武望奉常王叔治之處也。昔嚴才與其屬攻掖門，修聞變，車馬未至，便將官屬步至宮門，太祖在銅雀臺望見之曰：「彼來者必王叔治也。」石虎更增二丈，立一屋，連棟接檐，彌覆其上，盤迴隔之，名曰命子窟。又於屋上起五層樓，高十五丈，去地二十七丈。又作銅雀於樓巔，舒翼若飛。南則金雀臺，高八丈，有屋一百九間。北曰冰井臺，亦高八丈，有屋一百四十間，上有冰室，室有數井，井深十五丈，藏冰及石墨焉。石墨可書，又然之難盡，亦謂之石炭。又有粟窖及監監疑作鹽。以備不虞。今窖上猶有石銘存焉。左思魏都賦曰「三臺列峙而崢嶸」者也。城有七門：南曰鳳陽門，中曰中陽門，次曰廣陽門，東曰建春門，北曰廣德門，次曰廐門，西曰金明門，一曰白門。鳳陽門三臺洞開，高三十五丈，石氏作層觀架其上，置銅鳳，頭高一丈六尺。東城上石氏立東明觀，觀上加金博山，謂之鏘天。北城上有齊斗樓，超出群樹，孤高特立。其城東西七里，南北五里。

飾表以塼，百步一樓。凡諸宮殿門臺隅雉皆加觀榭，層甍反宇，飛檐拂雲，圖以丹青，色以輕素。當其全盛之時，去鄴六七十里，遠望苕亭，巍若仙居。魏因漢祚，復都洛陽，以譙爲先人本國，許昌爲漢之所居，長安爲西京之遺迹，鄴爲王業之本基，故號五都也。今相州刺史及魏郡治。漳水自西門豹祠北，逕趙閲馬臺西，基高五丈，列觀其上。石虎每講武于其下，升觀以望之，虎自于臺上放鳴鏑之矢，以爲軍騎出入之節矣。漳水又北逕祭陌西，戰國之世，俗巫爲河伯取婦，祭于此陌。魏文侯時，西門豹爲鄴令，約諸三老曰：「爲河伯娶婦，幸來告知，吾欲送女。」皆曰：「諾。」至時，三老廷椽賦斂百姓，取錢百萬。巫覡行里中，有好女者，云是當爲河伯婦，以錢三萬聘女。沐浴脂粉，如嫁狀。豹往會之，三老巫掾與民咸集赴觀，巫嫗年七十，從十女弟子。豹呼婦視之，以爲非妙，令巫嫗入報河伯，投巫于河中。有頃曰：「何久也？」又令三弟子及三老入白，並投于河。豹磬折曰：「三老不來，奈何？」復欲使廷掾豪長趣之。皆叩頭流血，乞不爲河伯娶婦。淫祀雖斷，地留祭陌之稱焉。又慕容儁投石虎尸處也。田融以爲紫陌也，趙建武十一年，造紫陌浮橋于水上，爲佛圖澄先造生墓于紫陌。建武十五年卒，十一月葬焉，即此處也。漳水又對趙氏臨漳宮。宮在桑梓苑，多桑木，故苑有其名。三月三日及始蠶之月，虎帥皇后及夫人採桑于此，今地有遺桑，墉無尺雉矣。

歷代宅京記卷之十二

鄴下

鄴都北城在鎮東南一里半，東西七里，南北五里。齊桓所築，漢置魏郡，作都始于曹操。水經注曰：石虎城盡表飾以塼，百步一樓，凡諸宫殿門臺隅雉，皆加觀榭，層甍峻宇，飛簷拂雲，圖以丹青，色以輕素，去鄴六七十里，遠望之巍若仙居也。苻堅末，慕容垂叛，欲取鄴都，乃攻堅子丕，拔其外郛，丕固守中城，垂壅漳水灌之，晉將劉牢之來救，遂徹鄴圍。丕亦棄鄴奔并州，垂將慕容農進師入鄴，以城廣難固，乃築鳳陽門大道東爲隔城，自是鄴都殘毁，高歡所以築南城也。凡七門，南面三門：正南曰永陽門，北直端門文昌殿。東曰廣陽門，在永陽門之東，北直司馬門。西曰鳳陽門。在永陽門西，北直九華宫。三門皆曹魏所建，石虎建九華宫乃特崇飾此門。考水經蓋高二十五丈，作層觀于其上。又于樓置二銅鳳，頭高一丈六尺，窮高極侈，盡天下巧。久之樓顛，銅鳳一飛入漳水，餘其一以鐵索絆之。鄴中謡曰：「鳳陽門樓天一半，上有鴛鳳相呼唤，欲去不去鐵索絆。」晉書載記曰：建元初，白虹出自太社，經鳳陽門，東南連天，十餘刻乃滅。季龍惡之，于是閉鳳陽門，惟元日乃開。尉遲迥之敗，鄴城爲墟。東面一門，曰建春門。西面一門，曰金明門。水經云：一曰白門。北面二門：東曰廣德門，西曰厩門。四門亦皆曹魏所建。

右城門。

宫室北城宫室建自曹魏，題榜皆梁鵠書。晉太始初，魏元帝禪位後，館于此。晉懷帝光熙元年夏五月，馬牧帥汲桑反，陷鄴城，大火鄴宫。至石勒復將營之，以廷尉續咸、尚書令徐光切諫而止。其意未已。後因大雨，中山西北暴水，流巨木百餘萬根，集于堂陽。勒大悦，謂公卿曰：「諸君知不，此非爲災也，天意欲吾營鄴都耳。」於是令都水使者張漸、少府任汪等監營，勒親授規模。後石虎遷都，遂極侈盛。石遵後，兵火繼作，宫室臺觀半或殘毁，故載記言：慕容儁自薊城都鄴，繕修宫殿，復銅雀臺。異代改更，歷年彌多，是以魏、趙之制，紛然殽雜，今總取而志之，其有傳其名而不得其地者，附見于後云。**端門**，文昌殿前正門，蓋凡南方正門皆曰端門。**長春門**，端門之外東建此門。**延秋門**，端門外西建此門。左太冲魏都賦曰：巖巖北闕，南端逌遵。竦峭雙碣，方駕比輪，西闢延秋，東啟長春，用覲群后，觀享頤賓。**止車門**，在端門文昌殿前。**東上東門**、**西上東門**，二門亦在文昌殿前。魏都賦注云：直端門之前，南當止車門，又有東、西上東門。賈誼疏曰：擇良日立諸子雒陽上東門外，則漢已有之。李尤銘曰：上東少陽，厥位在寅，條風動物，日月孟春。**司馬門**，在端門東，北直德政殿。史記注曰：凡言司馬門者，宫垣之内兵衛所在，四面皆有，司馬主武事。總言之，外門爲司馬門也。**東掖門**，在司馬門東。漢制内至禁省爲殿門，外出大道爲掖門。應劭曰：掖者，言在司馬門之旁掖也。**顯陽門**，南直司馬門。**宣明門**，南直顯陽門。**崇禮門**，在升賢門前左。**順德門**，在升賢門前右，並南向。**升賢門**，在聽政門前。**聽政門**。南直升賢門，北直聽政殿。**外朝文昌殿**曹魏建，南直端門，天子朝會賓客，享群臣、正大禮之殿也。銘曰：惟魏四年，歲在丙申，龍次大火。五月丙寅，作蕤賓鐘，又作無射鐘。左太冲賦文昌殿曰：長庭砥平，鐘簴夾陳。風無纖埃，雨無微津。魏文帝槐賦序曰：文昌殿中槐樹，盛暑之時，余數遊其上下。王粲直登賢門小閣外亦有槐樹。**鐘樓、鼓樓**，二樓在文昌殿前東西。**太武殿**，水經注曰：石虎于文昌故殿處造東、西太武二殿。今考晉書載記：虎燕享群臣，遵僭即僞位皆在太武，蓋朝會正殿也。魏宮室焚毀于汲桑，故石虎于文昌故殿處作太武殿。復于其後作東、西二殿，故有東堂、西堂、東閣、西閣，其皆宮寢便殿之名歟。虎作太武殿，基高二丈八尺，東西七十步，南北六十五步，以濟北穀城山文石砌之，下穿伏室，置衛士五百人。屋皆漆瓦金鐺，銀楹金柱，柱砆亦鑄銅爲之。珠簾玉璧，窗户宛轉，畫作雲氣。復施流蘇之帳，白玉之床，黄金蓮花見于帳頂，以五色錦編蒲心而爲薦席。又作金龍頭，吐酒于殿東厢，口下安金樽，可容五十斛，于大宮置地道百餘步，酒入龍脚出口中，以供正會。又以郡國所送蒼麟十六，白鹿七，命司虞張曷柱調之，以駕芝蓋，列于充庭之乘。造庭燎于崇杠之末，高十餘尺，上盤置燎，下盤置火，縹繳上下。

太武東堂、西堂，晉書曰：虎幽太子邃于東宮，既而赦之，引見于太武東堂。或曰即東、西二殿也。**東閣**，石遵以兵入誅石世、張豺，升于太武前殿，躃踊盡哀，退如東閣。蓋閣在殿後。**西閣**，晉書載記曰：季龍臨于西閣，龍騰將軍、中郎二百餘人列拜于前，欲令燕王斌入宿衛，典兵馬。蓋閣亦在太武前殿後。**御龍觀**，石虎建于太武殿之宮中。鄴中記云：登其上，觀瞻宮闕，皆如意。其後冉閔使兵守石鑒于上，懸食以給之。**披雲樓**，石虎建，在御龍觀北。鄴中記云：逍遥樓北有披雲樓，南連殿闕，北矚城池，繡欄凌雲，彤梁接霧，故曰披雲，言其長也。**內朝聽政殿**。曹魏建，在文昌殿東。魏都賦曰：左則中朝有艴，聽政作寢，匪僕匪斲，去泰去甚，木無彫鏤，土無綈錦，玄化所甄，國風所稟。李善曰：中朝者，内朝也。漢制，大司馬、侍中、散騎諸吏爲中朝，丞相、六百石以下爲外朝也。**聽政闥、納言闥、尚書臺、升賢署、謁者臺閣、符節臺閣、御史臺閣、丞相諸曹。**並在司馬門内，聽政門外。魏都賦曰：禁臺省中，連闥對廊。直事所由，典刑所藏。藹藹列侍，金貂齊光。詰朝陪幄，納言有章。亞以柱後，執法内侍。符節謁者，典璽儲吏。膳夫有官，藥劑有司。肴醳順時，腠理則治。注曰：升賢門内有聽政闥，闥外東入有納言闥、尚書臺。宣明門内升賢門外，東入有升賢署。顯陽門内宣明門外，東入最南有謁者臺閣，次中央符節臺閣，次北御史臺閣，並列西向。符節臺東有丞相諸曹。**後宮鳴鶴堂、文石堂、楸梓坊、木蘭坊，**皆在聽政殿後。魏都賦曰：於後則椒鶴、文石，永巷壼術，楸梓、木蘭。次舍甲乙，西南其户。成之匪日，丹青焕炳。特有温室，儀形宇宙，歷像賢聖，圖以百端，綷以藻詠。李善曰：壼，宫中巷也，術，道也。鳴鶴堂之前，在聽政殿之後，東西二坊之間有温室，温室中有畫像。永巷，掖庭之别名。甲乙，謂次舍之名，以甲乙紀之也。

銅爵園，園在文昌殿西，中有魚池、堂皇、蘭渚、石瀨。左右有馳道，西有三臺。並曹魏所作。李善曰：滔滔，湍也，水激石間則怒而成湍。魏都賦曰：右則疏圃曲池，下畹高堂，蘭渚莓莓，石瀨湯湯。弱蔓係實，輕葉振芳。奔龜躍魚，有睽吕梁。馳道周屈于果下，延閣胤宇以經營。**銅雀臺，**在銅爵園西。按魏志：曹公建安十五年築。臺之新成也，公將諸子登之，使各爲詩，陳思王植援筆立就，其略曰：「從明后而嬉遊兮，登層臺以娛情。見太府之廣開兮，觀聖德之所營。建高門之嵯峨兮，浮雙闕乎太清。立中天之華觀兮，連飛閣乎西城。臨漳水之長流兮，望園巢之滋榮。仰春風之和穆兮，聽百鳥之悲鳴。天雲垣其既立兮，家願得而獲逞。揚仁化于宇内兮，盡肅恭于上京。惟桓文之爲盛兮，豈足方乎聖明！休兮美兮！惠澤遠揚。翼佐我皇家兮，寧彼四方。同天地之規量兮，齊日月之輝光。永貴尊而无極兮，等年壽于東皇。」魏都賦曰：飛陛方輦而徑西，三臺列峙以争嶸。亢陽臺于陰基，擬華山之削成。上築棟而重霤，下冰室而沍冥。周軒中天，丹墀臨猋。增搆峩峩，清塵飄飄。雲雀踶甍而矯首，壯翼摛鏤于青霄。雷雨窈冥而未半，皦日籠光于綺寮。習步頓以升降，御春服而逍遥。八極可圍于寸眸，萬物可齊于一朝。

金鳳臺，在銅雀臺南，建安十八年建。魏志本曰金虎臺，而鄴中記云：自魏至後趙、前燕及東魏、北齊，三臺每加修整，甚于魏武初造之時。又安金鳳于臺顛，故號曰金鳳臺。然則改虎爲鳳，豈後趙時避石虎諱故耶。**冰井臺**，在銅雀臺北。建安十八年，曹操既築金鳳臺，明年復築此臺，以有凌室，故曰冰井。魏都賦注曰：銅雀園西有三臺，中央曰銅雀臺，南有金鳳臺，北有冰井臺。銅雀臺有屋一百一間，金鳳臺有屋一百三十五間，冰井臺上有冰三室，與法殿皆以閣道相通。水經注曰：城西北有三臺，皆因城爲基，巍巍崇舉，其高若山。建安十五年，魏武所起，其中曰銅雀臺，高十丈，有屋百餘間，魏武望奉常王叔治處也。後石虎更二丈立一屋，連棟接榱，彌覆其上盤回隔之，名曰命子窟。又于屋上起五層樓，高十五丈，去地二十七丈，又作銅雀于樓頭，高一丈五尺，舒翼若飛。南則金鳳臺，高八丈，有屋一百九間。北曰冰井臺，亦高八丈，有屋一百四十間，上有冰室，室有數井，井深十五丈，藏冰及石墨焉。石墨可書，又然之難盡，亦謂之石炭。又有粟窖及鹽以備不虞，今窖上猶有石銘存焉。**九華宮**，鄴都故事曰：宮在銅雀臺東北，石虎以建武元年秋建，以三三爲位，謂之九華。沈約詩曰：照耀三爵臺，徘徊九華殿。**顯陽殿**，在九華宮中，爲正殿。晉書載記曰：虎于鄴起東西宮。又起靈風臺九殿于顯陽殿後，又選士庶之女以充之後庭。服綺縠、玩珍奇者萬餘人，置女官十有八等，教宮人星占及馬步射。置女太史于靈臺，仰觀災祥，以考外太史之虚實。又置女鼓吹、羽儀、雜伎、工巧，皆與外侔。蓋顯陽殿後有九殿，居宮嬪于其中，故總名其宮爲九華宮也。**逍遥樓**，鄴中記：九華宮北有逍遥樓，南臨宮宇，北望漳水，極目遊嬉，逍遥之奇觀也。琨華殿，晉書載記曰：石鑒殺石遵于此殿。其後石鑒使李松、張才等，夜誅石閔、李農于此殿，不克。暉華殿，石遵僭位，暴風拔樹，震雷，雨雹大如盂，太武、暉華殿災，諸門觀閣蕩然，其乘輿服御燒者大半，金石皆盡，火月餘乃滅。雨血遍鄴城。金華殿，欒史太平寰宇記曰：虎于金華殿後作浴室，爲九龍銜水之像。

閶闔門，載記言：石虎令成公段作此門。西中華門，載記言：石鑒使李松、張才誅石閔、李農，不克，乃僞若不知，斬松、才于此門。靈風臺，載記言：石虎起此臺于顯陽殿後。鄴中記云：九華宮北有逍遥樓。宋元祐中，顯陽殿廢基後有廢樓基，豈逍遥、靈風嘗因改易，乃同處異名耶。中臺，載記言：石虎焚其太子宣于鄴北，乃從昭儀已下數千登中臺以觀之。宣武觀，載記言：石虎將討三方，諸州兵至者百餘萬。太史令趙攬私于虎曰：白鴈臨太武殿庭，宫室將空，不宜行也。石虎納之，臨宣武觀大閲而解嚴。凌霄觀，如意觀。載記言：石閔遣甲士三十，執石遵于如意觀，殺之于琨華殿。自琨華以下，殿門臺觀雖見于傳記而莫知所在。蓋石虎所起内外大小殿九，臺觀四十餘所，其于曹魏宫室改易多矣，況其國滅主異，固有更革其名、廢毁其宇者，未能詳也。

右宫内。

城内街渠、里閭、府寺等見於傳記者，有赤闕、黑闕，魏都賦註曰：二闕正當東西南北城門，最是通街也。長壽里、吉陽里、永平里、思忠里、戚里，魏都賦曰：其閭閻則長壽、吉陽、永平、思忠。亦有戚里，置宮之東。閈出長者，巷苞諸公。都護之堂，殿居綺窗。輿騎朝猥，蹀斂其中。按注云：長壽北入，皆貴里也。然未知分布所在。都護者，將軍曹淵也。其宅亦未獲其處。石竇橋，魏都賦注曰：石竇橋在宮東，其水流入南北里。蓋魏武帝時堰漳水，在鄴西十里，名曰漳渠堰，東入鄴城，經宮中東出，南北二溝，夾道東行出城，所經石竇者也。水經注曰：魏武引漳流自城西東入，經銅雀臺下，伏流入城。東注，謂之長鳴溝。水又東南逕止車門下，南北夾道，枝流裂灌，所在通溉，東出石竇下，注湟水。蓋魏武登臺賦曰「引長鳴灌街里」也。相國府，御史大夫府，少府寺，奉常寺，大農寺，太僕寺，中尉寺，大理寺，太社，郎中令府，魏都賦曰：其府寺則位副三事，官踰六卿。奉常之號，大理之名，夏屋一揆，華屏齊榮，肅肅階闑，重門再扃。師尹爰止，毗代作楨。注曰：當司馬門南出，道西最北，東向相國府，第二南行御史大夫府，第三少府寺。道東最北奉常寺，次南大農寺。出東掖門正東道西頭太僕寺，次中尉寺。出東掖門宮東北行北城下，東入大理寺、宮內太社、西郎中令府。武帝爲魏王時，太常號奉常，廷尉號大理。建安十八年，始置大理、大農、少府、中尉。二十一年，大理鍾繇爲相國，始置太常、宗正。二十二年，以軍師華歆爲御史大夫，初置衛尉。時武帝爲魏王，置相國、御史大夫，故云位副三事。置卿近九，故云官踰六卿也。宗正寺，衛尉寺，二寺未知所在。虎賁，羽林，五營，在城南。白藏庫，乘黄廐，庫與廐並在西城下。庫有屋一百七十四間。爾雅云：秋爲白藏，因以爲名。魏都賦曰：白藏之藏，富有無隄。同賑大內，控引世資。賨幏積墆，琛弊充牣。關石之所和鈞，財賦之所底慎。燕弧盈庫而委勁，冀馬填廐而駔駿。東明觀，水經注曰：石虎于東城上立東明觀，觀上加金博山，謂之鏘天。鄴中記云：南城東北角，北城東南隅，有東明觀，因城爲基。齊斗樓，水經注曰：石虎于北城上起齊斗樓，超出群樹，孤高特上。**都亭，建安邸。**李善曰：鄴城東有都亭，城東亦有都道。北有大邸，起樓門臨道，建安中所立也。古者重客館，故舉年號以名之。

右城内。

城外：玄武苑，苑在鄴城西，魏武所築，引新河水入焉。苑中有魚梁、釣臺，竹園、蒲萄諸菓。魏都賦曰：苑以玄武，陪以幽林，繚垣開囿，觀宇相臨。碩果灌叢，圍木竦尋，篁篠懷風，蒲萄結陰。回淵漼，積水深。蒹葭贙，雚蒻森。丹藕凌波而的皪，緑芰泛濤而浸潭。**玄武池，**建安十三年，魏武鑿此池，以肄舟師。鄴中記曰：池在漳水南。水經注曰：洹水自城西經魏武玄武故苑，苑有玄武池，池有魚梁釣臺，竹木灌叢。今池林絶滅，略無遺跡。石虎時，揚州獻黄鵠雛五，頸長一丈，聲聞十里，泛于此池。**芳林園，**鄴中記曰：魏武所築，後避秦王諱，改名華林。後趙石虎建武十四年重修。然晉書載記言：虎用沙門之言，起男女六十萬人築華林苑，未詳其實。**靈芝園，**圖經載魏志云：太祖受封于鄴，東置芳林園，西置靈芝園。黄初二年，甘露降于園中。**靈芝池，**鄴中記云：此池在城西三里，黄初三年文帝鑿，至四年有鵜鶘集於池。疑此誤書洛陽故事。又引曹植詩曰：「清夜遊西園，飛蓋相追隨。」或曰西園即玄武苑是也。**華林苑，**石虎時，一沙門言胡運將衰，晉當復興，宜役晉人以厭其氣。季龍使尚書張群發近郡男女十六萬，車萬乘，運土築華林苑。周回數十里，及築長牆數十里。樂史寰宇記云：季龍于華林苑植人間名果。作蝦蟆車箱，闊一丈，深一丈，合土栽車中，所植無不生。苑後在南鄴城西，高齊修之，改名仙都苑云。**觀臺，**石虎所築，以臨漳水，故名曰觀臺。今磁州觀臺鎮是其地也。**鬭雞臺**，鄴中記曰：漳水南有玄武池，次東北五里有鬭雞臺。曹植詩曰：「鬭雞東郊道，走馬長楸間。」後石虎亦鬭雞于此。**戲馬臺**，一名閱馬臺。水經注云：漳水自西門豹祠北，經閱馬臺西。臺基高五丈，列觀其上。石虎每講武于漳水上，即升觀以望之，自于臺上放鳴鏑矢，以爲車騎出入之節。鄴都故事云：石虎建武六年，造此臺于鄴城西，漳水之南。虎時侍衛號曰龍騰，黑稍五千人，常以晦朔月望操練于此，漳水南張幟鳴鼓，列布騎卒，虎于臺上射骹箭一隻，其五千人悉馳馬從漳水之南聲集于臺下，于是隊督以下各有頒賚。虎又射一箭，其五千騎復集于漳水北，遂流散攢捉，旌旗紛錯，若數萬騎焉。樂史寰宇記云：虎常令人于馬上屈一腳立書而走，字皆正好。又衣伎兒作獼猴形，走馬或偃卧横行，名爲猿騎。

桑梓苑，晉書載記：永和三年，虎親耕籍田于桑梓苑。鄴中記云：鄴南城三里有桑梓苑，苑内有臨漳宫。水經亦云漳水右對趙氏臨漳宫。宫在桑梓苑，以地多桑木，故苑有其名。三月三日及始蠶之日，虎帥皇后等採桑于此。**臨漳宫**，語已見上。**永樂宫**，在城北七里。**梨園宫**，在城西十里。宋時爲國信傳食頓亭，今廢。**赤橋宫**，在城東七里。鄴中記曰：石虎嘗自襄國至鄴，二百里，每舍輒立一行宫，宫有一夫人，侍婢數十。又有鐘鼓禽獸，而置官司吏卒監守之。故于城南四十里又有安陽宫，八十里又有湯陰宫。然若臨漳、永樂、梨園、赤橋四宫，皆在城四方，遠不出十里，疑只當時遊獵之地耳。

紫陌橋，水經注云：漳水又北逕祭陌西。石虎建武十一年，造浮橋于此，改名紫陌。慕容儁投石虎尸及石虎爲佛圖澄作生墓處也。

紫陌宫，鄴中記曰：在城西北五里，石虎建于紫陌橋側。及齊時，因修爲濟口。帝巡幸及往并州，百官相餞，莫不至此而訣。文宣常將西巡，百官辭于紫陌。帝使矟騎圍之曰：「我舉鞭，一時刾煞。」淹留半日，文宣醉不能起，黄門侍郎是連子暢進曰：「陛下如此，諸臣恐怖。」文宣曰：「大怖耶？若然，不須殺。」乃命解圍。

天井堰，堰在紫湯橋下。鄴都故事云：西門豹爲鄴令，造十二渠以溉民田，其校史起脩之，民歌其利，故魏都賦曰：「西門溉其前，史起灌其後。」墱流十二，同源異口也。石虎修西門舊跡，亦分十二墱，相去三百步，令互相灌注，其流二十餘里，世號天井堰云。

右城外。

右鄴都北城。自曹操基搆，群臣梁習等，止用冀州民力，取上黨山林之材，制度壯麗見於文昌、聽政等殿，金虎、銅雀之臺，鳴鶴、楸梓之宫，奢淫未終，旋遭篡奪。石虎夷狄異類，藉勒威業，攘神器而有之，志溢氣驕。盛興宫室，銀楹金柱，珠簾玉壁。侈心不足，復命徙洛陽簴鐘、九龍、銅駝、飛簾置諸殿庭，造萬斛舟以渡之，載以四輪纏輞車。及其至也，大賚群臣，赦有罪，賜民爵。起一橋而費億萬之功，築一苑而役六十萬人。又造獵車千乘，轅長三丈，高一丈八尺，罝高一丈七尺。格獸車四十乘，立三級行樓二層于其上。自靈昌津南至滎陽，東極陽都，使御史監察其中，犯禽獸者罪至死。又大發百姓女二十以下十三以上三萬餘人以充後庭。郡縣要媚，務於美淑，奪人婦者九千人，殺其夫及遣而縊死者三千人。方其遺子宣祈於山川，因而遊獵，乘大輅，羽葆華蓋，建天子旌旗，十有六軍，戎卒十八萬，出自金明門。虎從其後宮升凌霄觀望之，乃笑曰：「我家父子如是，自非天崩地陷，當復何愁！」未久，父子兄弟更相屠鱠，尸浮漳濱，家無噍類，積惡不已，舍滅亡何適哉！石氏都鄴十九年，其事無足道者，特志其奢虐之跡，嗚呼！亦足垂後世鑒矣。

鄴都南城在鎮東南三里。魏孝文太和十八年，自雲中遷都洛陽，經鄴宮，留數日。臨引軍發，懸飯一匏于城門上而去，尚書崔光語人曰：「掛飯者，懸飱也。後世玄孫必興于此。」至孝武永熙三年，高歡逼帝西入關，乃立清和王亶之子善見于洛陽東北，改元天平。以十月丙子，車駕北遷于鄴。十一月庚寅，至鄴，居北城。改相州爲司州牧。以魏郡、林慮、廣平、陽邱、汲郡、黎陽、東濮、清河、廣宗等爲皇畿。于城東置臨漳縣，城西置鄴縣，城東北置成安縣。臨漳三百鄉，鄴縣五百鄉，成安三百五十鄉。二年八月，發衆七萬八千營新宮。元象元年九月，發畿内十萬人城鄴，四十日罷。二年，帝徙御新宮，即南城也。鄴中記云：城東西六里，南北八里六十步。高歡以北城窄隘，故令僕射高隆之更築此城。掘得神龜，大踰方丈，其堵堞之狀，咸以龜象焉。北史高隆之傳云：隆之營構大將，以十萬夫徹洛陽宮殿，運于鄴。構營之制，皆委隆之。增築南城，周迴二十五里，以漳水近城，起長堤爲防。又鑿渠引漳水周流城郭，以造水碾磑云。十一門，南面三門：東曰啟夏門，中曰朱明門，鄴中記云：門上起樓，勢屈曲，隨城上下。東西二十四門，朱柱白壁，碧窗朱户，仰宇飛簷，五色晃耀，獨雄于諸門，以爲南端之表也。西曰厚載門。東面四門：南曰仁壽門，次曰中陽門，次北曰上春門，北曰昭德門。西面四門：南曰上秋門，次曰西華門，次北曰乾門，北曰納義門。南城之北，即連北城，其城門以北城之南門爲之。

右城門。

宮室鄴中記云：宮東西四百六十步，南北連後園，至北城，合九百步。東西南北表裏合二十一闕，高一百尺。磚文隱起鳥獸花草之狀，并大齊天保六年字，又有千秋萬歲字。止車門，鄴中記云：止車門内，次至端門，端門之内，次至閶闔門。閶闔門，南直止車門，北直太極殿，蓋宮室之外正門也。鄴中記云：其門崢嶸聳峙，千雲迴出，飛簷峻宇，梁楸歆危，綺井隆崇，搏風薄霧，高窗鳥影，晚日留暉，寶鐸鏗鏘，隨風合韻。過其下者，莫不駭目，自驚恍惚如失也。鄴中記又云：清都觀在閶闔門上，其觀兩相屈曲，爲閣數十間，連闕而上。觀下有三門，門扇以金銅爲浮漚釘，懸鐸振響。天子講武，觀兵及大赦登觀臨軒，其上坐容千人，下亦數百。門外御路，直南及東西兩傍，有大槐柳，十步一株，清陰合其上，緑水流其下。雲龍門，神虎門，鄴中記云：端門之内，太極殿前，東西有街，東出雲龍門，西出神虎門，朝官至此門，則整肅衣冠而入。蓋太極殿前，直端門，疑有屏垣，故于端門之内，東西復作此二門也。太極殿，鄴中記云：閶闔門之内有太極殿。故事云：其殿周迴一百二十柱，基高九尺，以珉石砌之。門窗以金銀爲飾，外畫古忠諫直臣，内畫古賢酣興之士。椽栿斗拱，盡以沉香木，椽端復裝以金獸頭，每間綴以五色朱絲網，上屬飛簷以礙燕雀。堦間石面隱起千秋萬歲字，諸奇禽異獸之形。瓦用胡桃油，光輝奪目。有外客國使諸番入朝，則殿幕垂流蘇以覆之。殿上金葱臺十三枚，各受一石云。太極東堂，在殿之東。太極西堂，在殿之西。朱華門，鄴中記云：太極殿後三十步，至朱華門，門内即昭陽殿。北史：周師逼鄴，高緯與皇太后引文武一品以上，入朱華門賜酒食及紙筆，問御周方略。

昭陽殿，在太極殿後，朱華門内。鄴中記云：殿東西各有長廊，廊上置樓，並安長囱，垂珠簾，通于内閤。每至朝集大會，皇帝臨軒，則宫人盡登樓奏樂，百官列位，詔命仰聽絃管，頒賚，侍從群臣皆稱萬歲。太史長史唱訖，絲竹競發，金石和鳴。齋午之際，所司進奏訖，群臣班退。自高緯天統之末，躭淫無度，或一入内，經旬不朝，文武簪裾，虚位而散矣。鄴都故事云：此殿周回七十二柱，基高九尺，以文石砌之。門窗盡飾以鏤金，欄楯盡以沉香木爲之。外畫東漢二十八將，内畫孝子順孫。梁拱間刻出奇禽異獸，或蹲或踞，或騰逐往來。椽首叩以金獸，乃懸五色珠簾，冬施蜀錦帳，夏施碧油帳。殿上有金葱臺十三枚，各受七斗云。東閤，西閤，二閤在昭陽殿東西。含光殿，凉風殿，鄴中記曰：昭陽殿東有長廊，通東閤，閤内有含光殿，西有長廊，通西閤，閤内有凉風殿。内外通廊往還，流水珍木，香草布護堦庭。此則劉桃枝絞殺咸陽王斛律明月處也。永巷，昭陽殿後。五樓門，鄴中記曰：昭陽殿後有永巷，巷北有五樓門，門内則帝後宫嬪御所居之處也。顯陽殿，北史曰：天保二年，改顯陽還爲昭陽。或曰此昭陽後殿也，後移顯陽名之爾。宣光殿，鄴中記曰：昭陽殿後有永巷，巷北有五樓門。門内則帝後宫，有左右院，左院有殿，名顯陽，右院有殿，名宣光。鏡殿，寶殿，瑇瑁殿，北史言：高緯起此三殿于後宫嬪嬙諸院中，丹青彫刻，妙極當時。修文殿，偃武殿，鄴中故事云：齊武成帝高湛，河清中，以後宫嬪妃稍多，椒房既少，遂拓破東宫，更造修文、偃武二殿及聖壽堂，裝飾用玉珂八百，大小鏡萬枚，又以曲鏡抱柱，門囱並用七寶裝飾，每至玄雲夜興，晦魄藏耀，光明猶分數十步。北史言：高緯增益宫院，造修文、偃武臺，丹青彫刻，妙極當時。疑在此二殿之後築之，故因以名焉。或曰即二殿也。聖壽堂，鄴中記曰：在修文、偃武殿後，其堂亦用玉珂八百具，大小鏡二萬枚，又爲曲鏡抱柱，丁香末以塗壁，胡桃油以塗瓦，四面垂金鈴萬餘枚，每微風至，則方圓十里間響聲皆徹。兩廂廊下悉有洞户寢臺，畫古賢烈女，蓋此堂裝飾與二殿大同小異耳。玳瑁樓，鄴中記曰：聖壽堂北置門，門上有玳瑁樓，純用金銀裝飾，懸五色珠簾，白玉鈎帶，内有鍮石床數合，用相思子玳瑁爲龜甲文，鋪以十色錦繡褥也。後園。鄴中記曰：宮北有後園，其中惟有萬壽堂見于北史。

右宮内。

南城自興和遷都之後，四民輻湊，里閭闐溢，蓋有四百餘坊，然皆莫見其名，不獲其分布所在。其有可見者，有東市，在東郭。西市，在西郭。東魏太廟，在朱明門内南街之東。大司馬府，在端門外街東，南向。御史臺，在端門外街西，臺門北向，取陰殺之義也。内有符節署，符璽郎二人，蓋御史之官屬也。鄴城新記曰：北齊尚書辛術鎮廣陵，獲歷代傳國璽送之鄴。文宣以璽告太廟，即秦之所制，而孫盛所謂真藍田璞者也。其璽方四寸，鈕交蟠龍。璽文秦相李斯書，文曰：「受命于天，既壽永昌。」一角缺者，昔王莽令王舜求璽于元后，后怒，投之于地故也。自漢傳之魏、晉，晉亡，劉聰獲之。劉氏亡，石勒獲之。石氏及冉閔亡，歸于東晉。東晉亡，宋獲之。宋亡，齊獲之。齊亡，梁獲之。侯景作亂，將以自隨，命其侍中趙思賢掌之，曰：「我若敗，以璽沉江，勿令吴兒復得也。」思賢有二馬，一以負金，一以負璽。及京口，遇反者，將渡江，而負金之馬爲賊所執。負璽者躍而登舟，得至北岸。路復逢賊，遂棄草中。既至廣陵，以告郭元建。建求得之，遂付辛術，送于鄴云。晉書：穆帝永和八年，冉閔子智以鄴降，督護戴施獲其傳國璽，送之，文曰：「受天之命，皇帝壽昌，百僚畢賀。」北史：後魏太平真君七年，詔諸州阬沙門，毁佛像。夏四月，毁鄴城五層佛圖，於泥像中得玉璽二，其文皆曰：「受命于天，既壽永昌。」其一刻其傍曰：「魏所受漢傳國璽。」夫以晉史按馬温之言，則東晉所獲冉閔璽，其文各異。以北史按馬温之言，則後魏所獲泥像中璽，其文乃同。意古人爲佛圖時，嘗別得二璽藏之，不然，魏得漢國璽而藏于泥像中，甚亡謂也。使漢璽已藏棄，則晉復得魏何璽耶？且北史言齊天保三年夏四月壬申，東南道行臺辛術於廣陵送傳國八璽，而馬溫止記秦漢所傳一璽，其言似出于傅會，或取其一璽載之爾。夫但載一璽，則東晉所獲冉閔璽，其文不當有異，以是知其非實，故括諸書所載，以俟後之君子。尚書省卿寺，鄴中記曰：尚書省及卿寺百司，自令僕而下，至二十八曹，並在宮闕之南。司州牧廨，鄴中記曰：在北齊太廟北。又云：天平元年，改相州爲司州，統縣十二。清都郡，鄴中記曰：在仙都苑東，本魏郡。齊志云：河清三年，武成改爲清都，管縣八。此二者未詳。京畿府，在城北。齊文宣嘗登三臺四望，問成王元歆曰：「光武曷以中興？」歆曰：「以誅之不盡。」文宣于是有誅滅之意。元歆尋亦下京畿獄，死于獄中。

齊録尚書事和士開宅，在朱明門内南街之西。魏尚書元文遥宅，在南街次西。齊儀同三司劉臻宅，在啟夏門内。司徒唐元邕宅，在御史臺南。高昌王劉龍虎宅，在次西。昌黎王韓長鸞宅，在御史臺南。録尚書事司馬子如南宅，按：北史在北城下。東魏孝静帝初禪位，即居焉。魏大丞相渤海王高歡宅，鄴都故事云：歡爲魏丞相，所居在北城文昌殿之東南。後文襄及彭城王並遇害于此。周師平鄴，尉遲迥自殺于此宅樓上。齊左丞相咸陽王斛律明月宅，在城北，今其所居之地爲南、北斛律二村。雙堂，北史：堂在城東。高澄遇賊之時，文宣蓋在此堂。然史又言，河清二年，詔以城南雙堂之苑，造大總持寺。則城東、城南皆有雙堂及苑矣。仰觀堂，在城内，當殿闕之東南。興和元年，與城同築，周回二十八步，高二丈六尺。石橋，鄴中記曰：王城東五里。南北長一百尺，東西闊二丈九尺，高一丈九尺。元象二年，僕射高隆之造。當時以橋北爲東市，即古萬金渠也。

遊豫園，周回十二里，内包葛屨山，作臺于上。鄴都故事云：齊文宣天保七年，于銅雀臺西、漳水之南築此園，以爲射馬之所。清風園，在鄴南。鄴都故事云：後主緯以此園賜穆提婆。于是官無蔬菜，賒買于民，負錢三百萬。蓋此園乃蔬圃也。華林園，鄴中記云：齊武成增飾華林園，若神仙所居，遂改爲仙都苑。北史魏收傳言：武成于華林園中作玄洲苑，備山水臺觀之美，疑即仙都也。其苑中樓觀山池，自周平齊之後，並毁廢。玄洲苑，仙都苑，語已見上。苑中封土爲五岳。並隔水相望。五岳之間，分流四瀆爲四海，匯爲大池，又曰大海。海池之中爲水殿。周回每池中通船，行處可二十五里。中有龍舟六艘，又有鯨魚、青龍、鷁首、飛隼、赤鳥等舟。十二間，四架，平坐廣二丈九尺，基高二尺四寸，户八窗。殿脚船二隻，各長五丈二尺。上作四面步廊，周回四十四間，三架，悉皆彩畫。垂五色流蘇帳帷，栿懸玉珮，柱上掛方鏡，下懸織成香囊，用錦褥爲地衣，花獸連鉤，皆純金，飾以孔雀、山雞、白鷺、翡翠毛。彩物光明，奪人目力，不能久視焉。其中岳嵩山北，有平頭山，東西有輕雲樓，架雲廊十六間。南有峨嵋山。小山東西屈頭，南向，若峨嵋也。山之東頭有鸚鵡樓，以緑瓷爲瓦，其色似鸚鵡，因名之。其西有鴛鴦樓。以黄瓷爲瓦，其色似鴛鴦，因名之。北岳南有玄武樓，樓北有九曲山，山下有金花池，池西有三松嶺。次南有凌雲城，西有陛道，名曰通天壇。大海之北，有飛鸞殿。其殿十六間，五架，青石爲基，珉石爲柱礎，鐫作蓮花形，梁棟楹柱皆苞以竹，作千葉金蓮花三等束之。其上舒葉，長一尺八寸，斑竹以爲椽。織五色簟爲水波紋，以作地衣。内垂五色珠簾，麒麟錦以爲緣，白玉以爲鈎。後有長廊，簷下引水，周流不絶。其南有御宿堂。此堂盡用鐵裝，庭前有仙人慱山石，方二尺五寸，石色赤，其堅不可鑿，不知何方所獻。其東有井，以玉砌之。堂前白櫻桃二株，實大如彈丸，又有鈎鼻桃二株，實大可三斤云。其中有紫微殿，内畫義夫，外畫節婦。宣風觀、千秋樓，在七盤山上。屈曲而上，故曰七盤山。有數峰：東曰散日，西曰隱月，東北曰停鸞嶺，西北曰駐鶴。又有含霜障，白露嶺。又有遊龍觀、大海觀、萬福堂，此堂廈頭名曰遊龍户、舞鳳窗。蓋户掛鏡面三尺，五色金龍相蟠縈，作花樹芳草，隱起七尊，以七寶飾之。又用孔雀、山雞、白鷺、翡翠毛當鏡上，作七寶金鳳，高一尺七寸，口銜九金鈴。堂内柱亦懸菱花鏡，廣二尺一寸，下懸織成香囊繡帶焉。流霞殿，已上一觀、一堂、一殿，並在紫微殿左右。

修竹浦，在紫微殿北。連璧洲，在紫微殿内。杜若洲，靡蕪島，三休山。東有悲猿峰，西有忘歸嶺，南有黄雀嵓。已上並在大海中。西海有望秋觀、臨春觀，隔水相望。海池中又有萬歲樓。樓西有長楸馬埒，每歲春秋，妃嬪内貴馬射之處也。北海中有密作堂，堂周回二十，四架，以大船浮之于水，爲激輪于堂，層層各異，下層刻木爲七人，相對列坐，一人彈琵琶，一人擊胡鼓，一人彈箜篌，一人搊箏，一人振銅鈸，一人拍板，一人弄盤，並衣之以錦繡，其節會進退俯仰，莫不中規。中層作佛堂三間，佛事精麗。又作木僧七人，各長三尺，衣以繒綵。堂西南角，一僧手執香奩，東南角一僧手執香爐而立，餘五僧繞佛左轉行道。每至西南角，則執香奩僧以手拈香，授行道僧，僧舒手受香。復行至東南角，則執香爐僧舒手授香于行道僧，僧乃舒手置香于爐中，遂至佛前作禮，禮畢，整衣而行，周而復始，與人無異。上層亦作佛堂，傍列菩薩及侍衛力士。佛坐帳上刻作飛仙，循環右轉，又刻畫紫雲飛騰，相映左轉，往來交錯，終日不絶。並黄門侍郎博陵崔士順所製，奇巧機妙，自古未有。貧兒村，齊後主高緯天統末，于密作堂側，率諸内人、閹官等作貧兒村。編蒲爲蓆，剪茅爲房，斷經之薦，折簀之床，故破韓履，糟糠飲食，陷井藜藋，短匙破廠，蒿簷不蔽風雨。緯與諸妃嬪遊戲其中，以爲笑樂。傍作一市，多置貨物，緯躬爲市，令胡妃坐店賣酒，而令宫人交易其中，往來無禁，三日而罷。嗚呼，人之昏愚，有若是哉。高陽王思宗城。高緯于苑内作小城，令思宗爲城主，緯親率閹官，集衛士，圍城鼓噪，矢石亂發，一日一夜攻破西北隅，思宗東走，爲戰兵所擒。後周師入鄴，緯獨與其家僮宦者數百人走青州，尉遲勤擒送周。此將亡之兆也。已上並在仙都苑中。

右城内城外雜録。

右鄴都南城，其制度蓋取諸洛陽與北鄴。然自高歡營之，高洋飾之，卑陋舊貫，每求過美，故規模密于曹魏，奢侈甚于石趙。夫以洋之才，征伐四克，威振戎夏。一旦沉湎矜伐，崇修宫室，殫淫巧，竭財力，焦思盡智，繼之以狂惑喪心，靡所不至。厥後，蹈襲奢跡，去而不反。高緯增益宫苑，夜則以火照作，寒則以湯爲泥，百工困窮，無有休息。當是時也，忠良被刳剔，犬馬蒙爵位。宫中一裙直萬疋，鏡臺直千金，競爲變巧，朝成夕弊，侈心既厭，乃作貧兒村以爲戲樂。嗟乎！周師至矣，實欲丐身爲貧兒不可得也。初，武成令宫中多凝白粧，畫眉不復用黛，惟以烟墨，皆剪剔其髮，以著假髻，而危邪之狀如飛鳥，至於南面則髻心正西，始自宫内爲之，被于四遠。天意若曰：「元首剪落，危側當走西也。」及周師克晉陽，使梁師彦爲守，後主帥師攻之，城陷十步，將士乘勝欲入，後主令待馮淑妃共觀之，淑妃以粧洗，不獲時至，周師復振，齊軍遂潰而亡。今覽北史及鄴中記，蓋又有建始、嘉福、仁壽、二殿，天保二年十月與宣光殿同建。金華、天保七年四月建。九龍、天統三年，九龍殿災。瑶華諸殿，四年，昭陽殿災及宣光、瑶華諸殿。含章、高澄幽東魏孝静于含章堂。流杯、鄴中記：此堂亦以珉石爲柱礎，青石爲基，白石爲地基，餘奢飾尤盛。蓋椽頭皆安八出金蓮花，柱上又有金蓮花十枝，銀鉤掛網，以禦鳥雀焉。喜音、鄴中記曰：在流杯堂後，裝飾皆相似。乾壽諸堂武成死于此堂。及華林都堂。東魏元象元年，幸此堂聽訟。麟趾閣，興和二年，以群臣于麟趾閣議定新制，班行天下。文林館，武平四年置。考之諸書，不見其所在。北史曰：九龍殿災，延燒西廊，則九龍殿當在西廊前後矣。昭陽殿災，及宣光、瑶華等殿，則瑶華殿當在後宫，近宣光殿矣。然曰等殿者，豈非建始、嘉福、仁壽之謂耶？姑備載之，俟博覽者。

歷代宅京記卷之十三

建康

吳

吳志孫權傳曰：建安十六年，自吳徙治秣陵。十七年，城石頭，改秣陵爲建業。張紘傳曰：紘建計宜出都秣陵，權從之。注引江表傳曰：紘謂權曰：「秣陵，楚武王所置，名爲金陵。地勢岡阜連石頭，訪問故老，云昔秦始皇東巡會稽經此縣，望氣者云金陵地形有王者都邑之氣，故掘斷連岡，改名秣陵。今處所具存，地有其氣，天之所命，宜爲都邑。」權善其議，未能從也。後劉備之東，宿于秣陵，周觀地形，亦勸權都之。權曰：「智者意同。」遂都焉。

黄初二年，自公安都鄂，改名武昌。

黄龍元年秋九月，遷都建業，因故府不改館。

赤烏八年秋八月，遣校尉陳勳將屯田及作士三萬人鑿句容中道，自小其至雲陽西城，通會市，作邸閣。

十年春二月，權適南宮。三月，改作太初宮，諸將及州郡皆義作。江表傳載權詔曰：「建業宮乃朕從京來所作將軍府寺耳，材柱率細，皆已腐朽，常恐損壞。今未復西，可徙武昌宮材瓦，更繕治之。」有司奏言曰：「武昌宮已二十八歲，恐不堪用，宜下所在通更伐致。」權曰：「大禹以卑宮室爲美，今軍事未已，所在多賦，若更通伐，妨損農桑。徙武昌材瓦，自可用也。」建康宮殿簿曰：太初宮中有神龍殿，去縣三里。左太沖吳都賦云「抗神龍之華殿」是也。赤烏殿在縣東北五里。

十一年春三月，宮成。

孫亮傳曰：五鳳二年冬十二月，作太廟。

孫皓傳曰：甘露元年秋九月，從西陵督步闡表，徙都武昌。寶鼎元年冬十二月，還都建業。二年夏六月，起顯明宮，冬十二月，皓移居之。太康地記曰：吳有太初宮，方三百丈，權所起也。昭明宮，方五百丈，皓所作也。避晉諱，故名顯明。吳歷云：顯明在太初之東。江表傳曰：皓營新宮，二千石以下皆自入山督攝伐木。又破壞諸營，大開園囿，起土山樓觀，窮極伎巧，工役之費以億萬計。陸凱固諫，不從。

陸凱傳：上疏言：「武昌土地，實險危而塉确，非王都安國養民之處，船泊則沉漂，陵居則峻危，且童謠言：『寧飲建業水，不食武昌魚，寧還建業死，不止武昌居。』臣聞翼星爲變，熒惑作妖，童謠之言，生于天心，乃以安居而比死，足明天意，知民所苦也。」

宋書禮志曰：孫權始都武昌及建業，不立郊兆。至末年，太元元年十一月，祭南郊，其地今秣陵縣南十餘里郊中是也。

又曰：孫權于建業立兄長沙桓王策廟于朱爵橋南。權卒，子亮代立。明年正月，於宮東立權廟曰太祖廟。孫皓追尊父和曰文皇帝，寶鼎二年立廟京邑，號曰清廟。

晉

晉書元帝本紀曰：建武元年春三月，立宗廟、社稷於建康。冬十一月丁卯，立太學。太興元年冬十一月，新作聽訟觀。

禮志曰：太興二年，立南郊於巳地。

成帝本紀曰：咸和四年春正月，蘇碩攻台城，焚太極東堂、秘閣，皆盡。二月，以建平園爲宮。

五年秋九月，造新宮，始繕苑城。

世説曰：桓宣武移鎮南州，制街衢平直，人謂王東亭曰：「丞相初營建康，無所因承，而制置紆曲，方此爲劣。」東亭曰：「此丞相乃所以爲巧，江左地促，不如中國，若使阡陌條暢，則一覽而盡，故紆餘委曲，若不可測。」

七年冬十二月庚戌，帝遷于新宮。

八年春正月辛亥，詔曰：「昔犬賊縱暴，宮室焚蕩，元惡雖翦，未暇營築。有司屢陳朝會逼狹，遂作斯宮，子來之勞，不日而成。既獲臨御，大饗群后，九賓充庭，百官象物。知君子勤禮，小人盡力矣。思蠲密網，咸同斯惠，其赦五歲刑以下。」

禮志曰：咸和八年正月，於覆舟山南立北郊。

又曰：咸和中，詔內外諸軍戲兵於南郊之場，故其地因名鬭場。

宋書禮志曰：明帝大寧三年七月，始詔立北郊，未及建而帝崩，故成帝咸和八年正月，追述前旨，於覆舟山南立之。本紀又曰：咸康二年冬十月，新作朱雀浮桁。

三年春正月辛卯，立太學。宋書禮志曰：孝武時，以太學在水南懸遠，有司議依升平元年，於中堂權立行太學。

禮志曰：海西公於鍾山立流杯曲水，延百僚。

孝武帝本紀曰：太元三年春二月乙巳，作新宮，帝移居會稽王邸。秋七月辛巳，帝入新宮。

王彪之傳曰：彪之與謝安共掌朝政。安欲更營宮室，彪之曰：「中興初，即位東府，殊爲儉陋，元、明二帝亦不改制。蘇峻之亂，成帝止蘭臺都坐，殆不蔽寒暑，是以更營修築。方之漢、魏，誠爲儉狹，復不至陋，殆合豐約之中，今自可隨宜增益修補而已。彊寇未殄，正是休兵養士之時，何可大興功力，營擾百姓耶！」安曰：「宮室不壯，後世謂人無能。」彪之曰：「任天下事，當保國寧家，朝政惟允，豈以修屋宇爲能耶！」安無以奪。故終彪之之世，不改營焉。彪之以太元二年十月卒。

謝安傳曰：是時宮室毁壞，安欲繕之，尚書令王彪之等以外寇爲諫，安不從，竟獨決之。宮室用成，皆仰模玄象，合體辰極，而役無勞怨。

徐廣晉紀曰：孝武寧康二年，尚書令王彪之等啟作新宮。太元三年二月，内外軍六千人始營築，至七月而成。太極殿，高八丈，長二十七丈，廣十丈，尚書謝萬監視，賜爵關内侯，大匠毛安之關中侯。此言啟作新宮出于彪之，似未審。

宋明帝文章志曰：太元中新宮成，議者欲屈王獻之題榜，以爲萬代寶。謝安與王語次，因及魏時起凌雲閣，忘題榜，乃使韋仲將懸梯上題之，欲以此風動其意。王解其旨，正色曰：「此奇事，韋仲將魏朝大臣，寧可使其若此，有以知魏德之不長。」安知其心，乃不復逼之。

本紀又曰：六年春正月，帝初奉佛法，立精舍于殿内，引諸沙門以居之。

十六年春正月庚申，改築太廟。秋九月，新廟成。

禮志曰：太廟殿，正室十四間，東西儲各一間，合十六間，棟高八丈四尺。

本紀又曰：十七年秋八月，新作東宮。

二十一年春正月，造清暑殿。

夏四月，新作永安宮。

二十一年秋九月庚申，帝崩于清暑殿。帝爲清暑殿，有識者以爲「清暑」反爲「楚聲」，哀楚之徵也。俄而帝崩。

王雅傳曰：帝起清暑殿于後宮，開北上閤，出華林園，與美人張氏同遊止，惟雅與焉。

宋書五行志曰：晉孝武太元中立内殿，名曰清暑，少時而崩。時人曰「清暑」者反言「楚」聲也，果有哀楚之聲。有人曰：「非此之謂也。讖云：代晉者楚。」及桓玄篡逆，自號曰楚。

桓玄傳曰：將修殿宇，乃移入東宮。又開東掖、平昌、廣莫及宮殿諸門，皆爲三道。

宋書禮志曰：晉氏南遷，立南郊于巳地。

宋帝本紀曰：義熙十年，城東府。宋書武帝本紀亦曰：義熙十年，築東府，起府舍。

宋

南史宋文帝本紀曰：元嘉十五年秋七月，新作東宮。

宋書文帝本紀曰：元嘉二十年春正月，於臺城東西開萬春、千秋二門。

宋書禮志曰：元嘉二十年，度宫之辰地八百之外，整制千畝，開阡陌。立先農壇于中阡西陌南，御耕壇于中阡東陌北。

又曰：元嘉二十年，復立國子學，二十七年廢。

又曰：禮，左宗廟，右社稷。歷代遵之，故洛京社稷在廟之右，而江左又然也。吴時，宫東門雩門，疑吴社亦在宫東，與廟同所也。宋仍舊，無所改作。

二十三年築北堤，立玄武湖於樂遊苑北，築景陽山於華林園。何尚之傳曰：上欲於湖中立方丈、蓬萊、瀛洲三神山，尚之固諫，乃止。

二十五年夏四月乙巳，新作閶闔、廣莫二門，改先廣莫門曰承明，開陽門曰津陽。

孝武帝本紀曰：孝建元年春正月，起正光殿。

大明三年秋九月壬辰，於玄武湖北立上林苑。

禮志曰：孝武大明三年九月，尚書右丞徐爰議郊祀之位，遠古蔑聞。禮記：「燔柴於泰壇，祭天也。兆於南郊，就陽位也。」漢初，甘泉河東禋埋易位，終亦徙于長安南北。光武紹祚，定二郊雒陽南北。晉氏過江，悉在北。及郊兆之議，紛然不一。又南出道狹，未議開闡，遂于東南巳地創立邱壇。皇宋受命，因而弗改。且居民之中，非邑外之謂。今聖圖重造，舊章畢新，南驛開塗，陽路修遠。謂宜移郊正午，以定天位。博士司馬興之、傅郁、太常丞陸澄並同爰議。乃移郊兆於秣陵牛頭山西，正在宮之午地。世祖崩，前廢帝即位，以郊舊地爲吉祥，移還本處。

又曰：北郊，晉成帝世始立，本在覆舟山南。宋太祖以其地爲樂遊苑，移於山西北。後以其地爲北湖，移於湖塘西北。其地卑下泥濕，又移於白石村東。其地又以爲湖，乃移於鍾山北原道西，與南郊相對。後罷白石東湖，北郊還舊處。南史宋孝武帝紀曰：大明五年夏五月，起明堂於國學南丙巳之地。

又曰：大明三年冬十一月甲子，立皇后蠶宮于西郊。

隋書禮儀志曰：宋孝武大明四年，始于臺城西白石里，爲西蠶，設兆域，置大殿七間。又立蠶觀。

五年秋閏九月丙申，初立馳道，自閶闔門至于朱雀門，又自承明門至于玄武湖。

六年夏四月庚申，新作大航門。

五月丙戌，置凌室于覆舟山，修藏冰之禮。

七年冬十二月己未，于博望梁山立雙闕。

武帝本紀曰：孝武大明中，壞上所居陰室，于其處起玉燭殿，與群臣觀之。床頭有土障，壁上挂葛燈籠、麻蠅拂。侍中袁顗盛稱上儉素之德。孝武不答，獨曰：「田舍公得此，已爲過矣。」

景和元年秋八月庚辰，以石頭城爲長樂宫，東府城爲未央宫。甲申，以北邸爲建章宫，南第爲長陽宫。

己丑，復立南北兩馳道。

良吏傳曰：晉世諸帝，多處内房，朝宴所臨，東西二堂而已。孝武末年，清暑方搆，高祖受命，無所改作，所居惟稱西殿，不制嘉名，太祖因之，亦有合殿之稱。及世祖承統，制度奢廣，犬馬餘菽粟，土木衣綈繡，追陋前規，更造正光、玉燭、紫極諸殿，雕欒綺節，珠窗網户，嬖女幸臣，賜傾府藏。

齊

南齊書高帝本紀曰：建元二年夏五月，立六門都牆。

王儉傳曰：上壞宋明帝紫極殿，以材柱起宣陽門。儉與褚淵及叔父僧虔連名上表諫，上手詔酬納。

宋世外六門設竹籬，是年初，有發白虎樽者，言：「白門三重門，竹籬穿不完。」上感其言，改立都牆。儉又諫，上答曰：「吾欲令後世無以加也。」

王儉集有諫壞宋明帝紫極殿以材柱起宣陽門表，其文曰：「臣聞德者身之基，儉者德之輿。春臺將立，晉卿秉議；北宮肇構，漢臣盡規。被二君者，或列國常侯，或守文中主，尚使諫諍在義即悦，況陛下聖哲應期，臣等職司隆重，敢藉前誥，竊乃有心。陛下登庸宰物，節省之教既昭，龍衮璇極，簡約之訓彌遠。乾華外構，采椽不斲，紫極故材，爲宣陽門，臣等未譬也。夫移心疾于股肱，非良醫之美；畏影迹而馳騖，豈静處之方？且又三農在日，十畛咸事，輟望歲之勤，興土木之役，非所以宣昭大猷，光示遐邇。若以門居宫南，重陽所屬，年歲稍久，漸就淪胥，自可隨宜修理而合度，改作之煩，於是乎息。所啟謬合，請付外施行。」

武帝本紀曰：永明元年春正月甲子，築青溪舊宫。

梁書阮孝緒傳：建武末，青溪宫東門無故自崩，大風拔東宫門外楊樹。或以問孝緒，孝緒曰：「青溪皇家舊宅。齊爲木行，東者木位，今東門自壞，木其衰矣。」

南史齊和帝紀：永明中，望氣者云新林、婁湖、青溪並有天子氣，於其處大起樓苑宮觀，武帝屢遊幸以應之。又起舊宮于青溪，以弭其氣。而明帝舊居東府城西，延興末，明帝龍飛，至是梁武帝衆軍城于新林，而武帝舊宅亦在征虜。二年秋七月癸未，詔曰：「夫樂所自生，先哲垂誥，禮不忘本，積代同風。是以漢光遲回于南陽，魏文殷勤于譙國。青溪宮體天含暉，則地棲寶，光定靈源，允集符命。在昔期運初開，經綸方遠，繕築之勞，我則未暇。時流事往，永惟哽咽，朕以寡薄，嗣奉鴻基，思存締構，式表王迹。考星創制，揆日興工，子來告畢，規模昭備。宜申釁落之禮，以暢感慰之懷，可克日小會。」八月丙午，車駕幸舊宮小會，設金石樂。

梁書南平王偉傳：齊世，青溪宮改爲芳林苑。天監初，賜偉爲第，偉又加穿築，增植嘉樹珍果，窮極雕麗，每與賓客遊其中，命從事中郎蕭子範爲之記。

王儉傳曰：永明三年，省總明觀，于儉宅開學士館。南齊書王諶傳：宋末領東觀祭酒，即明帝所置總明觀也。

本紀又曰：五年秋九月辛卯，車駕幸商飆館。館，上所立，在孫陵岡，世呼爲「九日臺」者也。

冬十月，初起新林苑。

十一年秋七月，上大漸，詔曰：「内殿鳳華、壽昌、耀靈三處，是吾所治製。夫貴有天下，富兼四海，宴處寢息，不容乃陋，謂此爲奢儉之中，慎勿壞去。」

鬱林王本紀曰：毁世祖招婉殿，乞閹人徐龍駒爲齋。

明帝本紀曰：建武元年冬十一月，詔省新林苑，先是民地，悉以還主，原責本直。

二年冬十月丁卯，詔曰：「軌世去奢，事殷哲后，訓物以儉，理鏡前王。朕屬流弊之末，襲澆浮之季，雖恭己弘化，刻意隆平，而禮讓未興，奢華猶競。永覽玄風，競言集愧，思所以還淳改俗，反古移民。可罷東田，毁興光樓。」

本紀又曰：廢文帝所起太子東田，斥賣之。蓋文惠太子所起。

又曰：帝潛信道術，巫覡云：「後湖水頭經過宫内，致帝有疾。」帝乃自至太官行水溝，左右啟：「太官若無此水則不立。」帝決意塞之，欲南引淮流。會崩，事寢。

東昏侯本紀曰：後宫遭火之後，更起仙華、神仙、玉壽諸殿，刻畫雕綵，青荮金口帶，麝香塗壁，錦幔珠簾，窮極綺麗。縶役工匠，自夜達曉，猶不副速，乃剔取諸寺佛刹殿藻井仙人騎獸以充足之。世祖興光樓上施青漆，世謂之青樓。帝曰：「武帝不巧，何不純用琉璃。」

三年夏，於閲武堂起芳樂苑，山石皆塗以五綵，跨池水立紫閣諸樓觀，壁上畫男女私褻之像。種好樹美竹，天時盛暑，未及經日，便就萎枯。于是徵求民家，望樹便取，毀撤牆屋以移致之，朝栽暮拔，道路相繼，花藥雜草，亦復皆然。

梁

梁書武帝本紀曰：天監元年冬十一月己未，立小廟。

四年春二月，立建興苑于秣陵建興里。

五年秋八月辛酉，作太子宮。

六年秋八月，京師大水，因濤入，加御道七尺。

九月乙亥，改閱武堂爲德陽堂，聽訟堂爲儀賢堂。

七年春正月戊戌，作神龍、仁虎闕于端門、大司馬門外。

二月乙卯，新作國門于越城南。

九年春正月庚寅，新作緣淮塘，北岸起石頭迄東冶，南岸起後渚籬門迄三橋。

十年，初作宮城門三重樓及開二道。

十一年春三月丁巳，築西静壇于鍾山。

十二年春二月辛巳，新作太極殿，改爲十三間。南史曰：以從閏數。江淹銅劍讚序曰：今太極殿前兩大銅鐘，周景王鑄也。

夏六月癸巳，新作太廟，增基九尺。庚子，太極殿成。

冬十月丁亥，詔曰：明堂地勢卑濕，未稱乃心。外可量就埤起，以盡誠敬。

普通二年夏四月乙卯，改作南北郊。

丙辰，詔曰：夫欽若昊天，歷象無違，躬執耒耜，盡力致敬，上協星鳥，俯順民時，平秩東作，義不在南。前代因襲，有乖禮制，可于震方，簡求沃野，具兹千畝，庶允舊章。

三年秋八月辛酉，作二郊及藉田並畢。

魏書蕭衍傳曰：衍崇信佛道，於建業起同泰寺，又于故宅立光宅寺，于鍾山立大愛敬寺，兼營長千二寺，皆窮工極巧，殫竭財力，百姓苦之。

大同七年冬十二月丙辰，於宫城西立士林館，延集學者。增廣生員，立五館，置五經博士。天監初，則何佟之、賀瑒、嚴植之、明山賓等覆述制旨，并撰吉凶軍賓嘉五禮，凡一千餘卷，高祖稱制斷疑。大同中，于臺西立士林館，領軍朱异、太府卿賀琛、舍人孔子袪等遞相講述。皇太子、宣城王亦于東宫宣猷堂及楊州廨開講，于是四方郡國，趨學向風，雲集于京師矣。兼篤信正法，尤長釋典。聽覽餘閒，即于重雲殿及同泰寺講説，名僧碩學、四部聽衆，常萬餘人。

太清元年秋九月癸卯，王遊苑成。

昭明太子傳曰：性愛山水，於玄圃穿築，更立亭館，與朝士名素者遊其中。嘗泛舟後池，番禺侯軌盛稱此中宜奏女樂。太子不答，詠左思招隱詩曰：「何必絲與竹，山水有清音。」侯慚而止。

敬帝本紀曰：太平元年冬十一月乙卯，起雲龍、神虎門。

元帝本紀曰：承聖元年冬十一月丙子，即皇帝位于江陵。二年秋八月庚子，詔曰：「夫爰始居亳，不廢先王之都；受命于周，無改舊邦之頌。頃戎旃既息，關柝無警。去魯興嘆，有感宵分，過沛隕涕，實勞夕寐。仍以瀟、湘作亂，庸、蜀阻兵，命將授律，指期克定。今八表乂清，四郊無壘，宜從青蓋之典，言歸白水之鄉。江、湘委輸，方船連舳，巴峽舟艦，精甲百萬，先次建業，行實京師，然後六軍遄征，九旂揚旆，拜謁塋陵，修復宗社。主者詳依舊典，以時宣勒。」

周書王褒傳曰：元帝以建業彫殘，方須修復；江陵殷盛，便欲安之。又其故府臣僚，皆楚人也，並願即都荆郢。嘗召群臣議之。領軍將軍胡僧祐、吏部尚書宗懍、太府卿黄羅漢、御史中丞劉瑴等曰：「建業雖是舊都，王氣已盡。且與北寇鄰接，止隔一江。若有不虞，悔無及矣。臣等嘗聞之，荆南之地，有天子氣。今陛下龍飛纂業，其應斯乎。天時人事，徵祥如此，臣等所見，還徙非宜。」帝以爲然。乃顧謂褒等曰：「卿意以爲何如？」褒性謹慎，知帝多猜忌，弗敢公言其非，唯唯而已。後因清閒密諫，言辭甚切。帝頗納之。然意好荆、楚，已從僧祐等策。明日，乃於衆中謂褒曰：「卿昨日勸還建業，不爲無理。」褒以宣室之言，豈宜顯之于衆，知其計之不用也，于是不復言。及魏兵至江陵，帝出降。

陳

陳書高祖本紀曰：永定二年秋七月，起太極殿。初，侯景之平也，火焚太極殿，承聖中議欲營之，獨闕一柱，至是有樟木大十八圍，長四丈五尺，流泊陶家後渚，監軍鄒子度以聞。詔中書令沈衆兼起部尚書，少府卿蔡儔兼將作大匠，起太極殿。冬十月甲寅，成。十二月丙寅，帝于太極殿東堂晏群臣，設金石之樂。

梁書王僧辯傳：僧辯入據臺城，其夜，軍人採梠失火，燒太極殿及東西堂等。

世祖本紀曰：天嘉五年秋九月，城西城。

六年秋九月，新作大航。

隋書五行志曰：陳天嘉中，盛修宫室，起顯德等五殿，稱爲壯麗。

陳書宣帝本紀曰：太建四年冬十二月丁卯，詔曰：「梁氏之季，兵火荐臻，承華焚蕩，頓無遺構。寶命維新，迄將二紀，頻事戎旅，未遑修繕。今工役差閒，椽楹有擬，來歲開肇，創築東宮，可權置起部尚書、將作大匠，用主監作。」

五年夏六月，治明堂。

七年夏六月己酉，改作雲龍、神虎門。

秋九月丁未，于樂遊苑龍舟山立甘露亭。

九年冬十二月戊申，東宮成。廢帝紀曰：自梁室亂離，東宮焚燼，太子居于永福省。

十年秋九月乙巳，立方明壇于婁湖。甲寅，輿駕幸婁湖臨誓。

后妃傳論曰：後主初即位，以始興王叔陵之亂，被傷臥於承香閣下，時諸姬並不得進，唯張貴妃侍焉。而柳太后猶居柏梁殿，即皇后之正殿也。後主沈皇后素無寵，不得侍疾，别居求賢殿。至德二年，乃於光照殿前起臨春、結綺、望仙三閣。閣高數丈，並數十間，其窗牖、壁帶、懸楣、欄檻之類，並以沉檀香木爲之，又飾以金玉，間以珠翠，外施珠簾，内有寶牀、寶帳，其服玩之屬，瑰奇珍麗，近古所未有。每微風暫至，香聞數里，朝日初照，光映後庭。其下積石爲山，引水爲池，植以奇樹，雜以花藥。後主自居臨春閣，張貴妃居結綺閣，龔、孔二貴嬪居望仙閣，並複道交相往來。後主末年起齊雲觀，國人歌之曰：「齊雲觀，寇來無際畔。」

南唐

南唐書烈祖紀曰：天祐十一年，始城昇州。

十四年夏五月，城成。

昇元元年冬十月丙申，以建康爲西都。

二年冬十月丙子，立太學。

三年春三月甲午，作南郊行宫千間。

夏四月，作北郊于玄武湖西。

四年冬十一月庚辰，改西都崇英殿爲延英殿，凝華内殿前爲昇元殿，後爲雍和殿，興祥殿爲昭德殿，積慶殿爲穆清殿。

帝性節儉，建國始，即金陵治所爲宫，唯加鴟尾設欄檻而已，終不改作。

周宗傳曰：烈祖鎮金陵，用宋齊邱議，迎吴讓皇都金陵，繕府治爲宫，徙都統府于古臺城。都統府成，凡二千四百間，環一千五百步。

歷代宅京記卷之十四

雲中

後魏

魏書太祖本紀曰：登國六年，起河南宮。

天興元年冬十月，起天文殿。

二年春二月，以所獲高車衆起鹿苑，南因臺陰，北距長城，東包白登，屬之西山，廣輪數十里，鑿渠引武川水注之苑中，疏爲三溝，分流宮城内外。又穿鴻雁池。秋七月，起天華殿。八月，增啟京師十二門。作西武庫。冬十月，太廟成。十二月，天華殿成。

三年春三月，穿城南渠通于城内，作東西魚池。秋七月，起中天殿及雲母堂、金華堂。

四年夏五月，起紫極殿、玄武樓、涼風觀、石池、鹿苑臺。

六年冬十月，起西昭陽殿。

天賜元年冬十月，築西宮。

三年夏六月，發八部五百里内男丁築灅南宫，門闕高十餘丈，引溝穿池，廣苑囿。規立外城，方二十里，分置市里，經塗洞達。三十日罷。

四年秋七月，築北宫垣，三十日罷。

莫題傳曰：道武欲廣宫室，規度平城四方數十里，將模鄴、雒、長安之制，運材數百萬。

太宗本紀曰：永興五年春二月癸丑，穿魚池于北苑。

神瑞元年春二月乙卯，起豐宫于平城東北。

二年春二月甲辰，立太祖廟于白登之西。

泰常元年冬十一月甲戌，起蓬臺于北苑。

二年秋七月乙酉，起白臺于城南，高二十丈。

三年冬十月戊辰，築宫于西苑。

四年春三月癸丑，築宫于蓬臺北。秋九月，築宫于白登山。

五年夏四月丙寅，起灅南宫。

六年春三月，發京師六千餘人築苑，起自舊苑，東包白登，周回三十餘里。

七年秋九月辛亥，築平城外郭，周回三十二里。

八年冬十月癸卯，廣西宫，起外垣牆，周回二十里。

世祖本紀曰：始光二年春三月庚申，營故東宫爲萬壽宫，起永安、安樂二殿，臨望觀、九華堂。秋九月，永安、安樂二殿成。

三年春二月，起太學于城東。

神䴥四年秋七月，起承華宫。

延和元年秋七月，築東宫。

三年秋七月辛巳，東宫成，備置屯衛，三分西宫之一。

太平真君十一年春二月，大修宫室，皇太子居于北宫。

高宗本紀曰：興安二年春二月乙丑，發京師五千人穿天淵池。后妃傳曰：文帝初，穿天淵池，獲一石銘，稱桓帝葬母封氏，遠近赴會二十餘萬。有司以聞，命藏之太廟。

秋七月，築馬射臺于南郊。

太安四年春三月丙辰，起太華殿。秋九月辛亥，成。

顯祖本紀曰：皇興五年秋八月丙午，傳位于太子，帝稱太上皇帝。己酉，徙御崇光宫，采椽不斲，土階而已。

公孫叡傳曰：顯祖于苑内立殿，敕中秘群官制名。叡曰：「臣聞至尊至貴，莫崇于帝王；天人挹損，莫大於謙光。伏惟陛下躬唐虞之德，存道頤神，逍遥物外，宫居之名，當協睿旨。臣愚以爲宜曰崇光。」奏可。

高祖本紀曰：延興三年春正月丁亥，改崇光宫曰寧光宫。

承明元年冬十月丁巳，起七寶永安行殿。

太和元年春正月辛亥，起太和、安昌二殿。

李冲傳：詔曰：「昔軒皇誕御，垂棟宇之構，爰歷三代，興宫觀之式。然茅茨土階，昭德于上代，層臺廣厦，崇威于中業。良由文質異宜，華朴殊禮故也。是以周成繼業，營明堂于東都；漢祖肇興，建未央于咸、鎬。蓋所以尊嚴皇威，崇重帝德，豈好奢惡儉，苟敝民力者哉？國家皇運統天，協纂乾歷，鋭意四方，靡遑建制，宫室之度，頗爲未允。太祖初基，雖粗有經式，自兹厥後，復多營改。至于三元慶饗，萬國充廷，觀光之使，具瞻有闕。朕以寡德，猥承洪緒，運屬休期，事鍾昌運，宜遵遠度，式兹宫宇。指訓規模，事昭于平日；明堂、太廟，已成于昔年。又因往歲之豐資，藉民情之安逸，將以今春營改正殿。違犯時令，行之惕然。但朔土多寒，事殊南夏，自非裁度經春，興役徂暑，則廣制崇基，莫由克就。成功立事，非委賢莫可；改制規模，非任能莫濟。尚書冲器懷淵博，經度明遠，可領將作大匠，司空、長樂公亮穆亮可與大匠共監興繕。其去故從新之宜，修復太極之前，朕當加指授。」

本紀又曰：秋七月己酉，二殿成。起朱明、思賢門。

九月庚子，起永樂遊觀殿于北苑，穿神淵池。

三年春正月癸丑，坤德六合殿成。二月壬寅，乾象六合殿成。

夏六月辛未，起文石室、靈泉殿于方山。

四年春正月癸卯，乾象四合殿成。南監本亦作「六合」，疑誤。

秋七月壬子，改作東明觀。

九月乙亥，思義殿成。壬午，東明觀成。

五年夏四月己亥，行幸方山。建永固石室于山上，立碑于石室之庭。又起鑒玄殿。

后妃傳曰：馮太后與孝文遊于方山，顧瞻川阜，有終焉之志，因謂群臣曰：「舜葬蒼梧，二妃不從。豈得遠祔山陵，然後爲貴哉！吾百歲後，神其安此。」孝文乃詔有司營建壽陵于方山，又起永固石室，將終爲清廟焉。太和五年起作，八年而成，刊石立碑，頌太后功德。

七年冬十月戊午，皇信堂成。

九年秋七月丙寅朔，新作諸門。

十年秋九月辛卯朔，詔起明堂、辟雍。

十二年秋九月丁酉，起宣文堂、經武殿。

閏九月甲子，築圓丘于南郊。

十五年夏四月己卯，經始明堂，改太廟。冬十月，明堂、太廟成。十一月丁卯，遷七廟神主于新廟。十二月壬辰，遷社于内城之西。

蔣少游傳：於平城將營太廟、太極殿，遣少游乘傳詣洛，量準魏晉基趾。

十六年春二月戊子，帝移御永樂宮。庚寅，壞太華殿，經始太極殿。冬十月庚戌，成。

穆亮傳曰：時將建太極殿，引見群臣于太華殿，高祖曰：「朕仰遵先意，將營殿宇，役夫既至，興工有日。今欲徙居永樂，以避囂埃。土木雖復無心，毀之能不悽愴。今故臨對卿等，與之取別。此殿乃高宗所制，爰歷顯祖，逮朕沖年，即位于此。但事來奪情，將有改制，仰惟疇昔，惟深悲感。」亮稽首對曰：「臣聞稽之卜筮，載自典經，占以決疑，古今攸尚。興建之功，事在不易，願陛下訊之蓍龜，以定可否。又去歲役作，爲功甚多，太廟、明堂，一年便就。若仍歲頻興，恐民力凋敝。況材幹新伐，爲功不固，願待逾年，小康百姓。」高祖曰：「若終不爲，可如卿言。後必爲之，逾年何益？朕遠覽前王，無不興造。故有周創業，經建靈臺，洪漢受終，未央是作。草創之初，猶尚若此，况朕承累聖之運，屬太平之基。且今八表清宴，年穀又登，爰及此時，以就大功。人生定分，脩短命也。蓍蔡雖智，其如之何。當委之大分，豈假卜筮。」遂移御永樂宮。

本紀又曰：十一月乙卯，依古六寢，權制三室，以安昌殿爲内寢，皇信堂爲中寢，四合殿爲外寢。

十七年春三月戊辰，改作後宮，帝幸永興園，徙御宣文堂。南齊書魏虜傳曰：什翼珪道武帝。始都平城，猶逐水草，無城郭，木末明元帝。始土著居處。佛狸太武帝。破梁州、黄龍，徙其居民，大築郭邑。截平城西爲宮城，四角起樓，女牆，門不施屋，城又無壍。南門外立二土門，内立廟，開四門，各隨方色，凡五廟，一世一間，瓦屋。其西立太社。佛狸所居雲母等三殿，又立重屋，居其上。飲食厨名「阿真厨」，在西，皇后可孫恒出此厨求食。殿西鎧仗庫屋四十餘間，殿北絲綿布絹庫屋一十餘間。太子宮在城東，亦開四門，瓦屋，四角起樓。妃妾住皆土屋。婢使千餘人，織綾錦販賣，沽酒，養猪羊，牧牛馬，種菜逐利。太官八十餘窖，窖四千斛，半穀半米。又有懸食瓦屋數十間，置尚方作鐵及木。其袍衣，使宮内婢爲之。太子别有倉庫。其郭城繞宮城南，悉築爲坊，坊開巷。坊大者容四五百家，小者六七十家。每閉坊搜檢，以備奸巧。城西南去白登山七里，於山邊别立父祖廟。

城西有祠天壇，立四十九木人，長丈許，白幘、練裙、馬尾被，立壇上，常以四月四日殺牛馬祭祀，盛陳鹵簿，邊壇奔馳奏伎爲樂。城西三里刻石寫五經及其國記，于鄴取石虎文石屋基六十枚，皆長丈餘，以充用。自佛狸至萬民，獻文帝。世增雕飾。正殿西築土臺，謂之白樓。萬民禪位後，常遊觀其上。臺南又有伺星樓。正殿西又有祠屋，琉璃爲瓦。宮門稍覆以屋，猶不知爲重樓。並設削泥采，畫金剛力士。胡俗尚水，又規畫黑龍相盤繞，以爲壓勝。

水經注曰：羊水又東注于如渾水，亂流逕方嶺，上有文明太皇太后陵，陵之東北有高祖陵。二陵南有永固堂，堂之四周隅雉，列榭階欄檻，及扉戶梁壁，椽瓦悉文石也。檐前四柱，採洛陽之八風谷黑石爲之，雕鏤隱起，以金銀間雲雉，有若錦焉。堂之内外四側結兩石扶，疑作趺。帳疑作張。青石屏風，以文石爲緣，並隱起忠孝之容，題刻「貞順」之名。廟前鐫石爲碑獸，碑石至佳，左右列柏，四周迷禽闇日，院外西側有思遠靈圖，圖之西有齋堂，南門表二石闕，闕下斬石累結。御路下望靈泉宮池，皎若圓鏡矣。如渾水又南分爲二水，一水西出南屈，入北苑中，歷諸池沼，又南逕虎圈。東魏太平真君五年成之，以牢虎也。季秋之月，聖上親御圈上，敕虎士效力于其下，事同奔戎，生制猛獸，朱謀㙔曰：穆天子傳曰：「有虎在乎葭中，七萃之士高奔戎請生捕虎，必全之。」即詩所謂「袒裼暴虎，獻于公所」也，故魏有捍虎圖也。

又逕平城西郭内，魏泰常七年所成也。城周下有闕文。西郭外，有郊天壇，壇之東側有郊天碑，建興四年立。

其水又南屈，逕平城縣故城南。史記曰：高帝先至平城。史記音義曰：在雁門，即此縣矣。王莽之平順也。魏天興二年遷都于此。太和十六年，破太華、安昌諸殿，造太極殿東西堂及朝堂，夾建象。魏乾元中，陽端門東西兩掖門，雲龍、神虎、中華諸門，皆飾以觀閣。東堂東接太和殿，殿之東階下有一碑，太和中立，石是洛陽八風谷之緇石也。殿之東北接紫宮寺，南對承賢門，門南即皇信堂。堂之四周，圖古聖忠臣烈士之容，刊題其側，是辯章郎彭城張僧達、樂安蔣少遊筆。下有闕文。堂南對白臺，臺甚高廣，臺基四周列壁，閣路自内而升，國之圖籙秘籍悉積其下。臺西即朱明閣，直侍之官出入所由。其水夾御路，南流逕蓬臺西。魏神瑞三年，又毀建白樓，樓甚高竦，加觀榭于其上，表裏飾以石粉，皜曜建素，赭白綺分，故世謂之白樓也。後置大鼓于其上，晨昏伐以千椎，爲城里諸門啓閉之候，謂之戒晨鼓也。

又南逕皇舅寺西，是太師昌黎王馮晉國所造。朱謀㙔曰：魏書：馮熙字晉國，文明太后兄也。官定州刺史，進爵昌黎王，在諸州鎮建佛國精舍，合七十二處。孝文即位，爲侍中太師。有五層浮圖，其神圖像，皆合青石爲之，加以金銀火齊，衆綵之上，煒煒有精光。又南逕永寧七級浮圖，其制甚妙，工在寡雙。又南遠出郊郭，弱柳蔭街，絲楊被浦，公私引裂，用周園挽，（宋本作圍繞。）長塘曲池，所在布濩，故不可得而論也。

一水南逕白登山西。服虔曰：白登，臺名也，去平城七里。如淳曰：平城旁之高城，若邱陵矣。今平城東十七里有臺，即白登臺也。臺南對岡阜，即白登山也。故漢書稱「上遂至平城，上白登」者也，爲匈奴所圍處。孫暢之述畫曰：漢高祖被圍七日，陳平使能畫作美女，送與冒頓閼氏，恐冒頓勝漢，其寵必衰，說冒頓解圍於此。

其水又逕寧光宮東，獻文帝之爲太上皇所居故宮矣。宮之東次下，有兩石柱，是石虎鄴城東門石橋柱也。按柱勒趙建武中造，以其石作工妙，徙之于此。余爲尚書祠部，與宜都王穆羆同拜北郊，親所經見，柱側悉鏤雲炬，（朱謀㙔曰：當作雲烟。）上作蟠螭，甚有形勢，信爲工巧，去子丹碑則遠矣。

其水，又南逕平城縣故城東，司州代尹治皇都洛陽，以爲恒州。水左有大道壇廟，始光二年，少室道士寇謙之所建也，兼諸嶽廟碑，亦多所署立。其廟階五成，（宋本作三成。）四周欄檻，上階之上，以木爲圓基，令互相枝梧，以板切（宋本作砌。）其上，欄陛承阿上圓，制如明堂，而專室四戶。室內有神坐，坐右列玉磬，皇輿親降，受籙靈壇，號曰天師，宣揚道式，暫重當時。壇之東北舊有靜輪宮，魏神䴥四年造，抑亦柏梁之流也，臺榭高廣，超出雲間，欲令上延霄客，下絶囂浮。太平真君十一年，又毁之，物不停固，白登亦繼褫矣。水右有三層浮圖，真容鷲架，悉結石也，裝制麗質，亦盡美善也。東郭外，太和中，閹人宕昌公鉗耳慶時立祇洹舍于東皋。椽瓦梁棟，臺壁欞陛，尊容聖像，及牀坐軒帳，悉青石也。圖制可觀，所恨唯列壁合石，疎而不密。庭中有祇洹碑，碑題大篆，非佳耳。然京邑帝里，佛法豐盛，神圖妙塔，桀峙相望，法輪東轉，兹爲上矣。

其水自北苑南出，歷京城内，河干兩湄，太和十年，累石結岸，夾塘之上，雜樹交蔭，郭南結兩石橋，横水爲梁。又南逕藉田及藥圃西，明堂東。明堂上圓下方，周十二堂九室，而不爲重隅也。室外柱内綺井之下，施機輪，飾縹碧，仰象天狀，畫北通之宿焉，蓋天也。朱謀㙔曰：當作畫北辰列宿象，蓋天也。每月隨斗所建之辰，轉應天道，此之異古也。加靈臺于其上，下則引水爲辟雍，水側結石爲塘，事準古制，是太和中之所經建也。地理志曰：西京大同府，陶唐冀州之域。虞分并州，夏復屬冀州。周職方，正北曰并州。戰國趙武靈王始置雲中郡。秦當作漢。屬代王國，後爲平城縣。魏爲新興郡。晉仍屬雁門。劉琨表封猗盧爲代王，都平城。遼史興宗紀曰：重熙十三年十一月丁卯，改雲州爲西京。元魏道武于此遂建都邑。孝文帝改爲司州牧，置代尹，遷都洛邑，改萬年，又置恒州。高齊文宣帝廢州爲恒安鎮，今謂之東城，尋復恒州。周復爲恒安鎮，改朔州。隋仍爲鎮。唐武德四年置北恒州，七年廢。貞觀十四年移雲中定襄縣于此。永淳元年默啜爲邊患，移民朔州。開元十八年置雲州。天寶元年改雲中郡。乾元元年曰雲州。乾符三年，大同軍節度使李國昌子克用爲雲中守捉使，殺防禦使，據州以聞。僖宗赦克用，以國昌爲大同軍防禦使，不受命。廣明元年，李琢攻國昌，國昌兵敗，與克用俱奔北地。黄巢入京師，詔發代北軍，尋赦國昌，使討賊。克用率三萬五千騎而南，收京師，功第一，國昌封隴西郡王。克用子存勖滅梁，是爲唐莊宗。同光三年，復以雲州爲大同軍節度使。晉高祖代唐，以契丹有援立功，割山前、代北地爲賂，大同來屬，因建西京。下云重熙十三年升爲西京，而此即云建西京，史文之誤。敵樓、棚櫓俱。廣袤二十里。門，東曰迎春，南曰朝陽，西曰定西，北曰拱極。元魏宫垣占城之北面，雙闕尚在。遼既建都，用爲重地，非親王不得主之。清寧八年建華嚴寺，奉安諸帝石像、銅像。又有天王寺、留守司衙，南曰西省。北門之東曰大同府，北門之西曰大同驛。初爲大同軍節度，重熙十三年升爲西京，府曰大同。

金史地理志曰：大同府，遼爲西京，金因之。大定五年建宫室，名其殿曰保安，其門南曰奉天，東曰宣仁，西曰阜成。天會三年建太祖原廟。置留守司。

歷代宅京記卷之十五

晉陽

北齊

北齊書神武帝本紀曰：魏武定三年春正月，於并州置晉陽宮。

後主本紀曰：天統三年冬十一月，晉陽大明殿成。

帝于晉陽起十二院，壯麗逾于鄴下。鑿晉陽西山爲大佛像，一夜燃油萬盆，光照宮内。

馮子琮傳曰：世祖在晉陽既居舊殿，少帝未有別所，詔子琮監造大明宮。宮成，世祖親自巡幸，怪其不甚宏麗。子琮對曰：至尊幼年纂承大業，欲令敦行節儉，以示萬邦。兼此北連天闕，不宜過復崇峻。世祖稱善。

後周

周書武帝本紀曰：建德六年夏五月戊戌，詔曰：「京師宮殿，已從撤毁。并、鄴二所，華侈過度，誠復作之非我，豈容因而弗革。諸堂殿壯麗，並宜除蕩，甍宇諸物，分賜窮民。三農之隙，別漸營構，止蔽風雨，務在卑狹。」

冬十二月戊辰，廢并州宮及六府。

隋

隋書煬帝本紀曰：大業三年秋八月壬寅，詔營晉陽宮。

地理志曰：太原縣有晉陽宮。

唐

唐書玄宗本紀曰：開元五年冬十一月，詔曰：「經邦創制，建國設儉，必因時順天，統物立極。我國家以神武聖德，應天受命，龍躍晉水，鳳翔太原，建萬代之模，爲億兆之主。猶成湯之居亳，有周之興岐。朕以眇身纂承昌運，守祖宗之大寶，恢中興之洪業，叶時卜狩，始經此都，事本因心，情兼惟舊。昔堯理唐郊，式建丹陵之地；漢居雒邑，更表南陽之都。今王業所興，宫觀猶在，列于編郡，情所未安，非所以恢大聖之鴻規，展孝思之誠敬。其并州宜置北都，改州爲太原府，刺史爲尹，司馬爲少尹，太原、晉陽爲赤縣，諸縣爲畿縣，秩視京、洛兩府。」

馬燧傳曰：燧引軍還太原。燧以晉陽王業所起，度都城東面平，易受敵，乃引晉水架汾而注城之東，瀦以爲池，寇至，計省守陴者萬人。又決汾水環城，多爲池沼，樹柳以固隄。

太原

北齊文宣帝紀曰：天保二年冬十月戊申，起宣光、建始、嘉福、仁壽諸殿。

唐書地理志曰：北都，天授元年置。會要：長壽元年九月七日，置改并州爲太原府。神龍元年罷。二月四日。開元十一年復置。正月二十日。天寶元年曰北京，正月二十日。上元二年罷。九月二十一日。肅宗元年，去年號稱元年。其年四月，改元寶應，復爲北都。

晉陽宫在都之西北，宫城周二千五百二十步，崇四丈八尺。都城左汾右晉，潛邱在中，長四千三百二十一步，廣三千一百二十二步，周萬五千一百五十三步，其崇四丈。汾東曰東城，貞觀十一年長史李勣築。兩城之間有中城，武后時築，以合東城。宮南有大明城，故宮城也。宮城東有起義堂。倉城中有受瑞壇。唐初高祖使子元吉留守，獲瑞石，有文曰「李淵萬吉」，築壇，祀以少牢。

太原府太原郡，本并州，開元十一年爲府。

晉陽縣，有號令堂，高祖誓義師于此。西北十五里有講武臺、飛閣，顯慶五年築。

舊唐書崔神慶傳曰：則天時擢拜并州長史。先是并州有東、西二城，隔汾水，神慶始築城相接，每歲省防禦兵數千人，邊州甚以爲便。

五代史職方考曰：并州，後唐建北都，其軍仍曰河東。

册府元龜曰：後唐莊宗同光元年夏四月，以太原爲西京。冬十一月，改太原爲北都。

晉高祖天福二年冬十一月，以北京潛龍宅爲興義宮。

大名

五代史職方考曰：魏州，唐故曰大名府，置天雄軍，五代皆因之。後唐建鄴都，晉、漢因之，至周罷。大名府，後唐曰興唐，晉曰廣晉，漢、周復曰大名。

册府元龜曰：後唐莊宗同光元年夏四月，即位于魏州，是月升魏州爲東京，改元城縣曰興唐，貴鄉縣曰唐晉，都督府曰興唐府。

三年春三月，詔改東京爲鄴都，興唐府與北京太原府並爲次府。

晉高祖天福元年冬十二月，改興唐府爲廣晉府。

六年秋八月壬子，改鄴都皇城南門應天門爲乾明門，大明館爲都亭驛。

七年夏四月乙丑，敕改鄴都羅城及大城諸門，羅城南塼門爲廣運門，觀音門爲金明門，橙槽門爲清景門，冠氏門爲永芳門，朝城門爲景風門，大城南門爲昭明門，觀德門爲廣義門，北河門爲靖安門，魏縣門爲膺福門，尉氏門爲迎春門，朝城門爲興仁門，上斗門爲延清門，下斗門爲通遠門。

出帝開運二年夏四月己丑，復以鄴都爲天雄軍。

漢高祖乾祐元年春三月，改廣晉府爲大名府。

後周太祖顯德元年春正月戊寅，罷鄴都，但爲天雄軍。

宋史地理志曰：慶歷二年，建大名府爲北京。宮城周三里一百九十八步，即真宗駐蹕行宮。城南三門：中曰順豫，東曰省風，西曰展義。東一門，曰東安。西一門，曰西安。

順豫門内東西各一門，曰左、右保成。次北班瑞殿，殿前東西門二：東曰凝祥，西曰麗澤。殿東南時巡殿門，次北時巡殿，次靖方殿，次慶寧殿。時巡殿前東西門二：東曰景清，西曰景和。京城周四十八里二百六步，門一十七。

熙寧九年，改正南南河門曰景風，南塼曰亨嘉，鼓角曰阜昌，正北北河門曰安平，北塼曰耀德，正東冠氏門曰華景，冠氏第二重曰春祺，子城東曰泰通，正西魏縣門曰寶成，魏縣第二重曰利和，子城西曰宣澤，東南朝城門曰安流，朝城第二重曰巽齊，西南觀音門曰安正，觀音第二重曰静方，上水關曰善利，下水關曰永濟。内城創置北門曰靖武。元豐七年，廢善利、永濟關。

王應麟曰：慶曆二年五月戊午，升大名府爲北京，詔曰：席萬盈之懿兆，冠千里之上腴，隱然北門，壯我中夏。

輿地廣記言：左傳：晉賜畢萬魏。卜偃曰：魏，大名也。其地于今爲河中之永樂，非元城之魏也。漢以大名名此，失矣。今按舊唐書曰：悦稱魏王，以魏州爲大名府，其失始此。

歷代宅京記卷之十六

開封

五代史職方考曰：汴州，唐故曰宣武軍。梁以汴州爲開封府，建爲東都。後唐滅梁，復爲宣武軍。晉天福三年，升爲東京。漢、周因之。

後梁

册府元龜曰：太祖開平元年夏四月戊辰，升汴州爲開封府，建東都。是月，制宫殿及都門名額，正殿爲崇元殿，東殿爲玄德殿，内殿爲金祥殿，萬歲堂爲萬歲殿，門如殿名。大内正門爲元化門。皇牆南門爲建國門，滴漏門爲啟運門，下馬門爲升龍門。玄德殿前門爲崇明門，正殿東門爲金烏門，西門爲玉兔門。正衙東門爲崇禮門，東偏門爲銀臺門，宴堂門爲德陽門，天王門爲賓天門。皇牆東門爲寬仁門，浚儀門爲厚載門。皇牆西門爲神獸門，望京門爲金鳳門。宋門爲觀化門，尉氏門爲高明門，鄭門爲開明門，梁門爲乾象門，酸棗門爲興和門，封丘門爲含曜門，曹門爲建陽門。升開封、浚儀爲赤縣，尉氏、封邱、雍邱、陳留爲畿縣。

五月，改文思院爲乾文院，同和院爲佐鑾院。

二年秋七月甲午，以高明門外繁臺爲講武臺。是臺西漢梁孝王嘗按歌閲樂于此，當時因名曰吹臺。其後有繁氏居于其側，里人乃以姓呼之，時代綿寢，雖官吏亦從俗焉。帝每登眺，蒐乘訓戎，宰臣以是奏而名之。

三年春二月，以滑州酸棗縣、長垣縣，鄭州中牟縣、陽武縣，宋州襄邑縣，曹州戴邑縣，許州扶溝縣、鄢陵縣，陳州太康等九縣，割屬開封府，仍升爲畿縣。

秋七月，改章善門爲左、右銀臺門，其左、右銀臺門却改爲左、右興善門。

冬十一月，改乾文院爲文思院，行從殿爲興宅殿，弓箭庫殿爲宣武殿，毬場爲安毬場。

後唐

册府元龜曰：後唐莊宗同光元年冬十二月壬申，敕汴州僞庭所立殿宇諸門並去牌額復本名。其宣武軍額置于咸安門。所在宮苑即充行宮，應有不合安鴟吻處並可去之。

後晋

後晋高祖天福二年夏五月丙辰，以汴州行宫爲大寧宫。三年冬十月庚辰，詔曰：爲國之規，在于敏政，建都之法，務要利民。歷攷前經，朗然通論，顧惟凉德，獲啟丕基。當數朝戰伐之餘，是兆庶殘傷之後，車徒既廣，帑廪咸虚。經年之輓粟飛芻，繼日而勞民動衆，常煩漕運，不給供須。今汴州水陸要衝，山河形勢，乃萬庾千箱之地，是四通八達之郊。爰自按巡，益觀宜便，俾升都邑，以利兵民。汴州宜升爲東京，置開封府，仍升開封、浚儀兩縣爲赤縣，餘升爲畿縣。應舊制開封府時所管屬縣，並可仍舊割屬收管，亦升爲畿縣。其雒京改爲西京，雍京改爲晋昌軍。

丁亥，詔改大寧宫門爲明德門。又改京城諸門名：南城尉氏門以薰風爲名，西二門鄭門、梁門以金義、乾明爲名，北二門酸棗、封丘以玄化、宣陽爲名，東二門曹門、宋門以迎春、仁和爲名。

四年春二月辛卯，改東京玉華殿爲永福殿。

三月己卯，改明德殿爲滋德殿，以宫城南門同名故也。

五年秋九月戊子，改東京上源驛爲都京驛。

後漢高祖天福十二年六月戊辰，詔曰：浚都重地，汴水名區，控襟帶於八方，便梯航于萬國，眷言王氣，允稱皇居。其汴州宜仍舊爲東京。

後周

後周太祖廣順元年夏六月，以唐都長安時，京城等門比定。今東京諸門，薰風爲京城門，明德門爲皇城門，啟運等爲宮城門，昇龍等爲宮門，崇元等爲殿門。

二年春正月，詔開封府修補京師羅郭，率府界丁夫五萬五千版築，旬日罷。

冬十月，置弘文館、史館、集賢館于厚載門内向東，横街東北。

通鑑曰：廣順三年，帝欲祀南郊，以自古以來郊祀常在洛陽，疑之。執政曰：「天子所都則可以祀百神，何必洛陽。」於是始築圓丘、社稷壇，作太廟于大梁。

世祖顯德二年夏四月乙卯，詔曰：惟王建國，實曰京師，度地居民，固有前則，東京華夷臻湊，水陸會通，時向隆平，日增繁盛。而都城因舊，制度未恢，諸衛軍營或多窄陋，百司公署无處興修。加以坊市之中，邸店有限，工商外至，億兆無窮，僦貸之資，增添不定，貧闕之户，供辦實艱。而又屋宇交連，街衢湫隘，入夏有暑濕之苦，居常多烟火之憂。將便公私，須廣都邑，宜令所司於京城四面別築羅城。先立標幟，候冬末春初，農務閒時，即量差近甸人夫，漸次修築。春作纔動，便令放散，如或土功未畢，則迤邐次年，修築所冀，寬容辦集。今後凡有營葬及興置宅竈并草市，並須去標幟七里外，其標幟内，候官中擘畫定街巷、軍營、倉場、諸司公廨、院務了，即任百姓營造。

三年春正月戊戌，發開封府曹、滑、鄭州之民十餘萬，築大梁外城。

三年夏六月癸亥，詔曰：「輦轂之下，謂之浩穰，萬國駿奔，四方繁會，此地比爲藩翰，近建京都，人物諠闐，閭巷隘陿。雨雪則有泥濘之患，風旱則多火燭之憂，每遇炎蒸，易生疫疾。近者開廣都邑，展引街坊，雖然暫勞，久成大利。朕昨自淮上廻及京師，周覽康衢，更思通濟，千門萬户，庶諧安逸之心；盛暑隆冬，陪減寒温之苦。其京城内街道闊五十步者，許兩邊人户各于五步内，取便種樹掘井，修蓋凉棚。其三十步以下至二十五步者，各與三步。其次有差。」

五年夏五月，賜東京新城諸門名：在寅曰寅賓門，在辰曰延春門，在巳曰朱明門，在午曰景風門，在未曰畏景門，在申曰迎秋門，在戌曰肅政門，在亥曰玄德門，在子曰長景門，在丑曰愛景門。改大内東偏舊賓天門爲通苑門。又以京城東新修驛爲懷信驛，以待江南貢使焉。

四年夏四月，修永福殿。

恭帝顯德六年冬十二月，改萬歲殿爲紫宸殿。

宋京城

按宋史地理志：舊城周迴二十里一百五十五步。東二門：北曰望春，初名和政。南曰麗景。南面三門：中曰朱雀，東曰保康，大中祥符五年創建。西曰崇明。西二門：南曰宜秋，北曰閶闔。北三門：中曰景龍，東曰安遠，西曰天波。以上宋初仍梁、晉舊名，至太平興國四年改今名。新城周迴五十里百六十五步。大中祥符九年增築，元豐元年重修。政和六年，詔有司度國之南，展築京城，移置官司軍營。舊城周四十八里二百二十三步，周顯德三年築。王應麟地理通釋曰：東京開封府舊城，唐建中初李勉築。本朝曰闕城，亦曰裏城。新城，周顯德三年韓通築。本朝曰國城，亦曰外城。南三門：中曰南薰，東曰宣化，西曰安上。東二門：南曰朝陽，北曰含輝。太平興國四年改寅賓，後復。西二門：南曰順天，北曰金輝。北四門：中曰通天，天聖初改寧德，後復。東曰長景，次東曰永泰，西曰安肅。初號衛州門。以上皆因周舊名，至太平興國四年改今名。汴河上水門，南曰大通，太平興國四年賜名，天聖初改順濟，後復今名。北曰宣澤。舊南北水門皆曰大通，熙寧十年改。汴河下南曰上善，北曰通津。天聖初改廣津，熙寧十年復。惠民河上曰普濟，下曰廣利。廣濟河上曰咸豐，下曰善利，舊名咸通。上南門曰永順。熙寧十年賜名。其後又於金輝門南置開遠門。舊名通遠。以上皆太平興國四年賜名，天聖初改今名。其濠曰護龍河，闊十餘丈，濠之内外皆植楊柳，粉牆朱户，禁人往來。城門皆甕城三層，屈曲開閤，惟南薰、新鄭、新宋、封丘正門，皆直門兩重，以通御路。金、元以後多湮塞。舊有十三門：南曰南薰、陳州、戴樓，東曰新宋、楊州、新曹，西曰新鄭、萬勝、固子，北曰陳橋、封丘、新酸棗、衛州。今道路所通者，惟曹、鄭、陳州、楊州、南薰、固子、封丘七門耳。固，或作堌，非也。

宋朝會要：自朱梁建都，以汴州爲東京，皆因藩鎮舊制，但改名額，而周顯德初始廣新城，周迴四十八里二百二十三步。

趙德麟侯鯖録：舊城周迴二十里一百五十五步，即汴州城，唐建中二年節度使李勉重築。國初號曰闕城，亦曰裏城。新城乃周世宗顯德二年四月，詔别築新城，周迴四十八里二百二十三步，號曰外城，又曰羅城，亦曰新城。元豐中，裕陵命内侍宋周臣重築之。

宋敏求東京記：周世宗顯德二年四月，詔京城四面别築羅城。三年正月，發京畿滑、鄭、曹之民，命薛可言等督之，仍命韓通總其事，王朴經度，凡通衢委巷，廣袤之間，皆朴定其制。踰年而成。神宗熙寧中，始四面爲敵樓，作甕城及濬治濠塹。

周密癸辛雜志：汴之外城，周世宗時所築，宋神宗又展拓之。其高際天，堅壯雄偉。南關外有太祖講武池，周美成汴都賦形容盡矣。梁王鼓吹臺、徽宗龍德宫舊址尚在。岳珂桯史：開寶戊辰，藝祖初修汴京，大其城址，曲而宛如蚓詘焉。耆老相傳，趙中令鳩工奏圖，初取方直，四面皆有門，坊市經緯其間，井井純列。上覽而怒，自取筆塗之，命以幅紙作大圈，紆曲縱斜，旁注曰：依此修築故城，即當時遺蹟也。時人咸罔測，多病其不宜於觀美。熙寧乙卯，神宗在位，遂欲改作。覽苑中牧豚及内作坊之事，卒不敢更，第增陴而已。及政和間，蔡京擅國，亟奏廣其規，以便宫室苑囿之奉。命宦侍董其役，凡周旋數十里，一撤而方之如矩，墉堞樓櫓，雖甚藻飾，而蕩然無曩時之堅樸矣。一時迄功，第賞侈其事，至以表記兩命詞科之題，槩可想見其張皇也。靖康間，胡馬南牧，粘罕斡離不揚鞭城下，有得色，曰易攻，下令植砲四隅，隨方而擊之。城既引直，一砲所望，一壁皆不可立，竟以此失守。藝祖沉幾遠睹，至是始驗。宸筆所定圖，宋承平時藏祕閣，今不復存。

和維愚見記忘：汴之外城門名，各有意義。如云鄭門，以其通往鄭州也。如云酸棗門，以其通往延津，即舊酸棗縣也。其固子門，未知其義。近閲宣和遺事内載：上清寶籙宫成，浚濠水深三丈。東則景龍門橋，西則天波門橋，二橋之下壘石爲固，引舟相通。兩橋人物往來不覺。又郡城沿革云：西面門從南曰順天門，俗名新門，次曰利澤水門，汴河自此入城。次北曰開遠門，又名萬勝門，次北曰金輝門，俗名固子門。歐陽公歸田録亦云飲于固子橋，然則以壘石爲固而名其橋，因以名其門也。周禮：掌固之職，掌修城郭橋渠之固，以爲固所依阻，故曰固，或曰固作顧，視也。汴城卧牛之形，北視黄河爲子，而子不敢來害其母。此臆度説，無所據。

今省城國朝洪武初重築，外包以磚。門五：東曰麗景，南曰南薰，西曰大梁，北曰安遠，東北曰仁和。外建月城，上各建樓，其西舊名望京。角樓四，敵臺八十四，窩鋪八十三。東、西、南門甕城内，皆有漢壽亭侯廟，而北門甕城内，則玄帝廟也。皆近時建。

宋大内宫室

宋史地理志曰：東京，汴之開封也。梁爲東都，後唐罷，晉復爲東京，宋因周之舊爲都。建隆三年，廣皇城東北隅，命有司畫洛陽宫殿之制，按圖修之，而皇居始壯麗矣。雍熙三年，欲廣宫城，詔殿前指揮使劉延翰等經度之，以居民多不欲徙，遂罷。宫城周迴五里。南三門：中曰乾元，宋初依梁、晉之舊，名曰明德，太平興國三年改丹鳳，大中祥符八年改正陽，明道二年改宣德，雍熙元年改今名。全唐詩話：今東京皇城乾元門，舊宣武軍鼓角樓也。節度使王彦威有詩刻石在其上，後梁氏建國，其石不知所在。東曰左掖，西曰右掖。東西兩門曰東華、西華。舊名寬仁、神獸，開寶三年改今名。熙寧十年，又改東華門北曰謻門。北一門曰拱宸。舊名玄武，大中祥符五年改今名。熙寧十年，改門内西横門曰臨華門。乾元門内正南門曰大慶，東西横門曰左、右升龍。左右北門内各二門曰左、右長慶，熙寧間，改左、右長慶隔門曰左、右嘉肅。左、右銀臺。東華門内一門曰左承天祥符，乾德六年賜名，大中祥符元年正月，天書降其上，詔加「祥符」二字而增葺之。西華門内一門曰右承天。左承天門内道北門曰宣祐，舊名光天，大中祥符八年改大寧，明道元年改今名。正南門内正殿曰大慶，東西門曰左、右太和。宋初曰日華、月華，大中祥符八年改今名。正衙殿曰文德，宋初曰文明，雍熙元年改今名。熙寧間，改南門曰端禮。兩掖門曰東、西上閤，東西門左、右嘉福。宋初曰左、右勤政，明道元年十月改今名。大慶殿舊名崇元，乾德四年重修，改曰乾元，太平興國九年，改朝元，大中祥符八年改天安，明道三年改今名。北有紫宸殿，舊名崇德，明道元年改。視朝之前殿也。西有垂拱殿，舊名長春，明道元年改。常日視朝之所也。次西有皇極殿，開寶四年，賜名滋福，明道元年十月改。又次西曰集英殿，舊名廣政，開寶三年曰大明，淳化間曰含光，大中祥符八年名會慶，明道元年十月改今名。宴殿也。殿後有需雲殿，舊名玉華，後改瓊華，熙寧初改今名。東有昇平樓，舊名紫雲，明道元年改。宮中觀宴之所也。宮後有崇政殿，舊名簡賢講武，太平興國二年改今名，熙寧間，改北橫門曰通極。閱事之所也。殿後有景福殿，西有殿北向，曰延和，便坐殿也。大中祥符七年，建後苑東門，洎北向便殿成，賜名宣和門，承明殿，明道元年改端明，二年改今名。凡殿有門者，皆隨殿名。宮中又有延慶，舊名萬歲，大中祥符七年改。安福、觀文，舊名集聖，明道二年改肅儀，慶曆八年改今名。清景、慶雲、玉京等殿，壽寧堂，舊名清景，明道元年改。延春閣，舊名萬春，寶元元年改。福寧殿。即延慶，明道元年改。

東西有門曰左、右昭慶。觀文殿西門曰延真，其東真君，殿曰積慶。前建感真閣，又有龍圖閣，下有資政、崇和、宣德、述古四殿。天章閣下有群玉、蘂珠二殿，後有寶文閣，即壽昌閣，慶歷元年改。閣東西有嘉德、延康二殿，前有景輝門。後苑東門曰寧陽，即宣和門，明道元年改。苑内有崇聖殿、太清樓，其西又有宜聖、化成、即玉宸殿，明道元年改。金華、西凉、清心等殿，翔鸞、儀鳳二閣，華景、翠若、瑶津三亭。延福宫有穆清殿，延慶殿北有柔儀殿，初有殿無名，章獻太后名曰崇徽，明道元年改寶慈，景祐二年改今名。崇徽殿北有欽明殿。舊名天和，明道元年改觀文，又改清居，治平三年始改今名。延福殿北有廣聖宫，天聖二年建，名長寧，景祐二年改。內有太清、玉清、冲和、集福、會祥五殿，建流盃殿于後苑。明道元年八月，修文德殿成。是夜，禁中火，延燔崇德、長春、滋福、會慶、延慶、崇徽、天和、承明八殿，命宰相吕夷簡爲修葺大内使，樞密副使楊崇勳副之，發京東西、河北、淮南、江東西路工匠給役，内出乘輿物，左藏庫易緡錢二十萬助其費，以故改諸殿名。又有慈德殿，楊太后所居，景祐元年賜名。觀稼殿、在後苑，觀種稻，景祐元年創建。延義閣、在崇政殿内。邇英閣、在崇政殿西南，蓋侍臣講讀之所也，與延義同，景祐三年賜名。隆儒殿、邇英閣後小殿，皇祐三年始賜名。慈壽殿、皇太后所居，治平元年賜名。慶壽宫、保慈宫，熙寧二年建。玉華殿，在後苑。基春殿，熙寧元年建，在玉華殿後。睿思殿，八年建。承極殿，元豐三年建。崇慶、隆祐二宫，元祐元年建。睿成宫，神宗所居東宫，紹聖二年賜名。宣和殿，在睿思殿後，紹聖二年建，四年殿成，其東側别有小殿曰凝芳，其西曰瓊芳，前曰重熙，後曰環碧。元符三年廢，崇寧初復作。大觀三年，徽宗製記刻石，實蔡京爲之。聖瑞宮，皇太妃所居，因以名宮。顯謨閣，元符元年建，藏神宗御集，建中靖國元年改曰熙明，尋復舊。玉虚殿，元符初建。玉華閣，大觀初建，在宣和殿後。親蠶宮，政和元年建。燕寧殿。在延福宮北，奉安仁宗慈聖光獻皇后御容。

延福宮，政和三年春，新作於大内北拱辰門外。舊宮在後苑之西南，今其地乃百司供應之所，凡内酒坊、裁造院、油醋、柴炭、鞍轡等庫，悉移他處，又遷兩僧寺、兩軍營，而作新宮焉。始南向，殿因宮名曰延福，次曰蕊珠，有亭曰碧琅玕。其東門曰晨暉，其西門曰麗澤。宮左復列二位。其殿則有穆清、成平、會寧、睿謨、凝和、崑玉、群玉，其東閣則有蕙馥、報瓊、蟠桃、春錦、疊瓊、芬芳、麗玉、寒香、拂雲、偃蓋、翠葆、鉛英、雲錦、蘭薰、摘金，其西閣有繁英、雪香、披芳、鉛華、瓊華、文綺、絳萼、穠華、緑綺、瑶碧、清陰、秋香、叢玉、扶玉、絳雲。會寧之北，叠石爲山，山上有殿曰翠微，旁爲二亭，曰雲歸，曰層巘。凝和之次閣曰明春，其高踰三百一十尺。閣之側爲殿二：曰玉英，曰玉澗。其背附城，築土植杏，名曰杏岡。覆茅爲亭，修竹萬竿，引流其下。宮之右爲佐二閣，曰宴春，廣十有二丈，舞臺四列，山亭三峙。鑿圓池爲海，跨海爲二亭，架石梁以升山，亭曰飛華，横度之四百尺有奇，縱數之二百六十有七尺。又疏泉爲湖，湖中作隄以接亭，隄中作梁以通湖，梁之上又爲茅亭、鶴莊、鹿砦、孔翠諸栅，蹄尾動數千，嘉花名木，類聚區别，幽勝宛若生成，西抵麗澤，不類塵境。初，蔡京命童貫、楊戩、賈詳、藍從熙、何訢等分任宮役。五人者因各爲制度，不務沿襲，故號「延福五位」。東西配大内，南北稍劣。其東直景龍門，西抵天波門，宮東西二横門，皆視禁門法，所謂晨暉、麗澤者也，而晨暉門出入最多。其後又跨舊城修築，號「延福第六位」。跨城之外浚壕，深者水三尺，東景龍門橋，西天波門橋，二橋之下，疊石爲固，引舟相通，而橋上人物外自通行不覺也。名曰景龍江。其後又闢之，東過景龍門至封邱門。景龍江北有龍德宮。初，元符三年，以懿親宅潛邸爲之，及作景龍江，江夾岸皆奇花珍木，殿宇比比對峙，中塗曰壺春堂，絶岸至龍德宮。

其地歲時次第展拓，後盡都城一隅，名曰擷芳園，山水美秀，林麓暢茂，樓觀參差，猶艮嶽、延福也。宮在舊城，因附見此。保和殿，政和三年四月作，九月殿成，總爲屋七十五間。玉清神霄宮，政和三年建，舊名玉清和陽，在寧福殿東，七年改今名。上清寶籙宮，政和五年作，在景龍門東，對景輝門，既又作仁濟、輔正二亭於宮前。作上清寶籙宮密連禁署，内列亭臺館舍不可勝計。命道士施民符藥，徽宗時登皇城下視之。又開景龍門，城上作複道，通寶籙宮，以便齋醮之。徽宗數從複道上往來。是年十二月，始張燈於景龍門上下，名曰預賞元宵。其明年，乃有期門之事。

萬歲山、艮嶽，政和七年，始於上清寶籙宮之東作萬歲山。山周十餘里，其最高一峰九十步，上有介亭，分東西二嶺，直接南山。山之東有萼緑華堂，有書館、八仙館、紫石巖、棲真嶝、覽秀軒、龍吟堂。山之南則壽山，兩峰並峙，有雁池、噰噰亭，北直絳霄樓。山之西有藥寮，有西莊，有巢雲亭，有白龍沂、濯龍峽、蟠秀、練光、跨雲亭、羅漢巖。又西有萬松嶺，嶺畔有倚翠樓，上下設兩閣，閣下有平地。鑿大方沼，沼中作兩洲，東爲蘆渚，亭曰浮陽，西爲梅渚，亭曰雪浪。西流爲鳳池，東出爲雁池，中分二館，東曰流碧，西曰環山，有閣曰巢鳳，堂曰三秀，東池後有揮雪亭。復由嶝道上至介亭，亭左復有亭曰極目，曰蕭森，右復有亭曰麗雲、半山。北俯景龍江，引江之上流注山澗。西行爲漱瓊軒，又行石間爲煉丹、凝真觀、圜山亭，小視江際，見高陽酒肆及清澌閣。北岸有勝筠庵、躡雲臺、蕭閒館、飛岑亭。支流別爲山莊，爲回溪。又於南山之外爲小山，横亘二里，曰芙蓉城，窮極巧妙。而景龍江外，則諸館舍尤精。其北又因瑶華宮火，取其地作大池，名曰曲江，池中有堂曰蓬壺，東盡封邱門而止。其西則自天波門橋引水直西殆半曲，江乃折南又折北。折南者過閶闔門，爲複道通茂德帝姬宅。折北者四五里，屬之龍德宮。宣和四年，徽宗自爲艮嶽記，以爲山在國之艮，故名艮嶽。蔡絛請初名鳳凰山，後神降，其詩有「艮嶽排空霄」，因改名艮嶽。宣和六年，詔以金芝産于艮嶽之萬壽峰，又改名壽嶽。蔡絛謂南山成，又改名壽嶽。嶽之正門名曰陽華，故亦號陽華宮。自政和訖靖康，積累十餘年，四方花竹奇石，悉聚於斯，樓臺亭館，雖略如前所記，而月增日益，殆不可以數計。宣和五年，朱勔于太湖取石，高廣數丈，載以大舟，挽以千夫，鑿河斷橋，毁堰折牐，數月乃至，賜號「昭功敷慶神運石」，是年，初得燕地故也。勔緣此授節度使。大抵群閹興築不肯已，徽宗晚歲，患苑囿之衆，國力不能支，數有厭惡語，由是得稍止。及金人再至，圍城日久，欽宗命取山禽水鳥十餘萬，盡投之汴河，聽其所之，折屋爲薪，鑿石爲炮，伐竹爲笓籬，又取大鹿數百千頭殺之，以啗戰士云。

宋朝會要：今大内即宣武軍節度使治所。朱梁建都，遂以衙署爲建昌宫。晉天福初又爲大寧宫，但改名號而已。周世宗雖加營繕，猶未合古制。建隆三年，發開封浚儀民廣皇城。四年五月，太祖命有司畫洛陽宫殿，按圖修之，自是皇居始壯麗矣。

趙德麟侯鯖録：唐東京宫城，東西四里一百八十八步，南北二里八十五步，周迴十三里二百四十一步，高四丈八尺。宋東京宫城，周迴五里。

邵氏聞見録：東京，唐汴州。梁太祖因宣武軍置建昌宫。晉改曰大寧宫。周世宗雖加營繕，猶未如王者之制。藝祖得天下之初，即遣使圖西京大内，按以改作。即成，帝坐萬歲殿，洞開諸門，端直如繩，嘆曰：「此如吾心小有私曲，人皆見之矣。」

葉少藴石林燕語：京師大内，梁氏建國，止以爲建昌宫，本唐宣武節度治所，未暇增大也。後唐莊宗遷洛，復廢以爲宣武軍。晉天福中，因高祖臨幸，更號大寧宫，今新城是也。其增展外羅，蓋周世宗始爲之。太祖建隆初，以大内制度草創，乃詔圖洛陽宫殿，展皇城東北隅，以鐵騎都尉李懷義與中貴人董役，按圖營建。初命懷義等，凡諸門與殿須相望，無得輒差，故垂拱、福寧、柔儀、清居四殿正重，而左、右掖與升龍、銀臺等諸門皆然，惟大慶殿與端門少差爾。宫成，太祖坐福寧寢殿，令闢門前後，召近臣入觀，諭曰：我心端直正如此，有少偏曲處，汝曹必見之矣。群臣皆再拜。後雖嘗經火屢修，卒不敢易其故處矣。按石林燕語與邵氏所記略同。

又曰：大慶殿初名乾元，太平興國祥符中，皆因火改爲朝元，天聖景祐中，方改今名。有龍墀、沙墀，凡正至大朝會尊號則御焉。郊祀大禮則駕宿於殿之後閣，百官爲次，宿於前之兩廊。皇祐初，始行明堂之禮，又以爲明堂。仁宗御篆「明堂」二字，每行禮則旋揭之，事已復去。文德殿在大慶殿之西少次，舊曰端明，後改文明，祥符中因火再建，易今名。紫宸殿在大慶殿之後少西。其次又爲垂拱殿，自大慶殿後紫宸、垂拱之兩間，有柱廊相通，每月視朝，則御文德，所謂過殿也。東西閤門，皆在殿後之兩旁，月朔不御過殿，則御紫宸，所謂入閤也。月朔與誕節，郊廟禮成，受賀，契丹辭見，亦皆御紫宸。文德遇受册發册，明堂宣赦亦御，而不常用。宣麻不御殿，而百官即庭下聽之。紫宸不受賀，而拜表稱賀，則於東上閤門。國忌未赴景靈宫，先進名奉慰，則於西上閤門，亦即庭下拜而授閤門使，蓋以閤不以殿也。惟垂拱爲日御朝之所。集英殿，舊大明殿也，明道中改今名，每春秋大燕皆在此。太祖嘗御策制科舉人，故後爲進士殿試之所。其東廊後有樓曰昇平，舊紫雲樓也，每大燕則宮中登而觀焉。皇儀殿舊名滋福，咸平太宗明德皇后居之，以爲萬安宮，后崩復舊，明道中改今名，故常廢而不用，以爲治后喪之所。

又曰：東華門直北有東向門，西與内東門相直，俗謂之謻門，而無牓。張衡東京賦所謂「謻門曲榭」者也。薛綜注：謻，曲屈斜行，依城池爲道。集韻：「謻」字或作誃，以爲宮室相連之稱。今循東華門牆而轉東面爲北門，亦可謂斜行依牆矣。凡宮禁之言相承，必皆有自也。按字訓：謻，别也。東京賦但言别門耳。

周密癸辛雜識：京師有八卦殿八門，各有樹木山石，無一相類，皆嵌石座，亦穿空與石竅相通。上欲有所往，與所幸美人自一門出，宮人仙衣扶輪，一聲霹靂，則仙樂競奏雲霄間，石竅中腦麝烟起如霧。

楊奂汴故宮記：元太宗十一年己亥春三月，按部至于汴，汴長吏宴于慶宮之長生殿，懼後世無以考，爲纂其大概云：皇城南外門曰南薰，南薰之北新城門曰豐宜，橋曰龍津橋，北曰丹鳳，而其門三。丹鳳北曰州橋，橋少北曰文武樓，遵御路而北，横街也。東曰太廟，西曰郊社，正北曰承天門，而其門五，雙闕前引，東曰登聞檢院，西曰登聞鼓院。檢院之東曰左掖門，門之南曰待漏院。鼓院之西曰右掖門，門之南曰都堂。承天之北曰大慶門，而日精門、左昇平門居其東，月華門、右昇平門居其西。正殿曰大慶殿，東廡曰嘉福樓，西廡曰嘉瑞樓。大慶之後曰德儀殿。德儀之東曰左升龍門，西曰右升龍門，正門曰隆德，曰蕭牆，曰丹墀，曰隆德殿。隆德之左曰東上閤門，右曰西上閤門，皆南向。東西二樓，鐘鼓之所在，鼓在東，鐘在西。隆德之次曰仁安門、仁安殿，東則内侍局。内侍之東曰近侍局，近侍之東曰嚴祇門，宫中則曰撒合門。少南曰東樓，即授除樓也。西曰西樓。仁安之次曰純和殿，正寢也。純和西曰雪香亭，雪香之北，后妃位也，有樓。樓西曰瓊香亭，亭西曰涼位，有樓。樓北少西曰玉清殿。純和之次曰寧福殿，寧福之後曰苑門。由苑門而北曰仁智殿，有二大石，左曰敷錫神運萬歲峰，右曰玉京獨秀太平巘，殿曰山莊。莊之西南曰翠微閣。苑門東曰僊韶院，院北曰湧翠峰。峰之洞曰大滌湧翠，東連長生殿，殿東曰湧金殿，湧金之東曰蓬萊殿。長生西曰浮玉殿，浮玉之西曰瀛洲殿。長生之南曰閲武殿，閲武南曰内藏庫。由嚴祇門東曰尚食局，尚食東曰宣徽院，宣徽北曰御藥院，御藥北曰右藏庫，右藏之東曰左藏庫。宣徽東曰點檢司，點檢北曰祕書監，祕書北曰學士院，學士之北曰諫院，諫院之北曰武器署。點檢之南曰儀鸞局，儀鸞之南曰尚輦局。宣徽之南曰拱衛司，拱衛之南曰尚衣局。尚衣之南曰繁禧門，繁禧之南曰安泰門，安泰西與左升龍門直。東則壽聖宫，兩宫太后位，本明俊殿，試進士之所。宫北曰徽音殿，徽音之北曰燕壽殿，燕壽殿垣後少西曰震肅衛司，東曰中衛尉司。儀鸞之東曰小東華門，更漏在焉。中衛尉司東曰祗肅門，祗肅門東少南曰將軍司。徽音、壽聖之東曰太后苑，苑之殿曰慶春。慶春與燕壽並，小東華與正東華對。東華門内正北尚廄局，尚廄西北曰臨武殿。左掖門正北尚食局，局南曰宫苑司。宫苑司西北曰尚醖局、湯藥局。侍議司少西曰符寶局、器物局，西則撒合門。嘉瑞樓西曰三廟，正殿曰德昌，東曰文昭殿，西曰光興殿，並南嚮。德昌之後，宣宗廟也。宫西門曰西華，與東華直，其北門曰安貞。二大石外，凡花石、臺榭、池亭之細並不録。觀其制度簡素，比土階茅茨則過矣。視漢之所謂千門萬户珠璧華麗之飾，則無有也，然後之人因其制度而損益之，以求其稱，斯可矣。

洪武十一年，即宋故宫遺址建周王府，乃太祖第五皇子，謚定始分封之國，宗室繁衍，甲於它藩。城中井水悉苦鹻難飲，汴人率於城外汲水飲之。惟周府太廟前井水甘，蓋宋大内舊井也。

石林詩話：京師職事官，舊皆無公廨，雖宰相執政，亦僦舍而居，每遇出省，或有中批外奏，急速文字，則省吏徧持於私第呈押，既稽緩又多漏泄。元豐初，始建東、西府於右掖門之前，每府相對爲四位。裕陵幸尚書省駐輦，環視久之。時張侍郎文裕以詩慶宰執，元參政厚之和云：「黄閣勢連東鳳闕，紫樞光直右銀臺。蓋東府與西闕相近，西府正直右掖門。」

避暑録話：舊學士院在樞密院之後，其南廡與樞密後廊中分，門乃西向，玉堂本以待乘輿行幸，非學士所得常居，惟禮上之日，得略坐其東，受院吏參謁而已。其後爲主廊，北出直集英殿，則所謂北門也。學士僅有直舍，分於門之兩傍，每鎖院受詔，乃與中使坐主廊。余爲學士時，始請闢兩直舍，各分其一間與北門通爲三，以照壁限其中。屏間命待詔鮑詢畫花竹於上，與玉堂郭熙春江晚景屏相配，當時以爲美談。後聞王丞相將明爲承旨，太上皇眷愛之厚，乃旁取西省右正言廳以廣之，中爲殿曰右文，則非復余前日所見矣。

吴處厚青箱雜記：梁祖都汴，庶事草創，正明中始於今右長慶門東北，創小屋數十間爲三館，湫隘尤甚。又周盧徼道咸出其間，衛士騶卒朝夕喧雜，每受詔撰述，皆移他所。至太平興國中，車駕臨幸，顧左右曰：「若此卑陋，何以待天下賢俊。」即日詔有司規度左昇龍門東北東府地爲三館，命内侍督役，晨夜兼作，不日而成。尋下詔賜名崇文院，以東廊爲昭文館書庫，南廊爲集賢院書庫，西廊以經史子集四部爲史館庫，凡六庫書籍正副本八萬卷，斯亦盛矣。

東京夢華録曰：東都外城，方圓四十餘里。城濠曰護龍河，闊十餘丈。濠之内外，皆植楊柳，粉牆朱户，禁人往來。城門皆甕城三層，屈曲開門，惟南薰門、新鄭門、新宋門、封丘門皆直門兩重，蓋此係四正門，皆留御路故也。新城南壁，其門有三：正南門曰南薰門，城南一邊，東南則陳州門，傍有蔡河水門；西南則戴樓門，傍亦有蔡河水門。蔡河正名惠民河，爲通蔡州故也。東城一邊，其門有四：東南曰東水門，乃汴河下流水門也。其門跨河，有鐵裹牕門，遇夜如閘垂下水面，兩岸各有門通人行路，出拐子城，夾岸百餘丈。次則曰新宋門，次曰新曹門，又次曰東北水門，乃五丈河之水門也。西城一邊，其門有四：從南曰新鄭門，次曰西水門，汴河上水門也，次曰萬勝門，又次曰固子門，又次曰西北水門，乃金水河水門也。北城一邊，其門有四：從東曰陳橋門，乃大遼人使驛路。次曰封丘門，北郊御路。次曰新酸棗門，次曰衛州門。諸門名皆俗呼，其正名如西水門曰利澤，鄭門本順天門，固子門本金耀門。

新城每百步設馬面、戰棚，密置女頭，旦暮修整，望之聳然。城裏牙道，各植榆柳成陰。每二百步置一防城庫，貯守禦之器，有廣固兵士二十，每日修造泥飾，專有京城所提總其事。

舊京城方圓約二十里許，南壁其門有三：正南門曰朱雀門，左曰保康門，右曰新門。東壁其門有三：從南汴河南岸角門子，河北岸曰舊宋門，次曰舊曹門。西壁其門有三：從南曰舊鄭門，次汴河北岸角門子，次曰梁門。北壁其門有三：從東曰舊封丘門，次曰景龍門，乃大内城角寶籙宫前也。次曰金水門。

穿城河道有四：南壁曰蔡河，自陳蔡由西南戴樓門入京城，遼繞自東南陳州門出。河上有橋十三，自陳州門裏曰觀橋，在五岳觀後門。從北次曰宣泰橋，次曰雲騎橋，次曰横橋子，在彭婆婆宅前。次曰高橋，次曰西保康門橋，次曰龍津橋，正對内前。次曰新橋，次曰太平橋，高殿前宅前。次曰糶麥橋，次曰第一座橋，次曰宜男橋，出戴樓門外曰四里橋。中曰汴河，自西京洛口分水入京城，東去至泗州入淮，運東南之糧。凡東南方物，自此入京城，公私仰給焉。自東水門外七里至西水門外，河上有橋十三，從東水門外七里曰虹橋，其橋無柱，皆以巨木虚架，飾以丹艭，宛如飛虹，其上下土橋亦如之。次曰順城倉橋，入水門裏曰便橋，次曰下土橋，次曰上土橋，投西角子門曰相國寺橋，次曰州橋，正名天漢橋。正對於大内御街。其橋與相國寺橋皆低平不通舟船，惟西河平船可過。其柱皆青石爲之，石梁石笋楯欄，近橋兩面皆石壁，雕鐫海馬水獸飛雲之狀，橋下密排石柱，蓋車駕御路也。州橋之北岸御路，東西兩闕，樓觀對聳，橋之西有方淺船二隻，頭置巨幹鐵鎗數條，岸上有鐵索三條，遇夜絞上水面，蓋防遺失舟船也。西去曰浚儀橋，次曰興國寺橋，亦名馬軍軍衙橋。次曰太師府橋，蔡相宅前。次曰金梁橋，次曰西浮橋，舊以船爲之橋，今皆用木石造矣。次曰西水門便橋，門外曰横橋。東北曰五丈河，來自濟、鄆，般挽京東路糧斛入京城，自新曹門北入京。

河上有橋五：東去曰小横橋，次曰廣備橋，次曰蔡市橋、次曰青暉橋、染院橋。西北曰金水河，自京城西南分金索河水築堤，從汴河上用木槽架過，從西北水門入京城，夾牆遮擁，入大内灌後苑池浦矣。河上有橋三：曰白虎橋、横橋、五王宫橋之類。又曹門河小子橋曰念佛橋。

大内正門：宣德樓列五門，門皆金釘朱漆，壁皆磚石間甃，鐫鏤龍鳳飛雲之狀，莫非雕甍畫棟，峻桷層榱，覆以琉璃瓦，曲尺朶樓，朱欄彩檻，下列兩闕亭相對，悉用朱紅杈子。入宣德樓正門乃大慶殿，庭設兩樓，如寺院鐘樓，上有太史局，保章正測驗刻漏，逐時刻執牙牌奏。每遇大禮，車駕齋宿及正朔朝會于此殿。殿外左右横門曰左、右長慶門。内城南壁有門三層，係大朝會趨朝路。宣德樓左曰左掖門，右曰右掖門。左掖門裏乃明堂，右掖門裏西去乃天章、寶文等閣。宫城至北廊約百餘丈。入門東去街北廊乃樞密院，次中書省，次都堂，宰相朝退治事於此。次門下省，次大慶殿。外廊横門北去百餘步，又一横門，每日宰執趨朝，此處下馬，餘侍從臺諫於第一横門下馬，行至文德殿，入第二横門。東廊大慶殿東偏門，西廊中書、門下後省，次修國史院，次南向小角門，正對文德殿常朝殿也。殿前東西大街，東出東華門，西出西華門。近裏又兩門相對，左、右嘉肅門也。南去左、右銀臺門。自東華門裏太子宫入嘉肅門，街南大慶殿後門，東、西上閤門，街北宣祐門。南北大街西廊，面東曰凝暉殿，乃通會通門，入禁中矣。殿相對東廊門樓，乃殿中省六尚局御厨。殿上常列禁衛兩重，時刻提警，出入甚嚴。近裏皆近侍中貴。殿之外皆知省、御藥、幕次、快行、親從官、輦官、車子院、黄院子、内諸司兵士，祗候宣唤，及宫禁買賣進貢，皆由此入。宣祐門外西去紫宸殿，正朔受朝於此。次曰文德殿，常朝所御。次曰垂拱殿，次曰皇儀殿，次曰集英殿，御宴及試舉人於此。後殿曰崇政殿、保和殿。内書閣曰睿思殿。後門曰拱辰門。

内諸司皆在禁中，如學士院、皇城司、四方館、客省、東西上閤門、通進司、内弓劍鎗甲軍器等庫、翰林司、茶酒局也。内侍省、入内内侍省、内藏庫、奉宸庫、景福殿庫、延福宫、殿中省六尚局、尚藥、尚食、尚輦、尚醖、尚舍、尚衣。諸閤分、内香藥庫、後苑作、翰林書藝局、醫官局、天章等閣、明堂、班朔布政府。

外諸司：左右金吾衛仗司、法酒庫、内酒坊、牛羊司、乳酪院、儀鸞司、帳設局也。車輅院、供奉庫、雜物庫、雜賣務、東西作坊、萬全、造軍器所。修内司、文思院、上下界綾錦院、文繡院、軍器所、上下竹木務、箔場、車營、致遠務，騾務、駞坊、象院、作坊、物料庫、東西窑務、内外物庫、油醋庫、京城守具所、鞍轡庫、養馬曰左右騏驥院、天駟十監、河南北十炭場、四熟藥局、内外柴炭庫、軍頭引見司、架子營、樓店務、店宅務。榷貨務、都茶場、大宗正司、左藏、大觀、元豐、宣和等庫、編估局、打套所。諸米麥等，自州東虹橋元豐倉、順城倉，東水門裏廣濟、裏河折中、外河折中、富國、廣盈、萬盈、永豐、濟遠等倉，陳州門裏麥倉子，州北夷門山、五丈河諸倉，約共有五十餘所。日有支納下卸。即有下卸。指軍兵士支遣，即有袋家每人肩兩石布袋。遇有支遣，倉前成市。近新城有草場二十餘所。每遇冬月，諸鄉納粟稈草，牛車闐塞道路，車尾相啣，數千萬輛不絕，場内堆積如山。諸軍打請，營在州北，即往州南倉，不許僱人般擔，並要親自負來，祖宗之法也。

坊巷御街，自宣德樓一直南去，約闊二百餘步，兩邊乃御廊，舊許市人買賣於其間，自政和間官司禁止，各安立黑漆杈子，路心又安朱漆杈子兩行，中心御道，不得人馬行往，行人皆在廊下朱杈子之外。杈子裏有磚石甃砌御溝水兩道，宣和間盡植蓮荷，近岸植桃李梨杏，雜花相間，春夏之間，望之如繡。

宣德樓前，左南廊對左掖門，爲明堂、頒朔布政府。祕書省右廊南對右掖門。近東則兩府八位，西則尚書省。御街大内前南去，左則景靈、東宫，右則西宫。近南大晟府，次曰太常寺，州橋曲轉，大街面南，曰左藏庫。

大金國志曰：貞元三年，國主陰有南征之志，乃謀遷都汴京，先遣參知政事馮長寧爲留守，經畫修内。未幾，天火焚之，宫室皆盡，主大怒，免長寧爲庶人，尋杖之死。

正隆元年冬，復修汴京大内，遣左丞相領行臺尚書省督其事，以梁漢臣爲提舉官，號大使。詔曰：「朕祇奉上玄，君臨萬國，屬從朔地，爰出幽都，猶跼眷于一隅，非光宅於中土。顧理道所在，有因有循；權變所生，有革有化。大梁天下之都會，陰陽之正中。朕惟變通之數，其可違乎！往歲卜宅相土，宜建新都，將命不虔，燼于一炬。第山川秀麗，卉物繁滋，朕夙有志焉，雖則劬勞，其究安宅。其大内規模，一仍舊貫，可大新營構，乘時葺理。」

汴京制度，宣宗所遷，大概依宋之舊。故宫宫牆四角皆有樓，高五丈，每樓一所，兩旁各有屋以裹牆角。自左掖門向西三十步横入一門，號左昇龍門。入此門即大慶門外，游峻廊上俯闤城市，正望丹鳳樓後，下樓即右昇龍門，此兩門通左、右掖門，横通大慶門外。其門有三：中曰大慶，東曰日精，西曰月華。門旁皆列戟，入此門望見大慶殿，殿前有兩樓對峙，東曰嘉福，西曰嘉瑞。大慶殿屋十一間，龍墀三級，旁朶殿各三門，峻廊後與兩廡相接。樓壁畫四龍，各長數丈，乃宣宗渡河後畫。中有御畫小龍，用拱斗鬬成一方井，如佛正殿，蓋中有一金龍，以絲網罩之，此正衙也。轉西御屏下峻階數步，一殿曰德儀殿，有三門：中曰隆平，左曰左隆平，右曰右隆平，入此門東西兩井望見隆德殿，即宋垂拱殿也。殿庭中東一鐘樓，西一鼓樓。殿屋五大間，旁各殿三間，階上龍墀一級，東西兩閤門並樓屋，下有門通往來，此常朝殿也。此殿後又一庭院，有門曰仁安，東西兩門，東出東華門，入仁安門望見仁安殿，龍墀兩廊皆如仁德殿規模，即宋集英殿也。自此後兩殿有門，皆有船軒連接，兩邊廊屋，止是黑漆牕户，意謂必宫人居於此，乃内殿，百官不到。前四殿皆琉璃筒瓦，一殿曰德和，一殿曰福寧，後有一小殿，殿後有直舍。此殿後即内宫牆門，有門兩重出入後苑，十數步間，過一小溪橋有仁智殿，溪中有龍舟。仁智殿下兩巨石，高三丈，廣半之。東一石有小碑刻「敕賜昭慶神運萬歲峰」，西一石刻「獨秀太平巖」，乃宋徽宗御書，刻石填金。殿後有石壘成山，高百尺，廣倍之，最上刻石曰香石泉山。山後挽水上山，水自流下至荆王澗，又流至湧翠峰，下有太山洞。水自洞門飛下，復由本路出德和殿，迤邐至大慶門外，横從右昇龍門出後朝門，榜曰啟慶之宫。入宫門後有三門：中曰德昌，左曰文昭，右曰光興，制度宏麗，金碧輝映，不可勝言。出啟慶門復入右昇龍門，過大慶門外出左昇龍門，向東行一門向南，榜曰聖壽宫，左安泰門，右明昌門，即金國太后宫。入宫門直入，一門榜曰徽音，又一門榜曰光熙，望見徽音殿、長樂殿。入光翼門、繁禧門，有德壽殿。復出此宫即祕閣，在左掖門之西。五門之東，即右待漏院。自五門望南向丹鳳門中間禁路，兩廊千步，廊盡處向東一屏牆，向南一大門，即太廟門。内三門，門上並畫蟠龍，殿宇二十五間，高大宏麗，兩旁修廊，東西各開一門，與廊相通，蓋百官陪位入此兩門甚便。殿上十一室，盡榜金國祖宗謚號，每一室計三間，東邊一門，西邊一牕，嵌一小石室，上下有石廣三丈，石門一閤可開閉，係藏神主處。遇祭祀迎神主出石室，祭畢復藏殿宇。出太廟向西行，向南一門，即社壇，周圍皆牆。外四門遇祭則開，迎四方之氣。宫室制度，金國時有改更，大抵皆宋朝之舊也。

歷代宅京記卷之十七

宋州

宋

宋史地理志曰：大中祥符七年，建應天府爲南京。宫城周二里三百一十六步。門曰重熙、頒慶。殿曰歸德。元豐六年，賜度僧牒，修外城門及西橋等。京城周廻一十五里四十步。東二門：南曰延和，北曰昭仁。西二門：南曰順城，北曰廻鑾。南一門曰崇禮，北一門曰静安。中有隔城，又有門二：東曰承慶，西曰祥輝。其東又有關城，南北各一門。

葉夢得石林燕語曰：應天府，藝祖肇興之地。祥符七年建南京，詔即衙城爲大内，正殿以歸德爲名。雖降圖營建，而實未嘗行。天禧中，王曾爲守，請減省舊制，别爲圖以進，亦但報聞。其後僅修祥輝、崇禮二門而已。元豐間，蘇頌自南京還朝，請以曾奏先修歸德一殿，約爲屋百間。神宗亦未暇也。惟正門以真宗觀酺賜名。重熙頒慶，樓猶是雙門，未嘗改作。

玉海曰：宋州，景德三年二月甲申升應天府。祥符七年正月丙辰升南京。詔曰：「洪惟藝祖，歷試是邦，同豳土之始基，應舂陵之王氣，稽唐氏晉陽之制，肇建新都。」

地理通釋曰：南京應天府，閼伯所居商邱，周爲宋國。漢爲梁國。隋唐爲宋州。太祖以歸德軍節度使即位，定有天下之號曰宋，景德四年升應天府，大中祥符七年升南京。高宗即位於此。

臨安

宋

宋史地理志曰：行在所。建炎三年閏八月，高宗自建康如臨安，以州治爲行宫。宫室制度皆從簡省，不尚華飾。垂拱、大慶、文德、紫宸、祥曦、集英六殿，隨事易名，實一殿。重華、慈福、壽慈、壽康四宫，重壽、寧福二殿，隨時異額，實德壽一宫。延和、崇政、復古、選德四殿，本射殿也。慈寧殿，紹興九年，以太后有歸期建。欽先孝思殿，十五年建，在崇政殿東。翠寒宮，孝宗作。損齋，紹興末建，貯經史書，爲燕坐之所。東宮，在麗正門内，孝宗、莊文、景獻、光宗皆嘗居之。講筵所，資善堂。在行宮門内，因書院而作。天章、龍圖、寶文、顯猷、徽猷、敷文、煥章、華文、寶謨九閣，實天章一閣。

輿服志曰：宮室，汴宋之制侈而不可以訓。中興服御惟務簡省，宮殿尤樸。皇帝之居曰殿，總曰大内，又曰南内，本杭州治也。紹興初創爲之，休兵後始作崇政、垂拱二殿，久之又作天章等六閣。寢殿曰福寧殿。淳熙初，孝宗始作射殿，謂之選德殿。八年秋，又改後殿擁舍爲别殿，取舊名謂之延和殿，便坐視事則御之。他如紫宸、文德、集英、大慶、講武，惟隨時所御，則易其名。紫宸殿遇朔受朝則御焉，文德殿降赦則御焉，集英殿臨軒策士則御焉，大慶殿行册禮則御焉，講武殿閲武則御焉。其實垂拱、崇政二殿，權更其號而已。二殿雖曰大殿，其修廣僅如大郡之設廳。淳熙再修止循其舊。每殿爲屋五間，十二架，修六丈，廣八丈四尺。殿南簷屋三間，修一丈五尺，廣亦如之。兩朵殿各二間，東西廊各二十間，南廊九間，其中爲殿門，三間六架，修三丈，廣四丈六尺。殿後擁舍七間，即爲延和，其制尤卑，陛階一級，小如常人所居而已。奉太上則有德壽宮、重華宮、壽康宮，奉聖母則有慈寧宮、慈福宮、壽慈宮。德壽宮在大内北望仙橋，故又謂之北内，紹興三十二年所造，宮成詔以德壽爲名，高宗爲上皇御之。重華宮即德壽宮也，孝宗遜位御之。壽康宮即寧福殿也。初丞相趙汝愚議以祕書省爲泰寧宫，已而不果行，以慈懿皇后外第爲之。上皇不欲遷，因以舊寧福殿爲壽康宫，光宗遜位御之。大内苑中亭殿亦無增，其名稱可見者，僅有復古殿、損齋、觀堂、芙蓉閣、翠寒堂、清華閣、欏木堂、隱岫、澄碧、倚桂、隱秀、碧琳堂之類，此南内也。北内苑中則有大池，引西湖水注之，其上疊石爲山，象飛來峰。有樓曰聚遠，禁籞周回四分之。東則香遠、清深、月臺、梅坡、松菊三徑、清妍、清新、芙蓉岡，南則載忻、欣欣、射廳、臨賦、燦錦、至樂、半丈紅、清曠、瀉碧，西則冷泉、文杏館、静樂、浣溪，北則絳華、旱船、俯翠、春桃、盤松。皇太子宫曰東宫。其未出閤，但聽讀于資善堂，堂在宫門内。已受册，則居東宫，宫在麗正門内。紹興三十二年始置，孝宗居之，莊文太子立，復居之。光宗爲太子，孝宗謂輔臣曰：「今後東宫不須剏建，朕宫中宫殿，多所不御，可移修之。」自是皆不别建。淳熙二年，始剏射堂一，爲游藝之所，圃中有榮觀、玉淵、清賞等堂，鳳山樓，皆宴息之地也。幕殿即周官大、小次也。東都時，郊壇大次謂之青城，祀前一日宿齋詣焉。其制中有二殿，外有六門：前曰泰禋，後曰拱極，東曰祥曦，西曰景曜，東偏曰承和，西偏曰迎禧。大殿曰端誠，便殿曰熙成。中興後以事天尚質，屢詔郊壇不得建齋宫，惟設幕屋而已。其制架木而以葦爲障，上下四旁周以幄帟，以象宫室，謂之幕殿。及行事，又於壇所設小次。大、小次之外，又有望祭殿，遇雨則行事於中。東都時爲瓦屋五間，周圍重廊。中興後惟設葦屋，蓋倣清廟茅屋之制也。

玉海曰：紹興四年，將還臨安，始命有司建太廟。十二年，作太社、太稷、皇后廟、都亭驛、太學。十三年，築圜丘、景靈宮、高禖壇、祕書省。十五年，作內中神御殿。十六年，廣太廟，建武學。十七年，作玉津園、太一宮、萬壽觀。十八年，築九宮貴神壇。十九年，建太廟，齋殿。二十年，作玉牒所。二十二年，作左藏庫、南省倉。二十五年，建執政府。二十六年，築兩相第，太醫局。二十七年，建尚書六府。凡定都二十年，而郊廟宮省始備。

方回南渡後郊邱考曰：紹興十三年正月，以禮部太常寺申請，命殿前都指揮使楊存中知臨安府。王晚依國朝禮制，建郊邱於國之東南，及建青城齋宮。在嘉會門外南四里龍華寺西，爲壇四成，上成從廣七丈，再成十二丈，三成十七丈，四成二十二丈。分十二陛，陛七十二級。壇及內壝七百九十步，中外壝通二十五步。燎壇方一丈，高一丈二尺。在壇南二十步內，地餘四十步，以列仗衛。惟青城齋宮及望祭殿詔勿營，臨事則爲幕屋，略倣汴京制度。大殿曰端誠，便殿熙成。其外爲泰禋門。隆興三年，以寢殿在浄明寺易安齋，去青城稍遠，乃徙寺之舊熙成殿於端誠殿後，以充寢殿。

又曰：紹興四年，就臨安行宮合祀天地，並侑祖宗。時行宮草創一大殿，大朝會榜曰文德殿，策進士唱名榜曰集英殿，秋享榜曰明堂殿。初，太廟寓溫州，至是已建新太廟於臨安，而景靈宮未建，但即常御殿設位朝獻。紹興十三年，始建景靈宮於新莊橋之西。

岳珂桯史曰：行都之山，肇自天目，負山之址，有門曰朝天。南循其陑爲太宮，又南爲相府，斗拔起數峰，爲萬松八盤。嶺下爲鈞天九重之居，右爲複嶺，設周廬之衛止焉。錢舊傳讖記曰：天目山垂兩乳長，龍飛鳳舞到錢塘，山明水秀無人會，五百年間出帝王。錢氏有國，世臣事中朝，不欲其語之聞，因更其末句曰異姓王。讖實不然也。建炎元二之災，六龍南巡，四朝奠都，帝王之真於是乎驗。朝天之東，有橋曰望仙，仰眺吴山，如卓馬立顧。紹興間，望氣者以爲有鬱葱之符。秦檜顓國，心利之，請以爲賜第，其東偏即檜家廟，而西則一德格天閣之故基也。檜死，熺猶戀戀不能決去，請以其姪常州通判烜爲光禄丞，留蒞家廟，以爲復居之萌芽。言者風聞，遂請罷烜，併遷廟主于建康，遂空其居。高宗將倦勤，詔即其所築新宫，賜名德壽，居之以膺天下之養者二十有七年。清蹕躬朝歲時，燁奕、重華繼御更慈福、壽慈，凡四侈鴻名，宫室實皆無所更。稍北連甍爲今佑聖觀，蓋普安故邸。莊文、魏王、光宗皇帝實生是間，今上亦於此開甲觀之祥。

陳隨應南渡行宫記曰：杭州治舊錢王宫也。紹興因以爲行宫。皇城九里。入和寧門左進奏院、玉堂，右中殿外庫至北宫門，循廊左序，巨璫幕次，列如魚貫。祥曦殿朵殿接修廊爲後殿，對以御酒庫、御藥院、慈元殿外庫、内侍省、内東門司、大内都巡檢司、御厨、天章等閣，廊回路轉，衆班排列。又轉内藏庫對軍器庫，又轉便門，垂拱殿五間，十二架，修六丈，廣八丈四尺。簷屋三間，修廣各丈五。朵殿四，兩廊各二十間。殿門三間，内龍墀析檻，殿後擁舍七間，爲延和殿。右便門通後殿，殿左一殿，隨時易名，明堂郊祀曰端誠，策士唱名曰集英，宴對奉使曰崇德，武舉及軍班授官曰講武。東宫在麗正門内南宫門外，本宫會議所之側，入門垂楊夾道，間芙蓉，環朱闌二里，至外宫門。節堂後爲財帛、生料二庫，環以官屬直舍。轉外窑子，入内宫門，廊右爲贊導、春坊直舍，左講堂七楹，扁新益，外爲講官直舍。正殿向明，左聖堂，右祠堂。後凝華殿、瞻蓑堂，環以竹，左寢室，右齋安位，内人直舍百二十楹。左彝齋，太子賜號也，接繡香堂便門，通繹已堂。重簷複屋，昔楊太后垂簾於此，曰慈明殿。前射圃竟百步，環修廊。右博雅樓十二間，左轉數十步，雕闌花甃，萬卉中出秋千，對陽春亭、清霽亭，前芙蓉後木樨，玉質亭梅繞之。由繹已堂過錦臙廊，百八十楹，直通御前。廊外即後苑，梅花千樹曰梅崗，亭曰冰花亭，枕小西湖，曰水月境界，曰澄碧。牡丹曰伊洛傳芳，芍藥曰冠芳，山茶曰鶴丹，桂曰天闕清香。堂曰本支百世。佑聖祠曰慶和泗洲，曰慈濟鐘吕，曰得真。橘曰洞庭佳味，茅亭曰昭儉，木香曰架雪，竹曰賞静，松亭曰天陵偃蓋。以日本國松木爲翠寒堂，不施丹雘，白如象齒，環以古松。碧琳堂近之。一山崔嵬作觀堂，爲上焚香祝天之所。吴知古掌焚修，每三茅觀鐘鳴，觀堂之鐘應之，則駕興。山背芙蓉閣，風帆沙鳥履舄下。山下一溪縈帶，通小西湖，亭曰清漣。怪石夾列，獻瑰逞秀，三山五湖，洞穴深杳，豁然平朗，翬飛翼拱，凌虚樓對。瑞慶殿、損齋、緝熙、崇正殿之東，爲欽先孝思、復古、紫宸等殿。木園即福寧殿射殿，曰選德。坤寧殿，貴妃、昭儀、婕妤等位宫人直舍蟺聚焉。又東過閣子庫、睿思殿、儀鸞、修内八作、翰林諸司，是謂東華門。

元史世祖本紀曰：至元二十二年春正月庚辰，毁宋郊天臺。桑哥言：「楊輦亦作璉真加云，會稽有泰寧寺，宋毁之以建寧宗等攢宫，錢唐有龍華寺，宋毁之以爲南郊，皆勝地也。宜復爲寺，以爲皇上、東宫祈壽。」時寧宗等欑宫已毁建寺，敕毁郊天臺，亦建寺焉。二十五年春二月，江淮總攝楊璉真加言，以宋宫室爲塔一，爲寺五。

歷代宅京記卷之十八

臨潢

遼

遼史兵衛志曰：遼建五京：臨潢，契丹故壤。遼陽，漢之遼東，爲渤海故國。中京，漢遼西地，自唐以來契丹有之。析津、大同，故漢地。

又曰：太祖建皇都于臨潢府。太宗定晉，晉主石敬瑭來獻十六城，乃定四京，改皇都爲上京。

地理志曰：上京臨潢府，本漢遼東郡西安平之地。新莽曰北安平。太祖取天梯、蒙國、别魯三山之勢于葦甸，射金齪箭以識之，謂之龍眉宫。齪，側角反，箭名。神册三年城之，名曰皇都。天顯十三年，更名上京，府曰臨潢。涞流河自西北南流，遶京三面，東入于曲江，其北東流爲按出河。又有御河、沙河、黑河、潢河、鴨子河、他魯河、狼河、蒼耳河、輞子河、臚朐河、陰涼河、豬河、鴛鴦湖、興國惠民湖、廣濟湖、鹽濼、百狗濼、大神淀、馬盂山、兔兒山、野鵲山、鹽山、鑿山、松山、平地松林、大斧山、列山、屈劣山、勒得山。唐所封大賀氏勒得王有墓存焉。

又曰：上京，太祖創業之地。負山抱海，天險足以爲固。地沃宜耕植，水草便畜牧。金龊一箭，二百年之基壯矣。天顯元年平渤海歸，乃展郛郭，建宫室，名以天贊。起三大殿：曰開皇、太祖紀：二年冬十月己亥朔，建明王樓。七年春三月，神速姑劫西樓，焚明王樓。八年冬十一月甲子朔，建開皇殿於明王樓基。安德、五鑾。中有歷代帝王御容，月朔望、節辰、忌日，在京文武百官並赴致祭。又於内城東南隅建天雄寺，奉安烈考宣簡皇帝遺像。是歲太祖崩，應天皇后於義節寺斷腕，置太祖陵。即寺建斷腕樓，樹碑焉。太宗援立晉，遣宰相馮道、劉昫等持節，具鹵簿、法服至此，册上太宗及應天皇后尊號。太宗詔蕃部並依漢制，御開皇殿，闢承天門受禮，因改皇都爲上京。城高二丈，不設敵樓，幅員二十七里。門，東曰迎春，曰雁兒，南曰順陽，西曰金鳳，曰西雁兒，曰南福，其北謂之皇城，高三丈，有樓櫓。門，東曰安東，南曰大順，西曰乾德，北曰拱辰。中有大内。内南門曰承天，有樓閣，東門曰東華，西曰西華。此通内出入之所。正南街東，留守司衙，次鹽鐵司，次南門，龍寺街。南曰臨潢府，其側臨潢縣。縣西南崇孝寺，承天皇后建。寺西長泰縣，又西天長觀。西南國子監，監北孔子廟，廟東節義寺。又西北安國寺，太宗所建。寺東齊天皇后故宅，宅東有元妃宅，即法天皇后所建也。其南具聖尼寺，綾錦院、内省司、麴院，贍國、省司二倉，皆在大内西南，八作司與天雄寺對。南城謂之漢城，南當横街，各有樓對峙，下列井肆。東門之北潞縣，又東南興仁縣。南門之東回鶻營，回鶻商販留居上京，置營居之。西南同文驛，諸國信使居之。驛西南臨潢驛，以待夏國使。驛西福先寺。寺西宣化縣，西南定霸縣，縣西保和縣。西門之北易俗縣，縣東遷遼縣。

周廣順中，胡嶠記曰：上京西樓，有邑屋市肆，交易無錢而用布。有綾錦諸工作、宦者、翰林、伎術、教坊、角觝、儒、僧尼、道士。皆中國人，并、汾、幽、薊爲多。

宋大中祥符九年，薛映記曰：上京者，中京正北八十里至松山館，七十里至崇信館，九十里至廣寧館，五十里至姚家寨館，五十里至咸寧館，三十里度潢水石橋，旁有饒州，唐於契丹嘗置饒樂州，令渤海人居之。五十里保和館，度黑水河，七十里宣化館，五十里長泰館。館西二十里有佛舍、民居，即祖州。又四十里至臨潢府。自過崇信館乃契丹舊境，其南奚地也。入西門，門曰金德，内有臨潢館。子城東門曰順陽。北行至景福門，又至承天門，内有昭德、宣政二殿與氊廬，皆東向。臨潢西北二百餘里號凉淀，在饅頭山南，避暑之處。多豐草，掘地丈餘即有堅冰。

國語解曰：遼有四樓，在上京者曰西樓，木葉山曰南樓，龍化州曰東樓，唐州曰北樓。歲時遊獵常在四樓間。

五代史四夷附録曰：阿保機，以其所居爲上京，起樓其間，號西樓，又於其東千里起東樓，北三百里起北樓，南木葉山起南樓，往來射獵四樓之間。契丹好鬼而貴日，每月朔旦，東向而拜日，其大會聚、視國事，皆以東向爲尊，四樓門屋皆東向。

金史地理志曰：臨潢府，地名西樓，遼爲上京，國初因稱之，天眷元年改爲北京。天德二年改北京爲臨潢府路，有天平山、好水川，行宫地也，大定二十五年命名。有撒里乃地，熙宗皇統九年嘗避暑於此。有陷泉，國言曰落孛魯。有合襃追古思阿不漠合沙地。

幽州

遼史太宗紀曰：會同元年十一月，晉遣趙瑩奉表來賀，以幽、薊、瀛、莫、涿、檀、順、嬀、儒、新、武、雲、應、朔、寰、蔚十六州并圖籍來獻。於是詔以皇都爲上京，府曰臨潢。升幽州爲南京，南京爲東京。

地理志曰：南京析津府，本古薊州之地。高陽氏謂之幽陵，陶唐曰幽都，有虞析爲幽州。商復爲薊州。周職方：東北曰幽州。武王封太保奭于燕。漢爲燕國、廣陽國。後漢爲廣陽郡。隋爲幽州總管。唐置大都督府，改范陽節度使。晉高祖以遼有援立之勞，割幽州等十六州以獻。太宗升爲南京，又曰燕京。城方三十六里，崇三丈，衡廣一丈五尺。敵樓、戰櫓具。八門：東曰安東、迎春，南曰開陽、丹鳳，西曰顯西、清晉，北曰通天、拱辰。大内在西南隅。皇城内有景宗、聖宗御容殿二，東曰宣和，南曰大内。内門曰宣教，改元和。外三門曰南端、左掖、右掖。左掖改萬春，右掖改千秋。門有樓閣，毬場在其南，東爲永平館。皇城西門曰顯西，設而不開，北曰子北。西城巔有凉殿，東北隅有燕角樓。坊市、廨舍、寺觀，蓋不勝書。其外，有居庸、松亭、榆林之關，榆林疑當作臨渝。古北之口，桑乾河、高梁河、石子河、大安山、燕山，中有瑶嶼。府曰幽都，軍號盧龍，開泰元年落軍額。

聖宗紀曰：開泰元年十月甲午朔，改幽都府爲析津府，薊北縣爲析津縣，幽都縣爲宛平縣。

興宗紀曰：重熙五年五月壬戌，詔修南京宫闕府署。

宋王曾上契丹事曰：自雄州白溝驛渡河，四十里至新城縣，古督亢亭之地。又七十里至涿州，北渡范水、劉李河，六十里至良鄉縣。度盧溝河，六十里至幽州，號燕京。子城就羅郭西南爲之，正南曰啟夏門，門内有元和殿，東門曰宣和。城中坊閈皆有樓。有憫忠寺，本唐太宗爲征遼陣亡將士所造。又有開泰寺，魏王耶律漢寧造，皆邀朝使遊觀。南門外有于越王廨，爲宴集之所。門外永平館，舊名碣石館，清和後易之，南即桑乾河。

金史地理志曰：中都，遼會同元年爲南京，開泰元年號燕京。海陵貞元元年定都，以燕乃列國之名，不當爲京師號，遂改爲中都。

天德三年，始圖上燕城宫室制度，三月，命張浩等增廣燕城。城門十三，東曰施仁、曰宣曜、曰陽春，南曰景風、曰豐宜、曰端禮，西曰麗澤、曰顥華、曰彰義，北曰會城、曰通玄、曰崇智、曰光泰。浩等取真定府潭園材木，營建宫室及涼位十六。應天門十一楹，左右有樓，門内有左、右翔龍門及日華、月華門，前殿曰大安，左、右掖門，内殿東廊曰敷德門。大安殿之東北爲東宫，正北列三門，中曰粹英，爲壽康宫，母后所居也。西曰會通門，門北曰承明門，又北曰昭慶門。東曰集禧門，尚書省在其外，其東西門左、右嘉會門也，門有二樓，大安殿後門之後也。其北曰宣明門，則常朝後殿門也。北曰仁政門，旁爲朵殿，朵殿上爲兩高樓，曰東、西上閤門，内有仁政殿，常朝之所也。宫城之前廊，東西各二百餘間，分爲三節，節爲一門。將至宫城，東西轉各有廊百許間，馳道兩旁植柳，廊脊覆碧瓦，宫闕殿門則純用碧瓦。應天門舊名通天門，大定五年改。七年更福壽殿曰壽安宫。明昌五年復以隆慶宫爲東宫，慈訓殿爲承華殿，承華殿者，爲皇太子所居之東宫也。泰和殿，泰和二年更名慶寧殿。又有崇慶殿。魚藻池、瑶池殿位，貞元元年建。有神龍殿，又有觀會亭。又有安仁殿、隆德殿、臨芳殿。皇統元年有元和殿。有常武殿，有廣武殿，爲擊毬、習射之所。京城北離宫有大寧宫，大定十九年建，後更爲寧壽，又更爲壽安，明昌二年更爲萬寧宫。瓊林苑有横翠殿。寧德宫西園有瑶光臺，又有瓊華島，又有瑶光樓。皇統元年有宣和門。正隆二年有宣華門，又有撒合門。

大金國志曰：海陵煬王遣左右丞相張浩、張通古、左丞蔡松年調諸路夫匠，築燕京宫室。皇城周九里三十步，自天津橋之北曰宣陽門，中門繪龍，兩偏繪鳳，用金釘釘之，中門惟車駕出入乃開，兩偏分雙隻日開一門。過門有兩樓，曰文曰武，文之轉東曰來寧館，武之轉西曰會同館，正北曰千步廊，東西對焉。廊之半各有偏門，向東曰太廟，向西曰尚書省，至通天門，後改名應天。樓高八丈，朱門五，飾以金封。東西相去一里餘，又各設一門，左曰左掖，右曰右掖。内城之正東曰宣華，正西曰玉華，北曰拱辰，及殿凡九重，殿凡三十有六，樓閣倍之。正中位曰皇帝正位，後曰皇后正位。位之東曰内省，西曰十六位，乃妃嬪居之。西出玉華門曰同樂園，若瑶池、蓬瀛、柳莊、杏村皆在焉。都城四圍凡七十五里。城門十二，每一面分三門，其正門四旁，又設兩門，正東曰宣曜、陽春、施仁，正西曰顥華、麗澤、彰義，正南曰豐宜、景風、端禮，正北曰通玄、會城、崇智，史有光泰門。此四城十二門也。此外有宣陽門，即内城之南門也，上有重樓，制度宏大，三門並立，中門常不開，惟車駕出入。通天門即内城之正南門也，四角皆垛樓，瓦皆琉璃，金釘朱户，五門列焉。常扃惟大禮祫享則由之。宣華乃内城之正東門，玉華正西門也。左掖東偏門，右掖西偏門，各有武夫守衛。拱辰即内城之正北門也。又曰後朝門，制度守衛與玉華、宣華等，金碧翬飛，規模宏麗矣。

又曰：初忠獻王粘罕有志於都燕，因遼人宫闕於内外城築四城，每城各三里，前後各一門，樓櫓墉塹，悉如邊城。每城之内立倉廒、甲仗庫，各穿複道與内城通。時陳王兀室及韓常笑其過計，忠獻王曰：「百年間當以吾言爲信。」及海陵煬王定都，欲撤其城，翟天祺曰：「忠獻王開國元勳，置此當有説。」乃止。及衛紹王時，蒙古軍至，乃命京城富室遷入東子城，百官入南子城，宗室保西城，戚里保北城，各分守兵二萬。大興尹烏陵用章命京畿諸將毁各橋梁，瓦石悉運入四城，往來以舟渡，運不及者投之於水，折近城民屋爲薪，納之城中。蒙古兵攻城，四城兵皆迭自城上擊之，蒙古凡比歲再攻，不能克。

范石湖攬轡録：興陵見宋使儀衛。戊子，早入見，循東西御廊北行。廊幾二百間，廊分三節，每節一門，將至宫城，廊即東轉，又百許間，其西亦然。亦有三出門，中馳道甚闊，兩旁有溝，上植柳。廊脊皆以青琉璃瓦覆，宫闕門户即純用之。北即端門十一間，曰應天之門，下開五門，兩挾有樓，如左、右昇龍之制。東西兩角樓。端門内有左、右翔龍門、日華、月華門，前殿曰大安殿。使人自左掖門入，北循大安殿東廊入敷德門東北行，直東有殿宇，門曰東宫。直北西南列三門，中曰書英，是故壽康殿，母后所居，西曰會通門，自會通北入承明門，又北則昭慶門，東則集禧門。尚書省在門外，東西則左、右嘉會門二，有樓，即大安殿後門之後，至幕次黑布拂廬待班。有頃，入宣明門，即當朝後殿門也。門内庭中列衛士二百許人，貼金雙鳳幞頭，團花紅錦衫，散手立。入仁政隔門，至仁政殿下，團鳳大花氈可半庭，殿兩旁有朵殿。朵殿上兩高樓曰東、西上閤門，兩廊悉有簾幙，中有甲士。東、西御廊循簷各列甲士。東立者，紅茸甲，金纏竿槍，黄旗畫青龍。西立者，碧茸甲，金纏竿槍，白旗畫黄龍，至殿下皆然，惟立於門下者，錦袍，持弓矢。殿兩階雜列儀物幢節之屬，如道家醮壇威儀之類。使人由殿下東行，上東階，却轉南，由露臺北行入殿。闕謂之欄子。金主幞頭、紅袍、玉帶，坐七寶榻，皆有龍水大屏風，四壁帟幕，皆紅繡龍，拱斗皆有繡衣。兩楹間各有大出香金獅蠻，地鋪禮佛毯，可一殿，兩旁玉帶金魚或金帶者十四五人，相對列立。遥望前後，殿屋崛起甚多，制度不經，工巧無遺力。煬王亮始營此都，規模出于孔彦舟，役民夫八十萬，兵夫四十萬，作治數年，死者不可勝計。

元史地理志曰：大都路，唐幽州范陽郡。遼改燕京。金遷都，爲大興府。元太祖十年，克燕，初爲燕京路，總管大興府。太宗七年，置版籍。世祖至元元年，中書省臣言：「開平府闕庭所在，加號上都，燕京分立省部，亦乞正名。」遂改中都，其大興府仍舊。四年，始于中都之東北置今城而遷都焉。九年，改大都。十九年，置留守司。二十一年，置大都路總管府。

京城右擁太行，左挹滄海，枕居庸，奠朔方。城方六十里，十一門，正南曰麗正，南之右曰順承，南之左曰文明，北之東曰安貞，北之西曰健德，正東曰崇仁，東之右曰齊化，東之左曰光熙，正西曰和義，西之右曰肅清，西之左曰平則。海子在皇城之北，萬壽山之陰，舊名積水潭，聚西北諸泉之水，流入都城而匯於此，汪洋如海，都人因名焉。恣民漁採無禁，擬周之靈沼云。

世祖本紀曰：中統二年冬十月，修燕京舊城。

四年春三月庚子，亦黑迭兒丁請修瓊華島，不從。

至元元年春二月壬子，修瓊華島。

二年冬十二月己丑，瀆山大玉海成，敕置廣寒殿。

三年夏四月丁卯，五山珍御榻成，置瓊華島、廣寒殿。

冬十二月丁亥，修築宮城。

四年夏四月甲子，新築宫城。
秋九月壬辰，作玉殿於廣寒殿中。
五年冬十月戊戌，宫城成。
八年春二月丁酉，發中都、真定、順天、河間、平灤民二萬八千餘人築宫城。
九年夏五月乙酉，初建東西華、左右掖門。
十年冬十月，初建正殿、寢殿、香閣、周廡兩翼室。
十一年春正月己卯朔，宫闕告成，帝始御正殿，受朝賀。
夏四月癸丑，初建東宫。
冬十一月，起閣南直大殿及東西殿。
十七年冬十二月甲午，大都重建太廟成，自舊廟奉遷神主於祏室，遂行大享之禮。
十九年春二月，修宫城、太廟、司天臺。
二十二年秋七月壬申，造温石浴室及更衣殿。
成宗紀曰：大德八年秋七月辛亥，築郊壇于麗正、文明門之南丙位。
十年秋八月丁巳，京師文宣王廟成。
武宗紀曰：至大二年夏四月壬午，創皇城角樓。

仁宗紀曰：皇慶二年夏六月甲申，建崇文閣於國子監。

延祐五年春二月，建鹿頂殿於文德殿後。

英宗紀曰：至治二年二月甲寅，以太廟役軍造流盃池行殿。

順帝紀曰：至正十三年春正月甲戌，重建穆清閣。

九月己丑，建皇太子鹿頂殿於聖安殿西。

冬十月，撤世祖所立氈殿，改建殿宇。

十九年冬十月庚申朔，詔京師十一門皆築甕城，造弔橋。

歷代宅京記卷之十九

幽州

遼　金　元

輟耕録：至元四年正月，城京師，以爲天下本。右擁太行，左注滄海，撫中原，正南面，枕居庸，奠朔方，峙萬歲山，浚太液池，派玉泉，通金水，縈畿帶甸，負山引河。壯哉帝居，擇此天府。城方六十里，二百四十步。分十一門，正南曰麗正，南之右曰順城，南之左曰文明。北之東曰安貞，北之西曰健德。正東曰崇仁，東之右曰齊化，東之左曰光熙。正西曰和義，西之右曰肅清，西之左曰平則。大内南臨麗正門，正衙曰大明殿，曰延春閣。宮城周回九里三十步，東西四百八十步，南北六百十五步。高三十五尺。甎甃。至元八年八月十七日申時動土，明年三月十五日即工。分六門，正南曰崇天，十二間，五門。東西一百八十七尺，深五十五尺，高八十五尺。左右趓樓二。趓樓登門，兩斜廡十，門闕上兩觀皆三趓樓，連趓樓東西廡各五間。西趓樓之西，有塗金銅幡竿。附宫城南面，有宿衛直廬。凡諸宫門，皆金鋪、朱户、丹楹、藻繪、彤壁，琉璃瓦飾簷脊。崇天之左曰星拱，三間一門，東西五十五尺，深四十五尺，高五十尺。崇天之右曰雲從，制度如星拱。東曰東華，七間三門，東西一百十尺，深四十五尺，高八十尺。西曰西華，制度如東華。北曰厚載，五間一門，東西八十五尺，深高如西華。角樓四，據宫城之四隅，皆三趓樓，琉璃瓦飾簷脊。直崇天門，有白玉石橋三虹，上分三道，中爲御道，鐫百花蟠龍。星拱南有御膳亭，亭東有拱辰堂，蓋百官會集之所。東南角樓，東差北有生料庫，庫東爲柴場。夾垣東北隅有羊圈，西南角樓。南紅門外，留守司在焉。西華南有儀鸞局，西有鷹房。厚載北爲御苑。外周垣紅門十有五，内苑紅門五，御苑紅門四，此兩垣之内也。大明門在崇天門内，大明殿之正門也。七間三門，東西一百二十尺，深四十四尺，重簷。日精門在大明門左，月華門在大明門右，皆三間一門。大明殿乃登極、正旦、壽節、會朝之正衙也。十一間，東西二百尺，深一百二十尺，高九十尺。柱廊七間，深二百四十尺，廣四十四尺，高五十尺。寢室五間，東西夾六間，後連香閣三間，東西一百四十尺，深五十尺，高七十尺。青石花礎，白玉石圓䃮，文石甃地，上籍重茵，丹楹金飾，龍繞其上。四面朱瑣窗，藻井間金繪，飾燕石，重陛朱欄，塗金銅飛雕冒，中設七寶雲龍御榻，白蓋金縷褥，並設后位，諸王百僚怯薛官侍宴坐牀，重列左右。前置燈漏，貯水運機，小偶人當時刻捧牌而出。木質銀裹漆甕一，金雲龍蜿繞之，高一丈七尺，貯酒可五十餘石。雕象酒卓一，長八尺，闊七尺二寸。玉瓮一，玉編磬一，巨笙一。玉笙、玉箜篌，咸備於前。前懸繡緣朱簾，至冬月，大殿則黃猫皮壁幛，黑貂褥，香閣則銀鼠皮壁幛，黑貂煖帳。凡諸宮殿乘輿所臨御者，皆丹楹、朱瑣窗，間金藻繪，設御榻，裀褥咸備。屋之簷脊皆飾琉璃瓦。文思殿在大明寢殿東，三間，前後軒，東西三十五尺，深七十二尺。紫檀殿在大明寢殿西，制度如文思。皆以紫檀香木爲之，鏤花龍涎香，間白玉飾壁，草色髹緑，其皮爲地衣。寶雲殿在寢殿後，五間，東西五十六尺，深六十三尺，高三十尺。鳳儀門在東廡中，三間一門，東西一百尺，深六十尺，高如其深。門之外有庖人之室，稍南有酒人之室。麟瑞門在西廡中，制度如鳳儀。門之外有内藏庫二十所，所爲七間。鐘樓又名文樓，在鳳儀南。鼓樓又名武樓，在麟瑞南。皆五間，高七十五尺。

嘉慶門在後廡寶雲殿東，景福門在後廡寶雲殿西，皆三間一門，周廡一百二十間，高三十五尺。四隅角樓四間，重簷。凡諸宮周廡，並用丹楹、彤壁、藻繪、琉璃瓦飾簷脊。延春門在寶雲殿後，延春閣之正門也。五間三門，東西三十七尺，重簷。懿範門在延春左，嘉則門在延春右，皆三間一門。延春閣九間，東西一百五十尺，深九十尺，高一百尺，三簷重屋。柱廊七間，廣四十五尺，深一百四十尺，高五十尺。寢殿七間，東西夾四間。後香閣一間，東西一百四十尺，深七十五尺，高如其深，重簷。文石甃地，藉花毳裀，簷帷咸備。白玉石重陛，朱闌銅冒，楯塗金，雕翔其上。閣上御榻二。柱廊中設小山屏牀，皆楠木爲之，而飾以金。寢殿楠木御榻，東夾紫檀御榻。壁皆張素畫，飛龍舞鳳。西夾事佛像。香閣楠木寢牀，金縷褥，黑貂壁幛。慈福殿又曰東煖殿，在寢殿東，三間，前後軒，東西三十五尺，深七十二尺。明仁殿又曰西煖殿，在寢殿西，制度如慈福。景耀門在左廡中，三間一門，高三十尺。清灝門在右廡中，制度如景耀。鐘樓在景耀南，鼓樓在清灝南，各高七十五尺，周廡一百七十二間。四隅角樓四間。玉德殿在清灝外，七間，東西一百尺，深四十九尺，高四十尺，飾以白玉，甃以文石，中設佛像。東香殿在玉德殿東，西香殿在玉德殿西。宸慶殿在玉德殿後，九間，東西一百三十尺，深四十尺，高如其深，中設御榻，簾帷裀褥咸備。前列朱闌，左右闢二紅門。後山字門三間。東更衣殿在宸慶殿東，五間，高三十尺。西更衣殿在宸慶殿西，制度如東殿。隆福殿在大内之西，興聖宫之前。南紅門三，東西紅門宫各一，繚以甎垣。南紅門一，東紅門一，後紅門一。光天門，光天殿正門也，五間三門，高三十二尺，重簷。崇華門在光天門左，膺福門在光天門右，各三間一門。光天殿七間，東西九十八尺，深五十五尺，高七十尺。柱廊七間，深九十八尺，高五十尺。寢殿五間，兩夾四間，東西一百三十尺，高五十八尺五寸，重簷。藻井，瑣窗，文石甃地，藉花毳裀，懸朱簾，重陛，朱闌，塗金雕冒楯。正殿縷金雲龍樟木御榻，從臣坐牀重列前兩旁。寢殿亦設御榻，裀褥咸備。青陽門在左廡中，明暉門在右廡中，各三間一門。翥鳳樓在青陽南，三間，高四十五尺。驂龍樓在明暉南，制度如翥鳳。後有牧人宿衛之室。

壽昌殿又曰東煖殿，在寢殿東，三間，前後軒，重簷。嘉禧殿又曰西煖殿，在寢殿西，制度如壽昌，中位佛像，旁設御榻。針線殿在寢殿後，周廡一百七十二間。四隅角樓四間。侍女直廬五所，在針線殿後，又有侍女室七十二間，在直廬後。及左右浴室一區，在宮垣東北隅。文德殿在明暉外，又曰楠木殿，皆楠木爲之，三間，前後軒一間。盝頂殿五間，在光天殿西北角樓西，後有盝頂小殿。香殿在宮垣西北隅，三間，前軒一間。前寢殿三間，柱廊三間，後寢殿三間，東西夾各二間。文宸庫在宮垣西南隅，酒房在宮垣東南隅，内庖在酒房之北。興聖宮在大内之西北，萬壽山之正西，周以磚垣。南闢紅門三，東西紅門各一，北紅門一。南紅門外，兩旁附垣有宿衛直廬凡四十間，東西門外各三間。南門前夾垣内，有省院臺百司官侍直板屋。北門外有窨花室五間。東夾垣外有宦人之室十七間，凌室六間，酒房六間。南北西門外，棋置衛士直宿之舍二十一所，所爲一間。外夾垣東紅門三，直儀天殿弔橋。西紅門一，達徽政院。門内差北有盝頂房二，各三間。又北有屋二所，各三間。差南有庫一所，及屋三間。北紅門外有臨街門一所三間，此夾垣之北門也。興聖門，興聖殿之北門也，五間三門，重簷，東西七十四尺。明華門在興聖門左，肅章門在興聖門右，各三間一門。興聖殿七間，東西一百尺，深九十七尺。柱廊六間，深九十四尺。寢殿五間，置花朱闌八十五扇。殿之旁有盝頂房三間，庖室二間，面陽盝頂房三間，妃嬪庫房一間，縫紉女庫房三間，紅門一。盝頂之制三椽，其頂若笥之平，故名。西盝頂殿在延華閣西版垣之外，制度同東殿。東殿之旁，有庖室三間，好事房二，各三間，獨脚門二，紅門一。妃嬪院四，二在東盝頂殿後，二在西盝頂殿後，各正室三間，東西夾四間，前軒三間，後有三椽半屋二間。侍女室八十五間，半在東妃嬪院左，西向，半在西妃嬪院右，東向。室後各有三椽半屋二十五間。東盝頂殿紅門外，有屋三間，盝頂軒一間，後有盝頂房一間。庖室一區，在凝暉樓後，正屋五間，前軒一間，後披屋三間。又有盝頂房一間，盝頂井亭一間。周以土垣，前闢紅門。酒房在宫垣東南隅庖室南，正屋五間，前盝頂軒三間，南北房各三間。西北隅盝頂房三間，紅門一，土垣四周之。學士院在閣後西盝頂殿門外之西偏，三間。生料庫在學士院南。又南爲鞍轡庫，又南爲軍器庫，又南爲庖人、牧人宿衛之室。藏珍庫在宫垣西南隅，制度並如酒室，惟多盝頂半屋三間，庖室三間。

萬壽山在大内西北太液池之陽，金人名瓊花島，中統三年修繕之，至元八年賜今名。

其山皆疊玲瓏石爲之，峰巒隱映，松檜隆鬱，秀若天成。引金水河至其後，轉機運㪺汲，兩夾各三間，後香閣三間，深七十七尺。正殿四面，朱懸瑣窗，文石甃地，藉以氁裀，中設扆屏榻，張白蓋簾帷，皆錦繡爲之。諸王百僚宿衛官侍宴坐牀，重列左右。其柱廊寢殿，亦各設御榻，裀褥咸備。白玉石重陛，朱闌，塗金冒楯，覆以白磁瓦，碧琉璃飾其簷脊。弘慶門在東廡中，宣則門在西廡中，各三間一門。凝暉樓在弘慶南，五間，東西六十七尺。延顥樓在宣則南，制度如凝暉。

嘉德殿在寢殿東，三間，前後軒各三間，重簷。寶慈殿在寢殿西，制度同嘉德。山字門在興聖宮後，延華閣之正門也。正一間，兩夾各一間，重簷一門，脊置金寶瓶。又獨脚門二，周閣以紅板垣。延華閣五間，方七十九尺二寸，重阿，十字脊，白琉璃瓦覆，青琉璃瓦飾其簷，脊立金寶瓶，單陛，御榻從臣坐牀咸具。東西殿在延華閣西，左右各五間，前軒一間。園亭在延華閣後。芳碧亭在延華閣後園亭東，三間，重簷，十字脊，覆以青琉璃瓦，飾以緑琉璃瓦，脊置金寶瓶。徽青亭在園亭西，制度同芳碧亭。浴室在延華閣東南隅東殿後，旁有盝頂井亭二間，又有盝頂房三間。畏吾兒殿在延華閣右，六間，旁有窨花半屋八間。木香亭在畏吾兒殿後。東盝頂殿在延華閣東版垣外，正殿五間，前軒三間，東西六十五尺，深三十九尺。柱廊二間，深二十六尺。寢殿三間，東西四十八尺。前宛轉水至山頂，出石龍口，注方池，伏流至仁智殿後，有石刻蟠龍，昂首噴水仰出，然後由東西流入於太液池。山前有白玉石橋，長二百餘尺，直儀天殿後。橋之北有玲瓏石，擁木門五，門皆爲石色。内有隙地，對立日月石。西有石棋枰，又有石坐牀，左右皆有登山之徑，縈紆萬石中，洞府出入，宛轉相迷，至一殿一亭，各擅一景之妙。山之東有石橋，長七十六尺，闊四十一尺半，爲石渠以載金水，而流於山後以汲於山頂也。又東爲靈圃，奇獸珍禽在焉。廣寒殿在山頂，七間，東西一百二十尺，深六十二尺，高五十尺，重阿藻井，文石甃地，四面瑣窗，板密其裏，徧綴金紅雲，而蟠龍矯蹇於丹楹之上。中有小玉殿，内設金嵌玉龍御榻，左右列從臣坐床。前架黑玉酒瓮一，玉有白章，隨其形刻爲魚獸出没於波濤之狀，其大可貯酒三十餘石。又有玉假山一峰，玉響鐵一縣。殿之後有小石笋二，内出石龍首，以噀所引金水，西北有厠堂一間。仁智殿在山之半，三間，高三十尺。金露亭在廣寒殿東，其制圓，九柱，高二十四尺，尖頂，上置琉璃珠。亭後有銅幡竿。玉虹亭在廣寒殿西，制度同金露。方壺亭在荷葉殿後，高三十尺，重屋八面，重屋無梯，自金露亭前複道登也，又曰線珠亭。瀛洲亭在温石浴室後，制度同方壺。玉虹亭前仍有登重屋複道，亦曰線珠亭。荷葉殿在方壺前，仁智西北，三間，高三十尺，方頂，中置琉璃珠。温石浴室在瀛洲前，仁智西北，三間，高二十三尺，方頂，中置塗金寶瓶。圜亭，又曰𦢊粉亭，在荷葉稍西，蓋后妃添妝之所也，八面。介福殿在仁智東差北，三間，東西四十一尺，高二十五尺。延和殿在仁智西北，制度如介福。馬湩室在介福前，三間。牧人之室在延和前，三間。庖室在馬湩前。東浴室更衣殿在山東平地，三間，兩夾。太液池在大内西，周回若干里，植芙蓉。儀天殿在池中圓坻上，當萬壽山，十一楹，高三十五尺，圍七十尺，重簷，圓蓋頂。圓臺址，甃以文石，藉以花裀，中設御榻，周闢瑣窗，東西門各一間，西北厠堂一間，臺西向，列甃磚龕，以居宿衛之士。東爲木橋，長一百廿尺，闊廿二尺，通大内之夾垣。西爲木弔橋，長四百七十尺，闊如東橋。中闕之立柱，架梁於二舟，以當其空，至車駕行幸上都，留守官則移舟斷橋，以禁往來。是橋通興聖宫前之夾垣。後有白玉石橋，乃萬壽山之道也。犀山臺在儀天殿前水中，上植木芍藥。

隆福宫西御苑在隆福宫西，先后妃多居焉。香殿在石假山上，三間，兩夾二間，柱廊三間，龜頭屋三間。丹楹，瑣窗，間金藻繪，玉石礎，琉璃瓦。殿後有石臺，山後闢紅門，門外有侍女之室二所，皆南向並列。又後直紅門，並立紅門三。三門之外，有太子斡耳朵荷葉殿二，在香殿左右，各三間。圓殿在山前，圓頂，上置塗金寶珠，重簷。後有流杯池，池東西流水圓亭二。圓殿有廡以連之。歇山殿在圓殿前，五間。柱廊二，各三間。東西亭二，在歇山後左右，十字脊。東西水心亭在歇山殿池中，直東西亭之南，九柱，重簷。亭之後各有侍女房三所，所爲三間，東房西向，西房東向，前闢紅門三，門内立石以屏内外，外築四垣以周之。池引金水注焉。椶毛殿在假山東偏，三間，後盝頂殿三間，前啟紅門，立垣以區分之。儀鸞局在三紅門外西南隅，正屋三間，東西屋三間，前開一門。史官虞集曰：「嘗觀紀籍所載，秦、漢、隋、唐之宮闕，其宏麗可怖也，高者七八十丈，廣者二三十里。而離宮别館，綿延聯絡，彌山跨谷，多或至數百所，嘻真木妖哉。由余有言，使鬼爲之，則勞神矣；使人爲之，則苦人矣。由余當秦穆公之時爲是，俾見後世之侈何如也。雖然，紫宮著乎玄象，得無棟宇有等差之辨。而茅茨之簡，又烏足在重威於四海乎。」集佐修經世大典，將作所疏宮闕制度爲詳，於是知大有徑庭於古也。方今幅員之廣，户口之夥，貢税之富，當倍秦、漢而參隋、唐也，顧力有可爲而莫爲，則其所樂不在於斯也。孔子曰：「禹吾無間然矣，卑宮室而盡力乎溝洫。」重於此則輕於彼，理固然矣。

中書省

吏部

户部

都提舉萬億綺源庫　都提舉萬億賦源庫

都提舉萬億寶源庫　都提舉萬億廣源庫
提舉富寧庫　諸路寶鈔提舉司
順承行用庫　文明行用庫　光熙行用庫
健德行用庫　和義行用庫　崇仁行用庫
順承行準庫　大都平準庫　寶鈔總庫
印造寶鈔庫　燒鈔西庫　燒鈔東庫
印造茶鹽引局　抄紙坊
禮部
會同館　教坊司　鑄印局　白紙坊　油磨坊
兵部
刑部
工部
覆實司　提舉都城所
提舉右八作司　提舉左八作司
備章總院　大都人匠總管府

大都等路諸色民匠總管府　紋繡總院

繡局　諸路雜造總管府

茶迭兒局諸色人匠總管府　提舉諸司局

諸司局人匠總管府　大都金銀器盒局

大都氈局　織染局

花毯蠟布等局　簾局

撒荅剌欺等局人匠提舉司　造船提舉司

諸物庫　符牌庫　受給庫　左右厢

樞密院

右衛親軍都指揮使司　左衛親軍都指揮使司

中衛親軍都指揮使司　前衛親軍都指揮使司

後衛親軍都指揮使司　武衛親軍都指揮使司

蒙古侍衛親軍都指揮使司　虎賁侍衛親軍都指揮使司

唐兀侍衛親軍都指揮使司　欽察侍衛親軍都指揮使司

貴赤侍衛親軍都指揮使司　西域侍衛親軍都指揮使司

御史臺
殿中司　察院
也可札魯忽赤
司獄司
徽政院
宮正司　掌謁司　掌醫署　掌膳署
內宰司　備用司　藏珍庫　掌儀署
文成庫　供須庫　儀從庫　衛候司
右都威衛使司　左都威衛使司
延慶司　隨路諸色人匠都總管府
大都等路諸色民匠提舉司　瑪瑙玉局
織染雜造人匠總管府　綾錦局　織染局
文綺局　諸路怯憐　民匠都總管府
大護國仁王寺財用規運都總管府
宣徽院

尚舍監　諸物庫　尚食局　生料庫
光祿寺　尚醖局　尚飲局　醴源倉
闌遺監　提舉太倉　沙糖局　柴炭提舉司
中政院
奉宸庫
官領隨路民匠打鋪鷹房納綿總管府
集賢院
國子監　國子學　興文署
翰林院
國子監　國子學
翰林國史院
宣政院
資善庫
昭文館
太常寺

太廟署　大樂署　社稷署　禮直署
大司農司
廣濟署　籍田署　豐贍署　供膳署
昌國署　濟民署
大都護府
通政院
廩給司
秘書監
著作局　秘書庫
太府監
内藏庫　右藏庫　左藏庫　器備庫
中尚監
資成庫　雜造局諸色人匠提舉司
鐵局　木局
怯憐口諸色人匠提舉司　大都等路種田人匠織染局

利用監

資用庫　怯憐口皮局人匠提舉司

大都雜造雙線局　熟皮局　店皮局

貂鼠局　大都軟皮局

章佩監

御帶庫　異珍庫

典瑞監

大都留守司兼少府監

修内司　大木局　小木局　泥瓦局

粧釘局　銅局　車局　繩局

祗應局　畫局　油漆局　器備局

器物局　鐵局　儀鸞局

大都諸色人匠提舉司　犀象牙局

雕牙局　雕木局　採石局　木場局

上林局　大都門尉

將作院
諸路金玉人匠總管府　玉局提舉司
瑪瑙局提舉司　石局　金絲子局
大小雕木等局　鞓帶斜皮局
瓘玉局　畫局　温犀玳瑁局
漆紗冠冕局　珠子局
異樣等局總管府　異樣紋繡兩局
綾錦織染兩局　金絲顔料總局
尚衣局　御衣局
泉府司
富藏庫
侍儀司
法物庫
武備寺
壽武庫　利器庫　甲匠提舉司　箭局　弦局

都水監

大都河道提舉司

尚乘寺

諸路雜造總管府　諸路旋匠提舉司

網簾局　資乘庫

太史院

司天臺

回回司天臺

太醫院

御藥局　御藥院　回回藥物院

回回藥物局　大都惠民司

廣應司

崇福司

拱衛直都指揮使司

儀從司

大司徒領異樣金玉人匠總管府
塑局　出鑞局　銀局　銅局
鑄瀉等銅局　唐像畫局　梵像局
雜造提舉司　鑌鐵局　玉局
諸物庫
孛可孫
儀鳳司
安和署
京畿都漕運使司
萬斯南倉　萬斯北倉　千斯倉　相因倉
豐閏倉　通濟倉　廣貯倉　永平倉
永濟倉　惟億倉　盈衍倉　大積倉
豐實倉　廣衍倉　順濟倉
大都等路都轉運鹽使司
大都税課提舉司　大都酒課提舉司

大都南北兩兵馬都指揮使司

北兵馬司

内史府

省架閣庫

左右部架閣庫

長信寺

天歷初，建奎章閣於西宫興聖殿之西廊，爲屋三間，高明敞爽。南間以藏物，中間諸官入直所，北間南嚮設御座，左右列珍玩，命群玉内司掌之。閣官署銜，初名奎章閣，階正三品，隸東宫屬官。後文宗復位，乃陞爲奎章閣學士院，階正二品，置大學士五員，並知經筵事，侍書學士二員，承制學士二員，供奉學士二員，並兼經筵官，幕職置參書二員，典籤二員，並兼經筵參贊官，照磨一員，内掾四名，内二名兼檢討，宣使四名，知印二名，譯吏二名，典書四名。屬官則有群玉内司，階正三品，置監群玉内司一員，司尉一員，亞尉二員，僉司二員，典簿一員，令史二名，典吏二名，司鑰二名，司膳四名，給使八名，專掌秘玩古物。藝文監，階正三品，置太監兼檢校書籍事二員，少監同檢校書籍事二員，監丞參檢校書籍事二員，或有兼經筵官者，典簿一員，照磨一員，令史四名，典吏二名，專掌書籍。鑒書博士司，階正五品，置博士兼經筵參贊官二員，書吏一名，專一鑒辨書畫。授經郎，階正七品，置授經郎兼經筵譯文官二員，專一訓教怯薛官大臣子孫。藝林庫，階從六品，置提典一員，副使一員，司吏二名，庫子一名，專一收貯書籍。廣成局，階從七品，置大使一員，副使一員，直長二員，司吏二名，專一印行祖宗聖訓及國制等書。特恩創製象齒小牌五十，上書「奎章閣」三字，一面篆字，一面蒙古字與畏吾兒字，分散各官懸佩，出入宫門無禁。學士院凡與諸司往復，惟劄送參書廳行移而已。命侍讀學士虞集撰記御書，刻石閣中。今上皇帝改奎章閣曰宣文。其記曰：「大統既正，海内定一，乃稽古右文，崇德樂道，以天歷二年三月，作奎章之閣，備燕閒之居，將以淵潛遐思，緝熙典學。乃置學士員，俾頌乎祖宗之成訓，毋忘乎創業之艱難，而守成之不易也。又俾陳夫内聖外王之道，興亡得失之故，而以自儆焉。其爲閣也，因便殿之西廡，擇高明而有容，不加飾乎采斲，不重勞於土木，不過啟户牖，以順清燠，樹皮閣，以棲圖書而已。至於器玩之陳，非古制作中法度者，不得在列。其爲處也，跬步户庭之間，而清嚴邃密，非有朝會、祠享、時巡之事，幾無一日而不御於斯。於是宰輔有所奏請，宥密有所圖回，争臣有所繩糾，侍從有所獻替，以次入對，從容密勿，蓋終日焉。而聲色狗馬，不軌不物者，無因而至前矣。自古聖明睿知，善於怡心養神，培本浚源，泛應萬變而不窮者，未有易乎此者也。蓋聞天有恒運，日月之行不息矣。地有恒勢，水土之載不匱矣。人君有恒居，則天地民物有所係屬而不易矣。居是閣也，静焉而天爲一，動焉而天弗違，庶乎有道之福，以保我子孫黎民於無窮哉。至順辛未孟春二日記。」

歷代宅京記卷之二十

遼陽

遼

遼史地理志曰：東京遼陽府，本朝鮮之地。周武王釋箕子囚，去之朝鮮，因以封之。傳四十餘世。燕屬真番、朝鮮，始置吏、築障。秦屬遼東外徼。漢初燕人滿王故空地。武帝元封三年，定朝鮮爲真番、臨屯、樂浪、玄菟四郡。後漢出入青、幽二州，遼東、玄菟二郡，沿革不常。漢末爲公孫度所據。傳子康，孫淵自稱燕王，建元紹漢，魏滅之。晉陷高麗，後歸慕容垂，子寶，以句麗王安爲平州牧居之。元魏太武遣使至其所居平壤城。唐高宗平高麗，於此置安東都護府，後爲渤海大氏所有。大氏始保挹婁之東牟山。武后萬歲通天中，爲契丹盡忠所逼，有乞乞仲象者，度遼水自固，武后封爲震國公。傳子祚榮，建都邑，自稱震王，併吞海北，地方五千里，兵數十萬。中宗賜所都曰忽汗州，封渤海郡王。十有二世至彝震，僭號改元，擬建宮闕，有五京、十五府、六十二州，爲遼東盛國。忽汗州即古平壤城也，號中京顯德府。太祖建國，攻渤海，拔忽汗城，俘其王大諲譔，以爲東丹王國，立太子圖欲爲人皇王以主之。神册四年，葺遼陽故城，以渤海、漢户建東平郡，爲防禦州。天顯三年，遷東丹國民居之，升爲南京。城名天福，高三丈，有樓櫓，幅員三十里，八門：東曰迎陽，東南曰韶陽，南曰龍原，西南曰顯德，西曰大順，西北曰大遼，北曰懷遠，東北曰安遠。宮城在東北隅，高三丈，具敵樓，南爲三門，壯以樓觀，四隅有角樓，相去各二里。宮牆北有讓國皇帝御容殿。大内建二殿，不置宮嬪，唯以内省使副、判官守之。大東丹國新建南京碑銘在宮門之南。外城謂之漢城，分南北市，中爲看樓，晨集南市，夕集北市。街西有金德寺、大悲寺、駙馬寺，鐵幡竿在焉。趙頭陀寺、留守衙、户部司、軍巡院，歸化營軍千餘人，河、朔亡命，皆籍於此。東至北烏魯虎克四百里，南至海邊鐵山八百六十里，西至望平縣海口三百六十里，北至挹婁縣、范河二百七十里。東西南三面抱海，遼河出東北山口爲范河，西南流爲大口，入於海；東梁河自東山西流，與渾河合爲小口，會遼河，入於海，又名太子河，亦曰大梁水；渾河在東梁范河之間；沙河出東南山西北流，徑蓋州入於海。有蒲河、清河、浿水，亦曰泥河，又曰蓒芋濼，水多蓒芋之草。駐蹕山，唐太宗征高麗駐蹕其巔數日，勒石紀功焉。俗稱手山，山巔平石之上有掌指之狀，泉出其中，取之不竭。又有明王山、白石山，亦曰横山。天顯十三年，改南京爲東京，府曰遼陽。

金史地理志曰：皇統四年二月，立東京新宫，寢殿曰保寧，宴殿曰嘉惠，前後正門曰天華、曰乾貞。七月，建宗廟，有孝寧宫。七年，建御容殿。置留守司。

大定

遼史地理志曰：中京大定府，虞爲營州，夏屬冀州，周在幽州之分。秦郡天下，是爲遼西。漢爲新安平縣。漢末，步奚居之，幅員千里，多大山深谷，阻險足以自固。魏武北征，縱兵大戰，降者二十餘萬，去之松漠。其後拓跋氏乘遼建牙於此，當饒樂河水之南，温渝河水之北。唐太宗伐高麗，駐蹕於此。部帥蘇支從征有功。奚長可度率衆内附，爲置饒樂都督府。咸通以後，契丹始大，奚族不敢復抗。太祖建國，舉族臣屬。聖宗嘗過七金山、土河之濱，南望雲氣，有郛郭樓闕之狀，因議建都。擇良工於燕、薊，宫掖、樓閣、府庫、市肆、廊廡，擬神都之制。統和二十四年，五帳院進故奚王牙帳地。二十五年，城之，實以漢户，號曰中京，府曰大定。皇城中有祖廟，景宗、承天皇后御容殿。城池湫濕，多鑿井泄之，人以爲便。大同驛以待宋使，朝天館待新羅使，來賓館待夏使。有七金山、馬盂山、雙山、松山、土河。

聖宗紀曰：統和二十七年夏四月丙戌朔，駐蹕中京，營建宫室。

宋王曾上契丹事曰：出燕京北門，至望京館。五十里至順州，七十里至檀州。漸入山，五十里至金溝館，將至館，川原平曠，謂之金溝淀。自此入山，詰曲登陟，無復里堠，但以馬行記日，約其里數。九十里至古北口，兩旁峻崖，僅容車軌。又度德勝嶺，盤道數層，俗名思鄉嶺。八十里至新館，過雕窠嶺、偏槍嶺，四十里至如來館。過烏灤河，東有灤州。又過黑斗嶺，度雲嶺，芹菜嶺，七十里至柳河館。又過松亭嶺，甚險峻，七十里至打造部落。東南行五十里至牛山館，八十里至鹿兒峽館。過蝦蟆嶺，九十里至鐵漿館。過石子嶺，自此漸出山，七十里至富谷館，八十里至通天館，二十里至中京大定府。城垣卑小，方圓纔四里許，門但重屋，無築闍之制。南門曰朱夏門，内通步廊，多坊門。又有市樓四，曰天方、大衢、通闤、望闕。次至大同館，其門北曰陽德、閶闔。城西内西南隅岡上有寺，城南有園圃，宴射之所。自過古北口，居人草庵板屋，耕種但無桑柘，所種皆從壠上。虞吹沙所擁。山中長松鬱然，深谷中時見畜牧，牛馬橐駝尤多，青羊黄豕亦有。金史地理志曰：大定府，遼統和二十五年建爲中京，國初因稱之。海陵貞元元年更爲北京，置留守司、都轉運司、警巡院。

會寧

金史地理志曰：上京路即海古之地，金之舊土也。國言「金」曰「按出虎」，以按出虎水源於此，故名金源，建國之號蓋取諸此。國初稱爲内地，天眷元年號上京。海陵貞元元年，遷都于燕，削上京之號，止稱會寧府，稱爲國中者以違制論。大定十三年七月，復爲上京。其山有長白、青嶺、馬紀嶺、完都魯，水有按出虎水、混同江、來流河、宋瓦江、鴨子河。其宫室有乾元殿，天會三年建，天眷元年更名皇極殿。慶元宫，天會十三年建，殿曰辰居，門曰景暉，天眷元年安太祖以下御容爲原廟。朝殿，天眷元年建，殿曰敷德，門曰延光，寢殿曰宵衣，書殿曰稽古。又有明德宫、明德殿，熙宗嘗享太宗御容於此，太后所居也。凉殿，皇統二年構，門曰延福，樓曰五雲，殿曰重明。東廡南殿曰東華，次曰廣仁。西廡南殿曰西清，次曰明義。重明後東殿曰龍壽，西殿曰奎文。時令殿及其門曰奉元。有泰和殿、武德殿，有薰風殿。其行宫有天開殿，爻剌春水之地也。有混同江行宫。太廟、社稷，皇統三年建，正隆二年毁。原廟，天眷元年以春亭名天元殿，安太祖、太宗、徽宗及諸后御容。春亭者，太祖所嘗御之所也。天眷二年作原廟，皇統七年改原廟乾文殿曰世德，正隆二年毀。大定五年復建太祖廟。興聖宮，德宗所居也。天德元年名之。興德宮，後更名永祚宮，睿宗所居也。光興宮，世宗所居也。正隆二年，命吏部郎中蕭彦良盡毀宮殿、宗廟、諸大族邸第及諸慶寺，夷其址，耕墾之。大定二十一年，復修宮殿，建城隍廟。二十三年，以甓束其城。有皇武殿，擊毬校射之所也。有雲錦亭，有臨漪亭，爲籠鷹之所，在按出虎水側。

大金國志曰：女真之初，無城郭。國主常浴於河，牧於野，屋舍、車馬、衣服、飲食之類，與其下無異。國主所獨享者惟一殿，名曰乾元，所居四外栽柳，以作禁圍而已。其殿宇遶壁皆置火炕，平居無事則鎖之，或時開鑰，則與臣下坐於炕，后妃躬侍飲食。

又曰：國初無城郭，星散而居，呼曰皇帝寨、國相寨、太子莊。後升皇帝寨曰會寧府，建爲上京。城邑、宮室無異於中原，州縣廨宇，制度極草創。居民往來，車馬雜遝，自前朝門直抵後朝門，盡爲往來出入之路，略無禁制。每孟春擊土牛，父老士庶無長幼皆聚觀於殿側。民有訟未決者，多邀駕以訴。至熙宗始有内庭之禁。

又曰：皇統六年春三月，上以上京會寧府内太狹，纔如郡制，遂役五路工匠撤而新之，規模雖倣汴京，然僅得十之二三而已。

許亢宗行程録曰：宋著作郎，以宣和六年使金賀太宗登位。自雄州至上京會寧府二千七百五十里。自雄州六十里至新城縣，六十里至涿州，六十里至良鄉縣，六十里至燕山府，八十里至潞縣，七十里至三河縣，六十里至薊州，七十里至玉田縣，九十里至韓城鎮，五十里至北界清州，金國新立地界。九十里至灤州，四十里至望都縣，六十里至營州，一百里至潤州，八十里至遷州，九十里至習州，九十里至來州，八十里至海雲寺，一百里至紅花務，九十里至錦州，八十里至劉家莊，一百里至顯州，九十里至兔兒渦，六十里至梁魚務，一百三里至沒咄寨，八十里至瀋州，七十里至興州，九十里至咸州，九十里至同州，三十里至信州，九十里至蒲里孛堇寨，四十里至黃龍府，六十里至托撒孛堇寨，九十里至漫七離孛堇寨，一百里至和里閑寨，九十里至句孤孛堇寨，七十里至達河寨，四十里至蒲撻寨，五十里至館。館去北庭十里，一望平原，曠野間有居民千餘家，近闕北有阜圍繞三數頃，高丈餘，云皇城也。山棚之左曰桃源洞，右曰紫微洞，中作大碑曰翠微宮，高五七丈，建殿七棟，甚壯，榜額曰乾元殿，階高四尺，土壇方濶數丈，名曰龍墀。

雲麓漫抄曰：燕京東行六十里至潞州，九十里至三河縣，七十里至薊州，八十里至永濟務，九十里至七箇嶺，九十里至平州，八十里至新安縣，六十里至潤州。自此皆沿海行，四十里至遷州，八十里至萊州，八十里至隰州，八十里至淘河島，八十里至胡家務，八十里至新城，八十里至梯已寨，六十里至倉官寨，三十里至廣寧府，三十里至顯州，五里至東館，八十里至兔兒堝，八十里至梁虞務，六十里至遼河大口平津館，七十三里至廣州廣平館。復望北行，七十里至瀋州樂郊館，八十里至興州興平館，五十里至銀銅館，九十里至咸州咸平館，三十里至宿州宿寧館，八十里至賈道鋪懷方館，四十里至楊八寨通遠館，五十里至合叔孛堇鋪同風館，三十六里至義和館，五十里至如歸館，四十里至信州彰信館，七十里至勝州來德館，五十里至山寺鋪會方館，五十里至威州威德館，五十里至龍驤館，六十里至詳州常年館，六十里至濱州混同館，六十里至高平館，四十里至同流館，五十里至沒搭合孛堇來同館，七十里至烏龍館，三十里至虜寨，號御寨。今之使虜者止至燕，未有至烏龍館者。

于慎行曰：上京會寧府即今三萬衛也。

開平

元史地理志曰：上都路，唐爲奚、契丹地。金平契丹置恒州。元初爲札剌兒部、兀魯郡王營幕地。憲宗五年，命世祖居其地，爲巨鎮。明年，世祖命劉秉忠相宅於恒州東、灤水北之龍岡。中統元年，爲開平府。五年，以闕廷所在，加號上都，每歲一幸焉。至元二年，置留守司。五年，升上都路總管府。十八年，升上都留守司，兼行本路總管府事。

元史陳祖仁傳曰：至正二十年五月，帝欲修上都宮闕，工役大興。祖仁上疏，其略曰：「自古人君，不幸遇艱虞多難之時，孰不欲奮發有爲，成不世之功，以光復祖宗之業。苟或上不奉於天道，下不順於民心，緩急失宜，舉措未當，雖以此道持盈守成，猶或致亂，而況欲撥亂世而反之正乎！夫上都宮闕，創自先帝，修於累朝，自經兵火，焚燬殆盡，所不忍言，此陛下所爲日夜痛心，所宜亟圖興復者也。然今四海未靖，瘡痍未瘳，倉庫告虛，財用將竭，乃欲驅疲民以供大役，廢其耕耨，而荒其田畝，何異扼其吭而奪之食，以速其斃乎！陛下追惟祖宗宮闕，念茲在茲，然不思今日所當興復，乃有大於此者。假令上都宮闕未復，固無妨於陛下之寢處，使因是而違天道，失人心，或致大業之隳廢，則夫天下者，亦祖宗之天下，生民者，亦祖宗之生民，陛下亦安忍輕棄之乎！願陛下以生養民力爲本，以恢復天下爲務，信賞必罰，以驅策英雄，親正人，遠邪佞，以圖謀治道。夫如是，則承平之觀，不日咸復，詎止上都宮闕而已乎！」疏奏，帝嘉納之。

附録

歷代帝王宅京記二十卷，國朝顧炎武撰。所録皆歷代建都之制。上起伏羲，下訖於元，仿雍録、長安志體例，備載其城郭宫室、都邑寺觀及建置年月事蹟。前爲總論二卷，後十八卷則各按時代詳載本末。徵引詳核，考據亦頗精審。蓋地理之學，炎武素所長也。此書寫本不一。浙江所採進者，僅總序二卷。而較之此本，則多唐代宗時廣德元年十月吐蕃犯京畿、上幸陜州一條；元順帝至元二十五年改南京路爲汴京路、北京路爲武平路、西京路爲大同路、東京路爲遼陽路一條。蓋舊無刊版，輾轉傳鈔，譌闕異同，固所不能免爾。（四庫全書總目提要卷六八）

索　引

凡　例

一、本索引收録了《歷代宅京記》一書中的主要地名以及宫殿、園囿、臺觀、寺院、陵墓、衙署等名稱。

二、地名下的數字,前者爲卷號,後者爲頁碼。

例如:

披雲樓　12/219

表示披雲樓見於本書卷之十二第219頁。

三、由於本書係摘録他書有關史料編纂而成,書中異稱只能仍其舊,故索引除字形不同者加以括注外,其餘仍分别列目,讀者使用時請予注意。

四、歷代地名更改情況較爲複雜,本索引對同名異地未作區分,讀者使用時當自鑒别之。

五、爲避免重複,凡書中所引同卷同節中的同一地名,祇收録一次。

六、本索引按音序排列。

A

哀帝義陵　5/108
愛景門　16/277
安昌殿　14/261
安處殿　4/76
安德殿　18/310
安東門　18/313
安福殿　16/282
安福樓　6/128
安福門　6/125
安國寺　6/126,18/311
安和署　19/339
安化門　6/125
安樂殿　14/257
安禮門　9/20
安陵　5/107
安陵縣　3/63
安流門　15/272
安門　3/67,16/274
安平門　15/272
安毬場　16/274
安仁殿　6/135,18/315
安仁宫　5/116
安仁門　6/135
安善門　9/202
安上門　6/125
安肅門　16/278
安臺觀　5/102
安泰門　16/289
安喜門　9/195
安興坊　6/123
安陽宫　12/225
安邑　1/3
安遠門　16/278
安貞門　16/290,18/318,19/321
安正門　15/272
鞍轡庫　16/295,19/326
按出虎水　2/39,20/347,20/348

B

八風臺　3/62
八卦殿　16/288
八關宫　9/187
八角井　8/175
八仙館　16/285
八作司　18/311
霸昌觀　5/102
霸城門　3/66
霸都門　3/69

霸館　3/62
霸陵　1/14,5/107,5/112
霸陵縣　3/63
霸橋　3/62,5/110
霸橋觀馬厩　5/109
白藏庫　12/223
白登臺　14/264
白虎殿　4/76
白虎閣　5/103
白虎橋　16/294
白虎闕　4/78,8/167
白龍沂　16/285
白樓　14/262
白鹿觀　5/93
白露嶺　12/233
白馬寺　8/169
白門　11/214,12/217,13/246
白社故里　8/165
白石山　20/345
白臺　14/256
白象坊　8/180
白楊觀　5/102
白紙坊　19/331
百尺樓　6/128,8/175
百福殿　6/130
百福門　6/135
百官待漏院　6/127
百果園　8/176
百孫院　6/126
百子池　5/98
柏梁殿　13/253
柏梁臺　3/57,4/80,5/100
班瑞殿　15/272
班朔布政府　16/295
頒慶門　17/201
阪泉　1/1
半山亭　16/285
半丈紅　17/304
包陽宫　3/61
保安殿　14/266
保慈宫　16/283
保和殿　16/285
保和館　18/311
保康門　16/292
保寧殿　9/194
保寧門　9/202
寶鈔總庫　19/331
寶成門　15/272
寶慈殿　19/327
寶殿　11/212,12/229

寶光寺　8/180
寶雞神祠　3/48
寶明寺　8/178
寶謨閣　17/303
寶慶殿　6/128
寶文閣　16/283
寶雲殿　19/323
報德寺　8/179
報瓊閣　16/284
悲猿峰　12/233
北兵馬司　19/340
北亳　1/3
北堤　13/243
北邸　13/245
北都　1/18,2/27,2/35,9/198,15/269
北宫　4/72,7/144,7/148,9/196,11/213,14/256
北宫門　7/147,17/306
北河門　15/271
北湖　13/244
北郊壇　7/145
北京　2/36,2/40,15/269,15/271,18/312,20/346
北樓　3/69,18/312
北落門　3/68
北内　17/303
北望春宫　6/131
北塼門　15/272
備用司　19/333
備章總院　19/331
本支百世堂　17/307
本枝院　9/197
畢門　8/166
碧海曲池　8/175
碧琅玕亭　16/284
碧琳堂　17/304
碧羽殿　6/136
罼圭苑　7/146
避風臺　5/98
避暑宫　9/195
璧門　4/80
璧玉門　5/100
編估局　16/295
汴京　2/40, 16/280, 17/305, 20/348
汴州　2/35, 9/198, 16/273, 16/275,16/279
汴州城　16/279
便門　3/57,3/68

便門觀　5/93
便門橋　3/56,5/110
便橋　3/57,16/293
彪池　5/99
别風闕　4/80
賓暉門　9/202
賓天門　16/273,16/277
賓耀門　9/196
賓躍門　9/187
鑌鐵局　19/339
冰池　5/99
冰花亭　17/307
冰井臺　11/214,12/221
冰井院　9/197
并州　2/27,14/265,15/267,15/268,15/269,15/270
并州東城　15/270
并州西城　15/270
波若臺　5/113
孛可孫　19/339
亳　1/2
博望苑　5/94
博雅樓　17/307
箔場　16/295
薄太后南陵　5/107
布恩亭　3/66
步高宫　3/52
步廣里　8/164
步壽宫　3/52,4/90,5/116
步元廡　7/152

C

彩霞亭　6/129
採桑壇　7/151
採石局　19/336
蔡河　16/292
蔡河水門　16/292
蔡市橋　16/294
驂龍樓　19/325
蠶觀　13/244
蠶室　3/50,5/110,7/151
燦錦　17/304
倉官寨　20/349
滄池　5/97
蒼龍觀　5/102
蒼龍海　8/176
蒼龍門　9/201
蒼龍闕　3/56,4/78,7/148
藏冰室　8/176
藏珍庫　19/326

曹門　16/274,16/275,16/292
曹爽故宅　8/167
層巘亭　16/284
茶迭兒局諸色人匠總管府　19/332
茶酒局　16/295
察院　19/333
柴炭提舉司　19/334
茝若殿　4/76
禪虚寺　8/181
昌國署　19/335
昌陰里　5/111
閶闔門　4/78,8/173,12/222,13/244,16/285,20/346
長安　1/11,2/24,3/45,4/71,5/94,5/116,6/118,7/145,7/150,8/169,13/244,14/256,16/276
長安殿　6/136
長安宫　4/86,5/100,11/208
長安故城　3/65,4/73,5/97,6/134
長安九市　5/111
長安縣　1/11,3/43,4/71,5/116,6/132
長白山　2/39
長春殿　9/202
長春宫　5/116,6/133
長春門　12/218
長存館　3/62
長存橋　3/62
長定宫　4/85
長分橋　8/181
長景門　16/277
長樂殿　16/298
長樂宫　1/14,3/56,4/71,5/99,5/112,5/116,13/245
長樂厩　5/109
長樂門　6/134,9/194
長陵　5/107
長陵縣　3/63
長茂亭　3/67
長門　4/86
長門宫　4/86
長門園　4/87
長明溝　11/213
長鳴溝　12/223
長年殿　4/74
長寧宫　16/283
長平觀　3/53,5/102

長慶殿　6/136
長秋殿　4/71
長秋門　4/78
長秋寺　8/175
長沙桓王策廟　13/239
長生殿　6/124,16/288
長壽　5/106
長壽殿　9/201
長壽里　12/223
長泰館　18/311
長亭殿　4/72
長夏門　9/188
長信殿　4/72
長信宫　4/71
長信寺　19/340
長陽宫　13/245
長楊宫　3/51,4/89,5/101
長楊榭　5/101
萇弘冢　7/143
常安室　3/61
常樂室　3/61,4/72
常滿倉　3/60,7/145,8/177
常年館　20/350
常寧殿　4/76
常武殿　18/315
抄紙坊　19/331
巢鳳閣　16/285
巢雲亭　16/285
朝城門　15/271
朝宫　3/50
朝門　3/68
朝天館　20/345
朝天門　17/306
朝陽門　14/266
朝元殿　9/198
朝元閣　6/124
朝元前殿　9/201
車局　19/336
車輅院　9/201,16/295
車營　16/295
沈陽縣　3/63
辰居殿　20/347
辰星祠　3/59
宸慶殿　19/324
陳　1/1
陳倉山　3/48
陳倉縣　3/48
陳城　1/1
陳胡王統祖穆廟　3/61
陳橋門　16/292

陳王宅　6/126
陳州門　16/292
晨暉門　16/284
晨耀樓　6/127
成帝廟　5/106
成帝延陵　5/108
成都　1/17,10/203
成都府　10/204
成平殿　16/284
成周　1/8,7/141,8/159
承福門　9/196
承光宫　3/61
承和門　17/304
承華殿　4/89,18/314
承華宫　14/257
承華廄　7/146
承歡殿　6/136
承暉殿　6/127
承極殿　16/283
承露池　5/98
承明殿　4/76,16/282
承明門　8/173,13/244,18/314
承乾殿　6/117
承慶殿　6/135
承慶門　6/135
承天門　6/134,16/282,18/310
承雲閣　6/136
承雲門　6/136
城東門　3/66
城隍廟　20/348
乘黄廄　12/223
乘黄署　8/174
徵縣　3/63
澄碧　17/307
澄碧堂　17/304
澄鸞殿　11/209
橙槽門　15/271
蚩尤城　1/1
池陽宫　4/90,5/102
池陽縣　4/85
赤橋宫　12/225
赤闕　12/222
赤烏殿　13/238
冲和殿　16/283
重璧臺　3/47
重光殿　10/205
重華宫　17/303
重明殿　20/347
重明門　9/194
重泉縣　3/63

重壽殿　17/302
重熙殿　16/283
重熙門　17/301
重陽閣　5/114
重雲殿　13/250
崇道門　6/135
崇德殿　5/115,7/148,8/166,9/200
崇福司　19/338
崇光殿　14/258
崇光宫　14/257
崇光臺　11/212
崇和殿　16/283
崇華殿　7/150,8/163
崇華門　19/324
崇徽殿　16/283
崇教殿　6/121
崇禮門　12/218,16/273
崇明門　6/136,16/273
崇慶殿　18/315
崇慶宫　16/283
崇仁門　18/318,19/321
崇仁行用庫　19/331
崇聖殿　16/283
崇天門　19/322
崇天堂　8/162
崇文閣　18/320
崇文院　16/291
崇賢門　9/196
崇孝寺　18/310
崇信殿　5/114
崇信館　18/311
崇虚寺　8/180
崇勳殿　9/198
崇業宫　6/132
崇義里　8/177
崇英殿　13/254
崇元殿　16/273
崇元門　16/276
崇政殿　16/282,17/302
崇智門　18/314
出鑞局　19/339
初池　5/98
初陽門　6/136
厨城門　3/68
厨門　3/68
褚氏聚　7/143
褚氏亭　7/143
儲胥館　4/85
儲元宫　3/61,4/87

船司空縣 3/63
吹臺 16/274
垂拱殿 9/201
春宫 3/46,4/89
春暉門 9/196
春錦閣 16/284
春明門 6/134
春祺門 15/272
春桃 17/304
春亭 20/347
春王門 3/67
純和殿 16/289
祠天壇 14/262
慈德殿 16/283
慈德寺 6/132
慈恩寺 6/126
慈福殿 19/324
慈福宫 17/303
慈明殿 17/307
慈寧殿 17/302
慈寧宫 17/303
慈壽殿 16/283
慈孝里 8/181
慈訓殿 18/314
慈元殿外庫 17/306
叢玉閣 16/284
粹英門 18/314
翠葆閣 16/284
翠寒宫 17/303
翠寒堂 17/304
翠華厩 5/109
翠若亭 16/283
翠微殿 6/118
翠微閣 16/289
翠微宫 6/118,20/349
翠微寺 6/132
存神殿 4/90
存仙殿 4/90

D

達河寨 20/349
達貨里 8/180
達禮門 6/125
打套所 16/295
大愛敬寺 13/250
大安殿 18/314
大安府 6/138
大安宫 6/118
大安山 18/313
大悲寺 20/344

大昌宫　9/197
大昌里　5/111
大城南門　15/271
大道壇廟　14/264
大滌湧翠　16/289
大定　20/345
大都　2/41,18/317
大都等路都轉運鹽使司　19/339
大都等路種田人匠織染局　19/335
大都等路諸色民匠提舉司　19/333
大都等路諸色民匠總管府　19/332
大都河道提舉司　19/338
大都護府　19/335
大都惠民司　19/338
大都金銀器盒局　19/332
大都酒課提舉司　19/339
大都留守司兼少府監　19/336
大都門尉　19/336
大都南北兩兵馬都指揮使司　19/340
大都平準庫　19/331
大都人匠總管府　19/331
大都軟皮局　19/336
大都税課提舉司　19/339
大都雜造雙線局　19/336
大都氈局　19/332
大都諸色人匠提舉司　19/336
大觀庫　16/295
大海　8/176,12/232
大海觀　12/233
大航　13/252
大航門　13/244
大賀氏勤得王墓　18/310
大護國仁王寺財用規運都總管府　19/333
大積倉　19/339
大吉殿　6/135
大吉門　6/135
大角觀　6/136
大解城　7/143
大樂署　19/335
大理寺　6/134,12/223
大梁門　16/281
大梁水　20/344
大遼門　20/344
大輅厩　5/109

大名府　2/36,15/270
大明城　15/270
大明殿　6/122,15/267,16/287,19/321
大明宫　6/118,15/267
大明館　15/271
大明門　19/322
大木局　19/336
大内殿　18/313
大内都巡檢司　17/306
大寧宫　16/275,16/286,18/315
大寧門　16/282
大甯　1/19
大農寺　12/223
大慶殿　16/282,17/302
大慶門　16/297
大衢樓　20/346
大順門　18/310
大司馬府　12/230
大司馬門　7/153,13/249
大司農司　19/335
大司徒領異樣金玉人匠總管府　19/339
大臺池　5/98
大臺宫　3/61
大通門　16/278
大同殿　6/136
大同府　14/265
大同館　20/346
大同門　6/136
大同驛　14/266,20/345
大統寺　8/178
大宛厩　5/109
大夏殿　4/72
大夏門　8/162
大小雕木等局　19/337
大興城　2/26,6/134
大興殿　6/117
大興府　18/317
大興門　6/135
大興聖寺　11/212
大鄭宫　3/48
大宗正司　16/295
大總持寺　11/212,12/231
代龍渠　8/161
待漏院　6/127,16/288
玳瑁樓　11/213,12/230
駘蕩宫　4/81
戴樓門　16/292
丹鳳門　6/125,16/298

當路池　5/98
當路宫　3/61
當路觀　5/93
當市觀　5/102
當市樓　5/111
蕩城　11/211
導官署　8/175
道會苑　5/114
德昌殿　9/196
德昌門　16/298
德和殿　16/298
德勝嶺　20/346
德壽殿　16/298
德壽宫　17/303
德陽宫　5/106
德陽門　16/273
德陽堂　13/249
德儀殿　16/289
登聞鼓院　16/288
登聞檢院　16/288
滴漏門　16/273
翟道縣　3/63
翟泉　8/163
狄泉　7/143,8/163
帝丘　1/2
帝虞始祖昭廟　3/61
第一座橋　16/293
棣王宅　6/126
典農署　8/176
典瑞監　19/336
典虞曹　8/178
點檢司　16/289
店皮局　19/336
店宅務　16/295
殿中省　6/134
殿中省六尚局　16/295
殿中司　19/333
貂鼠局　19/336
雕窠嶺　20/346
雕木局　19/336
雕牙局　19/336
釣臺　8/163,12/224
釣臺殿　8/176
疊瓊閣　16/284
鼎湖宫　4/89
鼎郊觀　5/93
鼎路門　3/67,5/104
鼎門　7/143,8/160
鼎中觀　7/143
定安館　3/61,4/84

定鼎門　9/191
定西門　14/266
東安里　8/177
東安門　15/271
東陂池　5/98
東北水門　16/292
東罼圭苑　7/146
東都　1/8,2/26,3/64,4/84,6/124,7/144,8/160,9/185,9/187,9/197,9/198,9/201,14/258,16/273,16/281,17/304
東都城　9/186,9/195
東都門　3/67,5/95
東都苑北面監　9/187
東都苑東面監　9/187
東都苑南面監　9/187
東都苑西面監　9/187
東府　13/240,16/290
東府城　13/245
東閤　7/152,12/219
東更衣殿　19/324
東宮　6/118,7/143,8/176,11/213,13/242,13/250,13/253,14/257,16/296,17/303,18/314
東宮池　8/164
東宮街　8/163
東館　20/349
東紅門　19/324,19/325
東華殿　20/347
東華門　16/281,17/308
東京　2/25,9/183,9/185,9/193,9/198,15/271,16/273,16/275,16/276,16/278,18/312,20/343
東樓　16/289,18/312
東明殿　4/74
東明觀　11/214,12/223,14/259
東明門　9/187
東木根山　1/19
東内　6/121
東煖殿　19/324,19/325
東平郡　2/39,20/344
東上東門　12/218
東上閤門　6/138,9/201,16/287,18/314
東上閣　6/136
東市　5/111，6/124，9/187,12/230
東水門　16/292

東太武殿　11/214
東西窑務　16/295
東西作坊　16/295
東香殿　19/324
東向門　16/288
東陽門　8/165
東掖門　12/218
東織室　4/77
東中門　8/173
董賢觀　5/102
董卓宅　8/176
洞元堂　9/197
都茶場　16/295
都道　12/224
都厩　5/109
都門　3/69,8/166,16/273
都水監　6/134,19/338
都堂　8/177,16/288
都提舉萬億寶源庫　19/331
都提舉萬億賦源庫　19/330
都提舉萬億廣源庫　19/331
都提舉萬億綺源庫　19/330
都亭　8/163,12/224
都亭驛　15/271,17/305
竇太主園　4/86
鬬場　13/240
鬬雞臺　12/225
燭龍門　9/196
杜陵　1/14,3/59,5/95
杜陵縣　3/63
杜門　3/68,4/72,5/94,5/112
杜若洲　12/233
杜陽縣　3/63
度雲嶺　20/346
端誠殿　17/305
端禮門　16/282
端路亭　3/68
端門　3/67,4/77,9/189,
9/202,12/218,13/249,
16/287,18/316
端明殿　9/198
斷腕樓　18/310
祋祤縣　4/90

E

阿城　3/53
阿房殿　3/50
阿房宫　3/50,4/74
峨嵋山　12/232
軛梁厩　5/109

鄂王宅　6/126
萼緑華堂　16/285
邇英閣　16/283

F

發越殿　4/76
法酒庫　16/295
法物庫　19/337
繁臺　16/274
繁禧門　16/289
繁英閣　16/284
范宮　3/46
范河　20/344
梵像局　19/339
方壺亭　19/328
方湖　8/163
方明壇　13/253
方澤　7/151
方丈　3/59,5/97,13/243
坊巷御街　16/296
芳碧亭　19/327
芳桂宮　9/188
芳樂苑　13/248
芳林園　7/149,8/162,12/224
芳林苑　13/247
芳樹亭　9/197
芳苑門　6/136
放鴨亭　6/128
妃嬪院　19/326
非常室　4/77
飛岑亭　16/285
飛閣　15/270
飛華亭　16/284
飛廉觀　5/101
飛廉館　3/57
飛龍厩　9/197
飛鸞殿　12/232
飛鸞閣　10/205
飛山宮　9/187
飛霜殿　6/118
飛僊殿　6/136
飛翔殿　4/76
飛軒門　6/136
飛羽殿　4/74
廢丘　1/9,3/64
芬芳殿　9/197
芬芳閣　16/284
芬芳門　9/197
封宮　3/48
封巒　4/85

封巒觀　5/94
封丘門　16/274,16/292
豐　1/6, 3/43, 3/50, 3/64, 6/126,7/143
豐宮　1/6,3/43,14/256
豐閏倉　19/339
豐贍署　19/335
豐實倉　19/339
豐王宅　6/126
豐宜門　16/288
酆宮　3/43
酆明觀　5/112
酆水囿　5/112
奉常寺　12/223
奉宸庫　16/295,19/334
奉明廟　5/106
奉明縣　3/63,5/95
奉天宮　9/188
奉天門　14/266
奉義監　6/117
奉元殿　20/347
奉元門　20/347
奉終里　8/181
鳳池　16/285
鳳華殿　13/248
鳳皇宮　5/116
鳳凰殿　4/74
鳳凰闕　4/80
鳳凰山　16/285
鳳鳴門　9/198
鳳泉宮　5/116
鳳闕　4/80
鳳山樓　17/304
鳳翔府　1/6,2/28,6/133, 10/204
鳳陽門　11/208,11/209,11/214, 12/217
鳳儀門　19/323
鄜縣　3/63
鄜畤　3/47
敷德殿　20/347
敷德門　18/314
敷教門　9/201
敷文閣　17/303
敷錫神運萬歲峰　16/289
敷政門　9/194
扶荔宮　4/87
扶桑館　8/179
扶桑海　8/177
扶玉閣　16/284

拂雲閣　16/284
浮陽亭　16/285
芙蓉城　16/285
芙蓉池　6/129
芙蓉岡　17/304
芙蓉閣　17/304
芙蓉亭　9/197
芙蓉園　6/124
芙蓉苑　6/126
浮玉殿　16/289
符寶局　16/290
符節署　12/230
符節臺閣　12/220
符牌庫　19/332
福昌宮　9/186,9/195
福寧殿　16/282,17/303
福寧殿射殿　17/303
福寧寢殿　16/287
福壽殿　18/314
福先寺　18/311
福陽宮　5/116
俯翠　17/304
輔正亭　16/285
富藏庫　19/337
富谷館　20/346
富國倉　16/296
復古殿　17/304
阜財里　8/181
阜昌門　15/272
阜成門　14/266
萯陽宮　3/51,5/101
駙馬寺　20/344
覆盎門　3/67
覆實司　19/331

G

甘城　7/143
甘露殿　6/128,9/197
甘露門　6/135
甘露亭　13/253
甘泉　3/52,7/143
甘泉宮　3/57,4/72,5/96,6/132
甘泉前殿　3/49
甘泉苑　4/85,5/94
甘湯院　9/197
感真閣　16/283
高帝廟　5/105
高光宮　4/85
高歡宅　12/231
高梁河　18/313

高陵縣 6/132
高靈館 4/91
高禖壇 17/305
高門 1/12,3/68,4/74
高門殿 4/76
高廟 1/15,3/62,5/105,7/144
高明殿 4/72
高明門 16/274
高奴 3/64
高平館 20/350
高橋 16/293
高泉宮 3/51
高山宮 9/188
高陽酒肆 16/285
高陽王寺 8/180
高陽王雍宅 8/180
高園 5/105
高祖長陵 5/107
高祖陵 14/262
高祖廟 5/105
皋門 3/46,8/166
皋門橋 8/161
藁街 5/111
隔城 11/209,12/217,17/301
艮嶽 16/285
更衣殿 18/319,19/329
耿 1/4
耿城 1/4
耿鄉 1/4
弓箭庫殿 16/274
公車 1/11,3/61,4/79,8/160
供奉庫 16/295
供膳署 19/335
供須庫 19/333
宫苑司 16/290
宫正司 19/333
拱辰門 16/284
拱辰堂 19/322
拱宸門 9/202
拱極門 14/266
拱衛司 16/289
拱衛直都指揮使司 19/338
句盾署 8/176
鉤盾署弄田 4/74
鉤弋殿 4/73
鉤弋宫 4/87
鉤弋臺 5/100
孤樹池 5/98
古玉井 8/162
谷口縣 3/63

鼓吹臺　16/279
鼓簧宫　4/81
鼓角門　15/272
鼓樓　12/219,16/297,19/323
穀門　7/148,8/164
穀水　7/149,8/160,9/196
固子門　16/280
固子橋　16/280
顧成　5/106
顧成廟　3/56
官領隨路民匠打鋪鷹房納綿總管府　19/334
冠氏門　15/271
關城　17/301
關門　6/131,9/202
觀德殿　7/152
觀德門　15/271
觀風殿　9/196
觀風樓　6/124
觀風門　9/196
觀化門　16/274
觀會亭　18/315
觀稼殿　16/283
觀禮門　9/196
觀橋　16/293
觀臺　12/224
觀堂　17/304
觀文殿　16/283
觀象觀　5/93
觀象門　6/136
觀音門　15/271
瓘玉局　19/337
光畢門　3/68
光範門　6/136,9/194
光風園　8/181
光化門　5/116
光極殿　8/175
光極門　8/175
光禮門　3/67
光禄寺　19/334
光門　3/69
光慶門　9/196
光世殿　5/112
光順門　6/136
光泰門　18/315
光天殿　19/324
光天門　19/324
光王宅　6/126
光熙門　16/298,18/318,19/321
光熙行用庫　19/331

光興殿　16/290
光興宫　20/348
光興門　16/298
光宣門　6/118
光翼門　16/298
光宅寺　13/250
光昭門　6/135
光政門　2/33,9/194,9/201
廣備橋　16/294
廣成圃　7/145
廣成苑　7/145
廣德宫　9/200
廣德門　11/214,12/217
廣寒殿　18/318,19/328
廣濟倉　16/296
廣濟署　19/335
廣津門　16/278
廣晉　15/271
廣晉府　2/35,15/271
廣利門　16/278
廣門　3/68
廣明殿　4/74
廣明苑　5/95
廣莫門　8/163,13/243
廣寧府　20/349
廣寧館　18/311
廣平館　20/350
廣平武穆王懷宅　8/178
廣仁殿　20/347
廣聖宫　16/283
廣世亭　3/69
廣壽殿　9/201
廣武殿　18/315
廣衍倉　19/339
廣陽殿　4/72
廣陽門　6/134,7/147,8/170,
11/214,12/217
廣義門　15/271
廣應司　19/338
廣盈倉　16/296
廣運門　6/135,15/271
廣運潭　6/131
廣政殿　9/200
廣政門　9/198,9/200
廣中殿　4/80
廣貯倉　19/339
歸德殿　17/301
歸德館　8/179
歸來望思之臺　4/90
歸義門　9/196

歸正館　8/179
桂宮　3/68,4/82,5/105
桂館　3/58
桂臺　5/99
貴赤侍衛親軍都指揮使司　19/332
貴鄉縣　15/271
國相寨　20/348
國子監　6/134,18/310,18/320,19/334
國子學　6/125,7/151,7/154,7/156,8/174,13/243,19/334
國子學堂　8/174
虢宮　3/51
虢縣　3/51
果馬厩　5/109
果臺　5/100
過殿　16/287

H

蝦蟆嶺　20/346
海雲寺　20/349
亥門　3/69
含冰殿　6/136
含春門　8/162
含風殿　6/118
含光殿　9/202,12/229
含光門　6/134
含輝門　16/278
含蓮亭　9/197
含涼殿　6/136
含露門　9/197
含清門　9/194
含仁殿　5/114
含霜障　12/233
含象殿　6/136
含曜門　16/274
含耀門　6/136
含元殿　6/121,9/198
含元宮　6/121
含章館　4/79,5/103
含章門　9/194
含章堂　12/235
函德殿　4/81
函谷關　1/14,3/57
寒露館　8/176
寒香閣　16/284
韓長鸞宅　12/231
韓城鎮　20/349
韓信射臺　5/100

旱船　17/304
漢城　18/311,20/344
漢壽亭侯廟　16/281
漢中　1/9,3/60,5/101
翰林國史院　19/334
翰林書藝局　16/295
翰林司　16/295
翰林院　9/197,19/334
杭州　2/37,17/303
好水川　18/312
好畤縣　3/47,4/90
耗門　7/148
號令堂　15/270
顥華門　18/314
鎬　1/6, 2/31, 3/44, 3/50, 3/64, 6/128, 7/141, 9/183, 9/193,14/258
鎬池　1/6,5/97
合璧宫　9/187
合歡殿　4/74
合襃追古思阿不漠合沙地　18/312
和里閑寨　20/349
和林　2/41
和寧路　2/41
和慶殿　9/200
和士開宅　12/231
和義門　18/318,19/321
和義行用庫　19/331
和政門　16/278
郃陽縣　3/63
河南　1/1,2/28,7/141,8/160, 9/189
河南北十炭場　16/295
河南府　2/28,9/194,9/201
河南宫　14/255
河中府　2/27
荷葉殿　19/328
賀蘭堰　6/127
鶴池　5/99
鶴觀　5/108
鶴羽閣　6/135
黑斗嶺　20/346
黑闞　12/222
亨嘉門　15/272
恒王宅　6/126
姮娥峰　8/176
横翠殿　18/315
横門　3/69
横橋　3/69,5/110,16/293

横橋子 16/293
横山 20/345
弘教殿 6/121
弘禮門 6/118
弘農宫 9/186
弘農縣 3/57
弘慶門 19/327
弘文館 3/66,6/121,16/276
弘義宫 6/117
紅花務 20/349
虹霓閣 8/176
虹橋 9/197,16/293
鴻池 8/172
鴻池陂 8/172
鴻臚寺 6/134
鴻臺 4/71
鴻雁池 14/255
厚載門 9/195,12/227,16/273
後紅門 19/324
後衛親軍都指揮使司 19/332
後園 12/230
後烝烈郡 3/63
後苑作 16/295
候神臺 5/101
胡河厩 5/109
胡家務 20/349
斛律明月宅 12/231
壺春堂 16/284
壺梁 3/59
湖縣 3/63
虎賁 3/62,5/108,8/177,
12/223
虎賁侍衛親軍都指揮使司
19/332
虎門 7/156,8/166
互春院 9/197
鄠縣 1/6,3/43,5/116,6/132
護軍府 8/174
護龍河 16/279
花萼樓 6/124
花萼相輝之樓 6/123
花毯蠟布等局 19/332
華光門 6/135
華景門 15/272
華景亭 16/283
華林都堂 12/235
華林園 7/152,8/162,11/208,
12/232,13/242
華林苑 11/208,12/224
華清宫 6/124,6/139

華文閣　17/303
華嚴寺　14/266
華陽街　5/111
華陰宫　6/133
華陰縣　4/90,5/116,6/133
化成院　9/197
畫局　19/336
畫堂　4/74,9/200
槐里縣　1/9,3/63,4/90,5/108
槐市　5/111
褱德縣　3/63
懷方館　20/350
懷信驛　16/277
懷遠門　20/344
環碧殿　16/283
環山館　16/285
浣溪　17/304
焕章閣　17/303
皇城司　16/295
皇帝寨　20/348
皇都　2/39,18/309,18/312
皇后廟　17/305
皇極殿　16/282
皇津橋　9/192
皇舅寺　14/263
皇女臺　8/169
皇堂石井　6/123
皇武殿　20/348
皇信堂　14/259
皇儀殿　16/288
黄帝祠　1/1
黄帝太初祖廟　3/61
黄棘里　5/111
黄龍府　20/349
黄女宫　9/197
黄雀嵓　12/233
黄山宫　3/64,4/90
揮雪亭　16/285
暉和殿　6/120
暉華殿　12/222
暉文里　8/178
暉儀門　6/135
暉政門　6/135
徽安門　2/33,9/195
徽青亭　19/327
徽音殿　16/289
徽音門　16/298
徽猷閣　17/303
徽政院　19/325
回車殿　4/74

回鶻營　18/311
回回司天臺　19/338
回回藥物局　19/338
回回藥物院　19/338
回中宫　4/90
廻鑾門　17/301
惠帝安陵　5/107
惠帝廟　5/105
惠民河　16/278
惠訓門　6/135
會昌城　6/124
會昌門　9/196
會昌縣　6/124
會城門　18/314
會方館　20/350
會寧　16/284
會寧殿　16/284
會寧府　2/40,20/347
會慶殿　16/282
會慶亭　6/126
會通門　16/295,18/314
會同館　18/315,19/331
會祥殿　16/283
會義殿　5/114
會真殿　10/205
蕙草殿　4/76
蕙馥閣　16/284
渾河　20/344
混同館　20/350
混同江　2/39,20/347
混同江行宫　20/347

J

基春殿　16/283
稽古殿　20/347
積草池　5/98
積翠陂　9/197
積慶殿　13/254
積慶門　9/194
積善坊　6/123
積水潭　18/318
吉陽里　12/223
亟里門　3/68
棘門　3/69
極廟　3/49
極目亭　16/285
集福殿　16/283
集靈宫　3/63,4/90
集靈臺　6/124
集聖殿　16/282

集禧門　18/314
集仙殿　9/192
集仙宫　4/90
集僊臺　5/108
集賢殿　9/192
集賢殿書院　9/192
集賢館　16/276
集賢院　16/291,19/334
集賢院書庫　16/291
集英殿　16/282,17/302
籍田門　3/66
籍田署　19/335
戟子池　5/98
薊州　18/312,20/349
濟北愍王王祖穆廟　3/61
濟民署　19/335
濟南伯王尊禰昭廟　3/61
濟王宅　6/126
濟遠倉　16/296
家令寺　6/134
嘉倉　5/109
嘉德殿　19/327
嘉福殿　8/175
嘉福樓　16/289
嘉福門　6/118,16/297
嘉惠殿　20/345
嘉禮門　6/120
嘉慶殿　9/198
嘉瑞樓　16/289
嘉善坊　9/199
嘉禧殿　19/325
嘉猷門　6/135
嘉則門　19/323
郟鄏　1/8
郟鄏陌　7/142
甲觀　4/84,17/306
甲匠提舉司　19/337
賈充宅　8/164
架子營　16/295
繭觀　5/93
繭館　5/103
簡賢講武殿　16/282
建昌宫　16/286
建春門　8/163,11/214,12/217
建福門　6/127,6/135
建國門　9/195
建康　1/18,13/237,13/239,
13/254,17/302
建禮門　4/84
建平園　13/239

建始殿 7/148,8/169
建興苑 13/249
建陽里 8/177
建陽門 8/164,16/274
建業 1/17,2/38,13/237,13/250
建章宫 3/58,4/80,5/97,13/245
建中寺 8/174
建子門 3/68
健德門 18/318
健德行用庫 19/331
漸臺 1/12,3/58,4/82,5/100
箭局 19/337
諫院 16/289
鑒玄殿 14/259
江陵府 2/28
講武池 16/279
講武殿 9/202,17/303
講武臺 15/270,16/274
講筵所 17/303
降聖閣 6/124
降真閣 10/205
將軍司 16/290
將作曹 8/174
將作監 6/134
將作院 19/337
絳萼閣 16/284
絳華 17/304
絳霄樓 16/285
絳雲閣 16/284
交泰殿 6/125
郊社 16/288
郊壇 6/130,17/304,18/319
郊天臺 17/308
郊天壇 14/263
椒房殿 4/76
椒風殿 4/76
椒唐觀 5/93
嶕嶢闕 4/80
角子門 16/293
教坊司 19/331
結隣閣 6/136
結綺閣 13/253
節義寺 18/311
碣石館 18/314
潔淥池 6/118
解卸殿 9/198
介福殿 19/329
介亭 16/285
金昌府 2/41
金城 1/11,3/54,4/88,9/195

金城宫　6/133
金德門　18/311
金德寺　20/344
金鳳門　16/274
金鳳臺　12/221
金溝淀　20/346
金溝館　20/346
金谷水　8/161
金谷亭　9/197
金光門　6/132
金虎門　9/201
金虎臺　11/207,12/221
金花池　12/232
金華殿　4/75,11/212,12/222
金華門　6/119
金華堂　14/255
金輝門　16/278
金梁橋　16/293
金陵　1/18，8/179，13/237，13/254
金陵館　8/179
金露亭　19/328
金鑾殿　9/198,9/201
金鑾門　9/194
金鸞殿　6/136
金馬門　4/77,7/147
金明門　6/136,11/214,12/217,15/271
金闕門　9/197
金市　8/162
金水河　16/292,19/327
金水河水門　16/292
金水門　16/293
金絲顏料總局　19/337
金絲子局　19/337
金肆里　8/181
金烏門　16/273
金祥殿　16/273
金曜門　9/202
金耀門　16/292
金義門　16/275
金墉城　2/21,8/162
金墉宫　2/21,7/151
津門　7/147,8/170
津陽門　8/170
錦臙廊　17/307
錦州　20/349
近侍局　16/289
晉昌軍　2/35,6/139,16/275
晉陽　15/267,15/269,17/302

晉陽宫　15/267,15/268,15/269
進和門　3/68
進奏院　17/306
禁觀　5/102
京城守具所　16/295
京畿都漕運使司　19/339
京畿府　12/231
京兆府　2/28,6/131,6/138
荆王澗　16/298
經武殿　14/260
井幹樓　3/59
景亳　1/3
景帝廟　5/106
景帝陽陵　5/107
景風門　15/271,16/277
景福殿　16/282
景福殿庫　16/295
景福門　18/311,19/323
景和門　15/272
景暉門　20/347
景輝門　16/283
景樂寺　8/175
景靈宫　16/296,17/305
景龍江　16/284
景龍門　16/284
景龍門橋　16/280
景明寺　8/178
景寧里　8/178
景寧寺　8/178
景清門　15/272
景王冢　8/163
景陽觀　8/176
景陽山　7/150,7/152,8/162,13/243
景曜門　17/304
景耀門　19/324
净明寺易安齋　17/305
徑路神祠　3/59,4/85
敬義里　8/178
靖安門　15/271
靖方殿　15/272
靖武門　15/272
静安門　17/301
静方門　15/272
静樂　17/304
鏡殿　11/212,12/229
樛木觀　5/93
九成宫　6/120
九宫貴神壇　17/305
九谷八溪　8/162

九華殿　4/76,8/163,12/221
九華宫　12/217
九華臺　7/149,8/176
九華堂　14/257
九級府　8/174
九江　8/162
九江池　9/202
九龍殿　7/150,8/163,11/212,12/235
九龍渠　8/161
九曲瀆　8/165
九曲山　12/232
九日臺　13/247
九僊門　6/136
九州亭　9/197
久長門故亭　4/87
酒池　1/5,4/72,5/99
酒池臺　5/100
就日殿　6/135
廄門　11/214
舊京城　6/135,16/292
居庸關　18/313
鞠場　6/129
句孤孛堇寨　20/349
具聖尼寺　18/311
聚遠樓　17/304
軍器庫　17/307,19/326
軍器所　16/295
軍頭引見司　16/295
菌鶴池　5/98
浚儀門　16/273
浚儀橋　16/293

K

開封　16/273
開封府　2/35,16/273,16/275,16/276,16/278
開化門　9/202
開皇殿　18/310
開襟閣　4/76
開明門　16/274
開平府　2/41,18/318,20/350
開泰寺　18/314
開陽門　7/147,7/156,8/171,13/243
開遠門　6/124,16/278
凱門　3/66
康陵　5/108
客舍門　3/68
客省　16/295

客省院 9/197
孔子廟 18/311
庫門 7/142,8/166
跨雲亭 16/285
蒯池 5/98
蒯亭 7/143
蒯鄉 7/143
寬仁門 16/273
奎文殿 20/347
奎章閣 19/340
坤德六合殿 14/259
坤寧殿 17/308
昆德殿 4/74
昆靈池 5/98
昆明池 1/6,3/57,4/85,5/95,6/127
昆明池觀 5/101
昆明觀 5/93
崑玉殿 16/284
琨華殿 12/222

L

來賓館 5/112,20/345
來德館 20/350
來流河 20/347
來寧館 18/315
來同館 20/350
來州 20/349
萊州 20/349
藍田縣 6/132
闌遺監 19/334
蘭昌宮 9/195
蘭池宮 3/53
蘭池觀 5/102
蘭峰宮 9/195
蘭林殿 4/76
蘭臺 4/76,13/240
蘭薰閣 16/284
覽秀軒 16/285
郎池 3/61,5/98
郎池觀 5/93
郎中令府 12/223
勞谷祠 3/59
老君殿 6/124
老子祠 6/133
樂郊館 20/350
樂遊廟(樂游廟) 3/59,5/95
樂遊苑 5/95,6/129,13/243,13/253
灅南宮 14/256

冷泉 17/304
冷泉宫 9/197
梨園 5/95,12/225
梨園宫 12/225
李夫人墓 5/108
裹河折中倉 16/296
禮賓院 6/127
禮直署 19/335
醴源倉 19/334
立政殿 6/135
立政門 6/135
利城門 3/68
利和門 15/272
利民里 8/178
利器庫 19/337
利涉橋 9/191
利用監 19/336
利澤門 16/292
利澤水門 16/280
櫟陽 1/9,3/48,4/71,5/107
櫟陽故宫 3/49
櫟陽縣 3/49
麗春殿 9/197
麗春臺 9/196
麗景門 9/196
麗玉閣 16/284
麗苑門 6/136
麗雲亭 16/285
麗澤門 18/314
麗正殿書院 9/192
麗正門 17/303,19/321
連璧洲 12/233
連昌宫 9/195
蓮勺縣 3/63
簾局 19/332
煉丹觀 16/285
練光亭 16/285
良鄉縣 18/313,20/349
凉淀 18/311
凉殿 18/313,20/347
凉風殿 12/229
凉風觀 14/255
凉風館 8/175
凉風臺 5/100
凉王宅 6/126
梁門 8/160,16/274,16/275,16/292
梁山宫 3/51,4/90
梁魚務(梁虞務) 20/349
兩儀殿 6/128

兩儀門　6/135
遼陽　2/39,18/309,20/343
林光宮　3/54,4/85
林華殿　4/72
琳池　5/99
臨安　17/302
臨安府　2/37,17/305
臨池觀　4/76
臨春閣　13/253
臨春觀　12/233
臨芳殿　18/315
臨賦　17/304
臨華殿　4/71
臨華門　16/281
臨潢府　18/309,18/312
臨潢館　18/311
臨潢驛　18/311
臨澗亭　8/176
臨水亭　3/68
臨望觀　14/257
臨危臺　8/176
臨武殿　16/290
臨漪亭　20/348
臨漳宫　11/215,12/225
臨昭殿　6/135
臨照臺　8/170
麟德殿　6/126
麟瑞門　19/323
麟趾殿　9/197
麟趾閣　12/235
廩給司　19/335
凌波宫　9/197
凌室　4/77,12/221,13/245,19/325
凌霄觀　12/222
凌烟閣　6/135
凌陰里　8/174
凌雲城　12/232
凌雲臺　8/175
陵霄闕　7/150
陵霄臺　5/112
陵雲臺　7/148,8/162
綾錦局　19/333
綾錦院　18/311
綾錦織染兩局　19/337
靈波殿　5/96
靈風臺　11/208,12/221
靈符應聖院　6/129
靈金藏　5/109
靈金内府　5/109

靈昆苑　7/146
靈泉殿　14/259
靈溪門　9/196
靈僊寺　8/180
靈芝池　7/149,12/224
靈芝釣臺　8/175
靈芝臺　8/175
靈芝園　12/224
流盃池（流杯池）　18/320,19/329
流盃殿　16/283
流桮石溝　7/151
流桮堂　12/235
流碧館　16/285
流化渠　7/152
流觴池　8/177
流霞殿　12/233
留守司　2/40,14/266,18/318,19/322,20/345,20/346,20/351
留守司衙　14/266,18/310
劉家莊　20/349
劉龍虎宅　12/231
劉騰宅　8/174
劉臻宅　12/231
柳河館　20/346
柳市　5/111
柳莊　18/315
六館院　6/125
六合殿　9/196
六合院　9/196
隆德殿　16/289,18/315
隆德門　16/289
隆福殿　19/324
隆福宫　19/329
隆基堂　11/213
隆基院　11/213
隆平門　16/297
隆慶池　6/122
隆慶宫　18/314
隆儒殿　16/283
隆祐宫　16/283
龍池　5/98,6/122
龍池殿　6/136
龍德宫　16/279
龍華寺　6/129,8/177,17/305
龍津橋　16/288
龍樓宫　9/197
龍樓門　3/68,4/78
龍眉宫　18/309

龍首池　6/127
龍首殿　6/128
龍首渠　6/122
龍首山　2/25,3/66,4/73,6/121
龍首堰　6/122
龍壽殿　20/347
龍臺觀　5/102
龍堂　6/136
龍圖閣　16/283
龍驤館　20/350
龍興館　4/79,5/103
龍吟堂　16/285
龍淵　5/106
龍淵宮　4/87
龍原門　20/344
龍躍宮　6/117
籠烟門　9/196
樓店務　16/295
蘆渚洲　16/285
露菊亭　9/197
露門　5/114
虜寨　20/350
魯班門　4/77
鹿頂殿　18/320
鹿兒峽館　20/346
鹿臺　1/5
鹿苑臺　14/255
路軨廄　4/78
盝頂小殿　19/325
路門　8/166
路寢殿　4/79
潞縣　18/311,20/349
潞州　20/349
露寒館　4/85
吕不韋冢　7/143
吕后陵　5/107
旅人橋　8/172
率更寺　6/134
緑綺閣　16/284
緑珠樓　8/176
灤州　20/349
鸞和門　9/201
淪沮觀　5/102
論堂　6/125
羅門　9/202
騾務　16/295
欏木堂　17/304
洛城殿　9/196
洛城門　3/68
洛城南門　9/196

洛城西門　9/196
洛京　2/21,7/150,9/198,9/200,9/201,11/211,13/243
洛門　3/68
洛陽　1/8,2/21,5/111,7/144,7/149,8/159,9/183,9/186,9/198,9/200,11/208,11/210,11/214,12/226,14/262,16/276,16/281
洛陽池　8/170
洛陽宫　1/17，2/27，7/148，8/172,9/183,9/187,9/200
洛陽宫農圃監　9/187
洛陽溝　8/172
洛陽壘　8/162
洛州　1/9,9/186,9/187
落孛魯　18/312
雒京　9/193,16/275
雒陽　1/14,2/30,3/65,5/105,7/141,7/144,8/173,9/183,12/218,13/244
雒陽大市　8/180
雒陽小城　8/162
雒陽小市　8/178
雒邑　1/6,3/55,7/141,9/184,15/269

M

馬伯騫樓　5/102
馬紀嶺　20/347
馬軍軍衙橋　16/293
馬射臺　14/257
馬市　8/165
馬盂山　18/310,20/345
瑪瑙局提舉局　19/337
瑪瑙玉局　19/333
蠻夷邸　5/110
漫七離孛堇寨　20/349
芒門　8/172
茅茨堂　7/152,8/163
茂陵　5/106
茂陵縣　3/63
梅崗　17/307
梅坡　17/304
梅渚洲　16/285
郿縣　5/116
美陽縣　3/51
門下後省　16/294
門下省　6/128,16/294
濛汜池　8/175

蒙古侍衛親軍都指揮使司 19/332
糜池 5/98
靡蕪島 12/233
秘閣 16/298
秘書監 16/289
秘書庫 19/335
秘書省 16/296,17/304
密畤 3/48
密作堂 12/233
苗茨堂 8/177
民匠都總管府 19/333
憫忠寺 18/313
明昌門 16/298
明春閣 16/284
明德殿 16/275,20/347
明德宫 9/187,20/347
明德門 6/134,16/275,16/276
明鳳門 6/125
明福門 9/201
明光殿 4/82,8/163
明光宫 3/59,4/84
明光樓 6/127
明光門 6/136
明華門 19/326
明暉門 19/325
明俊殿 16/289
明仁殿 19/324
明堂殿 9/198,17/305
明王樓 18/310
明王山 20/345
明懸尼寺 8/177
明儀觀 6/136
明儀樓 6/130
明義殿 20/347
明義門 6/136
鳴鶴堂 12/220
鳴鸞殿 4/76
命子窟 11/214,12/221
没咄寨 20/349
秣陵 13/237,13/244,13/249
牟首池 5/98
木場局 19/336
木局 19/335
木蘭坊 12/220
木香亭 19/327
慕化館 8/179
慕義館 8/179
穆清殿 13/254,16/283
穆清閣 18/320

N

納葛里　2/39
納義門　12/228
南亳　1/3
南池　7/143,8/163
南都　1/18,2/28
南斗祠　3/59
南端門　18/313
南風門　6/119
南福門　18/310
南宫　1/16,7/144,7/145,7/148,8/166,13/238
南宫前殿　7/145
南宫闕　8/167
南宫玉堂　7/146
南河門　15/272
南京　1/17,2/28,2/36,2/39,10/204,11/209,17/301,18/312,20/344
南陵縣　3/63
南樓　6/123,18/312
南内　6/123,17/303
南平里　3/111
南省倉　17/305
南望春宫　6/131
南薰殿　6/136
南薰門　16/291
南竹亭　6/127
南塼門　15/271
楠木殿　19/325
内藏庫　16/289,17/307,19/323
内東門司　17/306
内坊　6/134
内弓劍鎗甲軍器庫　16/295
内酒坊　16/284
内庖　19/325
内省司　18/311
内史府　19/340
内侍局　16/289
内侍省　6/134,16/295,17/306
内外柴炭庫　16/295
内外物庫　16/295
内香藥庫　16/295
内衙　6/138
内謁者署　4/77
内宰司　19/333
泥河　20/344
泥瓦局　19/336
念佛橋　16/294

躡雲臺　16/285
寧德門　16/278
寧福殿　16/285,17/304
寧光宫　14/258
寧壽宫　18/315
寧王第　6/136
寧王宅　6/123
寧陽門　16/283
凝璧池　9/197
凝芳殿　16/283
凝和殿　16/284
凝華殿　17/307
凝華内殿　13/254
凝暉殿　16/295
凝暉樓　19/327
凝閒堂　7/152
凝霜殿　6/136
凝思亭　4/74
凝祥門　15/272
凝玄寺　8/181
凝真觀　16/285
牛馬市　8/177
牛山館　20/346
牛首池　5/98
牛羊司　16/295
穠華閣　16/284
弄田　4/77
女陵　5/108

P

徘徊　5/106
盤池　5/99
盤松　17/304
蟠桃閣　16/284
蟠秀亭　16/285
泮宫　11/207
徬徨觀　4/85
庖人牧人宿衛之室　19/265
涀水　20/344
蓬壺堂　16/285
蓬萊　3/59,5/97,6/136,
10/205,13/243
蓬萊池　6/121
蓬萊殿　16/289
蓬萊宫　6/121
蓬萊山　4/82,8/163
蓬萊亭　10/205
蓬臺　14/256
蓬瀛　18/315
披芳閣　16/284

披香殿　4/76
披雲樓　12/219
偏槍嶺　20/346
貧兒村　12/233
頻陽縣　3/63
平昌門　8/173
平城　1/18,2/21,7/147,14/256
平城門　3/67,7/147,8/170
平等寺　8/178
平帝康陵　5/108
平津館　20/350
平就殿　4/74
平樂觀　5/93,8/169
平樂館　7/145
平陵　3/63,5/108
平陵縣　3/63
平門　3/57,7/146,8/170
平頭山　12/232
平望觀　7/149,8/163
平陽　1/2,2/40,3/48,8/164
平陽封宮　3/46
平陽亭　1/9
平則門　18/318
平州　20/343,20/349
葡萄宮　4/89
蒲坂　1/2,2/31
蒲池　5/99
蒲河　20/344
蒲里孛堇寨　20/349
蒲撻寨　20/349
蒲萄園宫　6/132
僕寺　6/134
普安故邸　17/306
普德宮　6/133
普濟門　16/278
暴室　4/77

Q

七寶閣　9/196
七寶永安行殿　14/258
七箇嶺　20/349
七金山　20/345
七里澗　8/172
七里橋　8/177
七盤山　12/233
戚里　5/111,12/223,18/316
棲鳳閣　6/136
棲鳳闕　6/137
棲真嶝　16/285

漆紗冠冕局　19/337
漆縣　3/63
岐山　1/6,1/9
岐王宅　6/123
岐陽宫　5/116
奇華殿　4/81
祈年宫(蘄年宫)　3/51
崎岫宫　9/195
隑州　6/126
隑洲　6/137
旗亭樓　5/102
齊德門　6/136
齊斗樓　11/214,12/223
齊化門　18/318,19/321
齊敬王世祖昭廟　3/61
齊天皇后故宅　18/311
齊雲觀　13/253
騎馬厩　5/109
麒麟殿　4/75
麒麟閣　4/74,5/103
麒麟館　4/78,5/103
起義堂　15/270
啟明門　9/202
啟慶宫　16/298
啟夏門(啓夏門)　6/135,12/227,18/313
啟運門　16/273
砌臺　9/202
器備局　19/336
器備庫　19/335
器物局　16/290,19/336
千步廊　18/315
千金渠　8/161
千金堰　8/181
千金堨　8/160
千秋殿　6/135
千秋樓　12/233
千秋門　8/166,9/194,9/202
千斯倉　19/339
汧縣　3/52
鉛華閣　16/284
鉛英閣　16/284
遷州　20/349
前殿武庫　4/73
前輝光郡　3/63
前衛親軍都指揮使司　19/332
虔福門　6/135
虔化門　6/135
乾德門　18/310
乾福殿　9/200

乾光門　8/162
乾化門　9/194
乾祭門　8/160
乾門　12/228
乾明門　15/271
乾壽堂　12/235
乾通門　9/202
乾文殿　20/347
乾文院　16/274
乾象殿　11/212
乾象六合殿　14/259
乾象門　16/274
乾象四合殿　14/259
乾陽殿　9/195
乾元殿　9/187,20/347
乾元門　9/192,16/281
乾貞門　20/345
潛龍宅　9/200,15/270
譙　1/17,11/215,13/247
怯憐口皮局人匠提舉司
19/336
怯憐口諸色人匠提舉司
19/335
親蠶宫　16/284
親親樓　6/130
芹菜嶺　20/346
秦　1/9
秦檜家廟　17/306
秦穆冢　3/52
秦太上君寺　8/178
秦亭　1/9,3/55
秦太寺　8/178
勤政樓　6/127
勤政務本之樓　6/123
欽察侍衛親軍都指揮使司
19/332
欽明殿　16/283
欽先殿　17/308
欽先孝思殿　17/302
青城　17/305
青城宫　9/187
青城門　3/66
青城齋宫　17/305
青暉橋　16/294
青嶺　20/347
青樓　13/248
青門　3/66
青綺門　3/66
青瑣門　4/74
青梧觀　5/102

青溪宫　13/246
青溪舊宫　13/246
青霄門　6/136
青陽門　8/170,19/325
卿寺　12/231
清都觀　12/228
清都郡　12/231
清風園　12/232
清灝　19/324
清和宫　10/205
清河　2/24，8/175，11/210，12/227,20/344
清華閣　17/304
清徽殿　5/113
清徽堂　7/152
清霽亭　17/307
清晋門　18/313
清景殿　16/282
清景門　15/271
清景堂　16/282
清曠　5/98,17/304
清漣亭　17/308
清涼殿　4/75,8/176
清廟　5/114,13/239,14/259,17/305
清明門　3/66,8/172
清賞堂　17/304
清深　17/304
清暑殿　8/176,13/242
清暑宫　9/195
清澌閣　16/285
清臺　5/100
清心殿　16/283
清新　17/304
清妍　17/304
清陰閣　16/284
清州　20/349
輕雲樓　12/232
慶春殿　16/290
慶和泗洲　17/307
慶寧殿　15/272,18/315
慶善宫　6/117
慶壽宫　16/283
慶王宅　6/126
慶元宫　20/347
慶雲殿　16/282
窮桑　1/2
瓊芳殿　16/283
瓊花島　19/326
瓊華島　18/315

瓊華殿 16/282
瓊華閣 16/284
瓊香亭 16/289
瓊岳宫 6/133
秋暉門 9/196
秋香閣 16/284
楸梓坊 12/220
求賢殿 13/253
毬場 16/274,18/313
曲阜 1/1
曲江 5/95，6/125，16/285，18/309
曲江池 3/59,6/137
曲臺殿 1/12,2/74
麴院 18/311
泉府司 19/337
泉戎 7/143
泉亭 7/143
犬丘 1/9
犬臺宫 4/87
勸學里 8/179
却非殿 7/144
却胡門 3/51
榷貨務 16/295
群玉殿 16/283

R

染院橋 16/294
仁安殿 16/289
仁安門 16/289
仁和門 16/275
仁虎闕 13/249
仁濟亭 16/285
仁壽殿 11/212
仁壽宫 5/115,6/133
仁壽門 3/66,12/227
仁政殿 18/314
仁政門 18/314
仁智殿 16/289,19/328
仁智宫 6/118
日華門 6/128,9/194,9/201，18/314
日精門 16/289,19/322
日樓 9/201
日月祠 3/59
戎城 7/143
榮觀堂 17/304
榮光殿 6/136
榮錡澗 7/143
榮王宅 6/126

柔儀殿　16/283
如歸館　20/350
如來館　20/346
如意觀　12/222
乳酪院　16/295
入内内侍省　16/295
阮曲　8/172
阮嗣宗故居　8/172
蘂珠殿　16/283
瑞獸門　10/205
睿成宫　16/283
睿謨殿　16/284
睿思殿　16/283,17/308
潤州　20/349

S

撒荅剌欺等局人匠提舉司　19/332
撒合門　16/289,18/315
撒里乃　18/312
馺娑宫　4/81
三亳　1/3
三輔　3/64
三河縣　20/349
三爵觀　5/93
三良宫　4/91
三清殿　6/136
三十六苑　5/95
三松嶺　12/232
三臺宫　11/212
三萬衛　20/350
三休山　12/233
三秀堂　16/285
三陽宫　9/191
三雲殿　4/85
散日峰　12/233
桑乾河　18/313
桑梓苑　11/215,12/225
沙糖局　19/334
山莊殿　16/285
善利關　15/272
善利門　16/278
善興殿　9/202
贍國倉　18/311
商飆館　13/247
商臺　5/99
商庭　3/58
商中　3/58
上程聚　7/143
上春門　12/227

上東門　7/148,8/164,12/218
上都　2/28,2/41,6/130,
18/318,20/350
上斗門　15/271
上高里　8/181
上閣殿　6/138
上公寺　8/178
上京　2/39,2/40,18/309,
18/312,20/347
上蘭觀　5/93
上林局　19/336
上林苑　3/50,3/61,4/72,5/93,
13/243
上清寶籙宫　16/280
上秋門　12/227
上善殿　5/114
上升門　8/164
上水關　15/272
上土橋　16/293
上西門　5/101,7/145,8/166
上下界綾錦院　16/295
上下竹木務　16/295
上陽陂　9/197
上陽宫　9/186,9/188
上源驛　16/275
上畤　3/48
尚乘寺　19/338
尚冠里　3/65,5/111
尚冠前街　3/65,5/111
尚厩局　16/290
尚輦局　16/289
尚舍監　19/334
尚食局　16/289,19/334
尚書六府　17/305
尚書省　12/231,16/290,18/314
尚書臺　12/220
尚藥局　16/295
尚衣局　16/289,19/337
尚飲局　19/334
尚醖局　16/290,19/334
燒鈔東庫　19/331
燒鈔西庫　19/331
韶芳亭　4/74
韶和門　9/198
韶暉門　9/196
韶陽門　20/344
少府佽飛外池　3/59,5/99
少府監　6/130,19/336
少府寺　12/223
少昊陵　1/2

少昊虚　1/2
舍利池　5/98
社稷　1/14,2/21,5/107,5/112,6/134,7/144,13/239,13/243,20/347
社稷署　19/335
社稷壇　16/276
社壇　16/299
射弓殿　9/202
射廳　17/304
射熊觀　5/102
射熊館　3/51
申王宅　6/123
神都　2/27,9/189,20/345
神和亭　9/197
神虎門　8/166,12/228,13/251,13/253
神龍殿　6/135,13/238,18/315
神龍門　6/135,9/192
神龍闕　13/249
神明殿　4/74
神明臺　3/59,4/80,5/100
神明堂　4/81
神農井　1/1
神獸門　16/274
神臺宫　6/133
神武門　6/122
神仙殿　4/72
神仙宫　4/83
神御殿　17/305
神淵池　14/259
瀋州　20/349
升龍門　16/273
升賢門　12/218
升賢署　12/220
生料庫　17/307,19/322
昇龍門　16/276
昇平樓　16/282
昇陽殿　6/128
昇元殿　13/254
昇源渠　3/66
昇州　13/253
繩局　19/336
省風門　15/271
省架閣庫　19/340
省司倉　18/311
盛樂　1/18,2/24
盛樂宫　1/19
盛王宅　6/126
勝筠庵　16/285

勝業坊 6/123
聖女泉 5/99
聖瑞宫 16/284
聖壽宫 16/298
聖壽堂 12/229
聖應臺 11/212
尸鄉亭 1/2
施仁門 18/314
獅子坊 8/180
十王院 6/126
十王宅 6/126
十字亭 9/202
石池 14/255
石崇家池 8/176
石竇橋 12/223
石竇堰 11/211
石父石婆神祠 5/96
石局 19/337
石橋 12/231
石渠閣 5/103
石闕觀 4/85,5/94
石闥堰 6/128
石炭堰 6/127
石頭城 13/245
石巷水門 8/161
石柱橋 5/110
石子河 18/313
石子嶺 20/346
拾翠殿 6/136
食貨監 9/187
時令殿 20/347
時巡殿 15/272
時巡殿門 15/272
史館 6/121,16/276
史館庫 16/291
士林館 13/250
士鄉聚 7/143
世德殿 20/347
市邱城 3/52
式乾殿 8/163
侍儀司 19/337
侍議司 16/290
視政殿 9/200
收成門 9/196
首山宫 4/91
受給庫 19/332
受瑞壇 15/270
授除樓 16/289
壽安殿 4/74
壽安宫 18/314

壽安門 6/135
壽昌殿 19/325
壽昌閣 16/283
壽昌門 9/197
壽成殿 4/74
壽成室 3/61,4/74
壽慈宫 17/303
壽殿 9/196
壽宫 4/83
壽康殿 18/317
壽康宫 17/302,18/314
壽寧堂 16/282
壽丘里 8/181
壽山 16/285
壽聖宫 16/289
壽王宅 6/126
壽武庫 19/337
壽嶽 16/285
書館 16/285
書英門 18/317
淑景亭 9/202
疏圃殿(蔬圃殿) 4/81,8/163
樞密院 16/291,19/332
熟皮局 19/336
蜀郡 2/28,10/204
屬車閣 5/103
述古殿 16/283
漱瓊軒 16/285
雙女寺 8/178
雙山 20/345
雙堂 11/212,12/231
雙曜亭 9/197
水北宅 9/197
水殿 12/232
水衡署 8/172
水香殿 6/136
水心亭 19/330
水月境界 17/307
税門 8/172
順承門 18/318
順承行用庫 19/331
順承行準庫 19/331
順城倉 16/295
順城倉橋 16/293
順城門 17/301
順德門 12/218
順濟倉 19/339
順濟門 16/278
順天門 6/117,16/280
順陽門 18/310

順豫門 15/272
司馬門 4/77,7/148,8/168,12/217,13/249
司馬文王府 8/174
司馬子如南宅 12/231
司農寺 8/176
司天臺 18/319,19/338
司徒府 8/174
司獄司 19/333
司州牧廨 12/231
司竹園 6/133
思齊殿 5/114
思賢門 14/259
思賢苑 5/94
思鄉嶺 20/346
思義殿 14/259
思政殿 9/198
思忠里 12/223
思子宫 4/90
思宗城 12/234
四百尺觀 7/146
四寶宫 4/82
四方館 16/295
四合殿 14/261
四里橋 16/293
四熟藥局 16/295
四通市 8/180
伺星樓 14/262
松菊三徑 17/304
松山 18/310,20/346
松山館 18/311
松亭關 18/313
松亭嶺 20/346
宋門 16/274,16/275,16/292
宋瓦江 20/347
宋州 1/4,2/36,16/274,17/301
蘇秦冢 8/178
宿寧館 20/350
宿羽宫 9/188
粟市 7/145
粟邑縣 3/63
塑局 19/339
肅清門 18/318
肅章門 6/135,19/326
肅政門 16/277
酸棗門 16/274
綏福門 6/135
綏民里 8/177
隨路諸色人匠都總管司 19/333

歲星祠　3/59
損齋　17/303
娑羅亭　9/202

T

鮐縣　3/63
太府監　19/335
太白祠　3/59
太倉　1/11,3/56,4/73,5/109,
7/143,8/163
太倉署　8/175
太常寺　16/296,17/305,19/334
太初宫　9/194,13/238
太府寺　9/187
太昊陵　1/1
太和殿　14/263
太和宫　6/118
太后苑　16/290
太華殿　14/257
太極殿　6/117,7/149,8/166,
12/228,13/241,13/249,
13/252,14/260
太極殿門　9/201
太極東堂　12/228,13/239
太極宫　6/121
太極門　6/135,9/196
太極前殿　5/112
太極西堂　12/228
太稷　17/305
太廟署　19/335
太平宫　6/132
太平門　9/198
太平橋　16/293
太僕寺　6/127,8/174,12/223
太清殿　9/200
太清樓　16/283
太山洞　16/298
太上公寺　7/154
太上皇陵　5/107
太上皇廟　3/65,5/104
太師府橋　16/293
太史局　16/294
太史院　19/338
太微城　9/194
太微宫　9/193
太尉府　8/174
太武殿　11/208,12/219
太武東堂　12/219
太武西堂　12/219
太學　5/104，5/112，7/153，

8/171,10/204,13/239,
13/254,14/257,17/305
太液池　4/81,5/97,19/321
太一池　5/98
太一宫　17/305
太醫局　17/305
太醫院　19/338
太原　2/28，9/198，15/268，
15/269
太原府　2/28,15/269,15/271
太子宫甲觀　4/84
太子河　20/344
太子莊　20/348
太祖陵　18/310
太祖廟　13/239
太祖原廟　14/266
泰初門　9/197
泰和殿　18/314,20/347
泰通門　15/272
泰液　3/58
泰禋門　17/305
壇臺　5/100
湯祠　1/3
湯泉宫　6/124
湯亭　1/3
湯藥局　16/290
湯陰宫　12/225
唐晉縣　15/271
唐聚　7/143
唐兀侍衛親軍都指揮使
19/332
唐像畫局　19/239
唐中池　4/81,5/98
棠梨宫　4/85
桃源洞　20/349
淘河島　20/349
騊駼厩　5/109
梯已寨　20/349
提舉都城所　19/331
提舉富寧庫　19/331
提舉太倉　19/334
提舉右八作司　19/331
提舉諸司局　19/332
提舉左八作司　19/331
提象門　9/196
天安殿　16/282
天波門　16/284
天波門橋　16/280
天長觀　18/310
天成宫　5/115

天德殿　5/115
天方樓　20/346
天福城　20/344
天福殿　9/200,9/201
天福門　9/200
天漢橋　16/293
天和殿　9/201
天華殿　14/255
天華門　20/345
天津橋　9/192,18/315
天井堰　12/226
天開殿　20/347
天梁宫　4/81
天禄閣　4/74,5/103,7/146
天平渠　11/211
天平山　18/312
天泉池　5/98
天駟十監　16/295
天王門　16/273
天王寺　14/266
天文殿　14/255
天興殿　9/201
天雄軍　15/270
天雄寺　18/310
天淵池　7/149,7/154,8/163,
14/257
天元殿　20/347
天章閣　16/283
調音里　8/180
眺蟾臺　5/100
糶麥橋　16/293
鐵漿館　20/346
鐵局　19/335
鞓帶斜皮局　19/337
聽訟觀　5/113,7/149,8/163,
13/239
聽訟堂　13/249
聽政殿　12/218
聽政門　12/218
聽政闥　12/220
停鸞嶺　12/233
通福門　6/135
通光殿　4/72
通化門　5/110,6/123
通闤樓　20/346
通極門　16/282
通濟倉　19/339
通濟渠　9/186
通津門　16/278
通進司　16/295

通靈臺　4/85,5/100
通門　3/69,8/166
通乾門　6/128
通商里　8/180
通天宫　9/190
通天館　20/346
通天門　9/201,18/314
通天臺　3/57,4/85,5/100
通天壇　12/232
通僊門　9/197
通玄門　18/314
通陽門　6/136
通義宫　6/117
通遠館　20/350
通遠門　15/271
通苑門　16/277
通政門　9/198
通政院　19/335
同風館　20/350
同光殿　6/136
同光門　6/136
同和院　16/274
同樂園　18/315
同流館　20/350
同明殿　9/196
同泰寺　13/250
同文驛　18/311
同州　6/133,20/349
同州宫　5/114
銅局　19/336
銅爵園　12/220
銅雀臺　11/207,11/209,11/213,12/220
銅駞街　1/18,8/167
銅柱殿　4/81
土河　20/345
土臺　8/177,14/262
兔兒渦　20/349
托撒孛堇寨　20/349
橐泉宫　3/51
駞坊　16/295

W

外河折中倉　16/296
完都魯山　20/347
萬安宫　16/288
萬安山　9/191
萬春殿　6/135
萬春閣　16/282
萬春門　9/194

萬福堂　12/233
萬金渠　11/211,12/231
萬金堂　7/146
萬年宮　6/120
萬年縣　4/87,5/107,6/131
萬寧宮　18/315
萬秋門　3/68
萬全宮　6/132
萬全司　16/295
萬泉宮　6/122
萬勝門　16/280
萬壽峰　16/285
萬壽宮　14/257
萬壽觀　17/305
萬壽門　9/194
萬壽山　18/318,19/325
萬壽堂　12/230
萬斯北倉　19/339
萬斯南倉　19/339
萬松嶺　16/285
萬歲殿　16/273,16/278,16/286
萬歲宮　4/90
萬歲樓　12/233
萬歲山　16/285,19/321
萬歲堂　16/273
萬象神宮　9/189
萬盈倉　16/296
王城　1/8,7/142,8/160,
9/186,12/231
王路堂　3/61,4/74
王南寺　8/173
王遊苑　13/251
王子坊　8/181
網簾局　19/338
忘歸嶺　12/233
望春宮　6/124
望春樓　6/131
望春門　16/278
望都縣　20/349
望鵠臺　5/99
望祭殿　17/304
望京館　20/346
望京樓　16/281
望京門　8/173,16/274
望秋觀　12/233
望闕樓　20/346
望仙閣　13/253
望仙觀　4/90,6/130
望仙樓　6/126
望仙門　6/128

望仙橋　17/303
望仙臺　4/90,5/101,6/130
望僊殿　6/135
望賢宫　6/132
望夷宫　3/53
威德館　20/350
惟億倉　19/339
維城庫　6/126
委粟山　7/143,7/150,7/151
未央宫　1/11,3/56,4/71,5/97,5/112,13/245
未央厩　4/78
未央六厩　5/109
畏景門　16/277
畏吾兒殿　19/327
尉氏門　15/271,16/274,16/275
渭城　1/9
渭城縣　3/53,5/108
渭陵　5/108
渭橋　3/69,5/110
衛候司　19/333
衛尉寺　12/223
衛州門　16/278
魏縣門　15/271
魏州　2/35,9/198,9/200,15/270
温風室　8/176
温泉宫　6/123
温石浴室　18/319,19/328
温室殿　4/71
温犀玳瑁局　19/337
文昌殿　11/213,12/217
文昌臺　9/191
文宸庫　19/325
文成庫　19/333
文德殿　16/283,17/303,18/320,19/325
文帝霸陵　5/107
文帝廟　5/106
文林館　12/235
文陵　7/147
文樓　19/323
文明殿　9/198,9/201
文明門　18/319
文明太皇太后陵　14/262
文明行用庫　19/331
文綺閣　16/284
文綺局　19/333
文山宫　5/116
文石室　14/259

文石堂　12/220
文思殿　9/194,9/200,19/323
文思院　16/274,16/295
文武樓　16/288
文杏館　17/304
文繡院　16/295
文宣王廟　18/319
文昭殿　16/290
文昭門　16/298
紋繡總院　19/332
聞義里　8/181
斡耳朵荷葉殿　16/329
烏龍館　20/350
無彊亭　3/66
五牀山祠　3/59
五帝祠　3/59
五鳳樓　9/201
五龍渠　8/161
五樓門　12/229
五鑾殿　18/310
五王宮橋　16/294
五王宅　6/123
五營　12/223
五雲樓　20/347
五丈河倉　16/296
五柞宫　3/51,4/89,5/93
武備寺　19/337
武昌　2/39,13/237
武成殿　9/196
武成門　9/196
武城　3/63,11/211
武城縣　3/63
武德殿　6/135,9/200,20/347
武德東門　6/126
武德西門　6/135
武帝茂陵　5/108
武帝廟　5/106
武功宫　6/117
武功縣　6/132
武庫　1/11,3/56,4/72,5/109,6/126,7/144,8/174
武樓　6/130,16/288,19/323
武器署　16/289
武臺殿　4/74
武衛親軍都指揮使司　19/332
武遊園　5/114
廡會蹹場　6/126
物料庫　16/295

X

夕陽亭　8/181

夕陰街 3/65,5/111
西安門 3/67
西保康門橋 16/293
西陂池 5/98
西北水門 16/292
西罼圭苑 7/146
西亳 1/3
西城 13/252
西城門 3/68
西垂宫 1/9,3/47
西都 2/28,9/197,9/201,13/254
西浮橋 16/293
西府 1/17,16/290
西閣 12/219
西更衣殿 19/324
西宫 2/21,5/112,9/202,14/256,16/296,19/340
西横塘 8/172
西華門 12/227,16/282
西郊苑 5/95
西京 1/17,2/28,2/35,2/39,3/62,5/112,6/123,6/138,7/146,7/149,9/194,9/198,9/200,10/204,11/215,14/265,15/270,16/275,16/286
西静壇 13/249
西涼殿 16/283
西流水圓亭 19/329
西樓 2/39,16/289,18/310
西門豹祠 11/211,11/215,12/225
西明門 8/169,9/187
西内 6/121
西煖殿 19/324,19/325
西橋 17/301
西清殿 20/347
西上東門 12/218
西上閤 6/136,16/282
西上閤門 6/138,9/201,16/287,18/314
西上陽宫 9/197
西市 3/56,5/111,6/132,9/187,12/230
西水門 16/292
西水門便橋 16/293
西太武殿 11/214
西武庫 14/255
西香殿 19/324
西雁兒門 18/310

西陽門　8/169
西遊園　8/175
西苑　3/61,7/145,9/186,14/256
西昭陽殿　14/255
西織室　4/77
西中華門　12/222
西莊　16/285
犀山臺　19/329
犀象牙局　19/336
熙成殿　17/305
熙明閣　16/284
羲城　1/1
羲和嶺　8/176
習州　20/349
隰州　20/349
洗煩池　7/152
喜安殿　6/119
喜音堂　12/235
細柳倉　5/109
細柳觀　5/102
戲馬臺　12/225
下斗門　15/271
下杜城　3/67
下杜門　3/67
下邽縣　3/63
下馬門　16/273
下水關　15/272
下土橋　16/293
下畤　3/48
夏門　7/148,8/162
夏陽縣　3/63
仙都宮　5/116
仙都苑　12/224
仙華殿　13/248
仙居院　9/196
仙林宮　6/132
仙人觀　5/94
仙遊宮　5/116
先蠶壇　7/151
先射殿　6/136
先天門　6/125
僊居殿　9/196
僊洛門　9/197
僊人祠　3/59
僊人館　8/176
僊韶院　16/289
僊桃門　9/197
僊雲門　6/136
僊杼院　9/197
弦局　19/337

咸池　5/97,6/135,8/180
咸池殿　6/135
咸豐門　16/278
咸寧館　18/311
咸平館　20/350
咸通門　16/278
咸陽　1/6,3/49,4/85,6/131
咸陽宫　3/52
咸陽故城　1/9
咸州　20/349
顯道門　6/118
顯德殿　13/252
顯德門　20/344
顯樂亭　3/67
顯明宫　13/238
顯明苑　7/146
顯謨閣　16/284
顯仁宫　9/185
顯西門　18/313
顯陽殿　11/212,12/221
顯陽門　12/218
顯陽苑　7/146
顯猷閣　17/303
顯州　20/349
陷泉　18/312
線珠亭　19/328
獻春門　6/135
香殿　19/325
香室街　5/104
香遠　17/304
祥輝門　17/301
祥曦殿　17/306
祥曦門　17/302
翔鳳殿　6/135
翔鳳閣　6/135
翔鸞閣　6/136
翔鸞闕　6/137
相　1/4
相國府　12/223
相國寺橋　16/293
相因倉　19/339
象院　16/295
逍遥樓　12/221
宵衣殿　20/347
蕭閒館　16/285
蕭森亭　16/285
蕭偉第　13/247
囂　1/4
小東華門　16/290
小横橋　16/294

小解 7/144
小廟 13/249
小木局 19/336
小平城 1/18
小學 5/112,7/153,8/171
小玉殿 19/328
小苑門 7/147
孝敬里 8/178
孝寧宫 20/345
孝義里 8/178
歇山殿 19/329
擷芳園 16/285
瀉碧 17/304
欣欣 17/304
新安 3/57,20/345
新安縣 20/349
新曹門 16/292
新城縣 18/313,20/349
新都顯王戚禰穆廟 3/62
新豐縣 1/13,3/52
新林苑 13/247
新門 8/173,16/280
新平城 1/18
新橋 16/293
新盛樂 1/19
新市 6/127
新宋門 16/291
新酸棗門 16/292
新潭 9/191
新鄭門 16/291
信宫 3/49
信平門 3/67
信州 20/349
星躔門 9/196
星拱門 19/323
興安門 6/127
興成堰 6/131
興德宫 5/116,6/133,20/348
興光樓 13/248
興國寺橋 16/293
興和門 16/274
興教門 9/194,9/199
興樂宫 3/53,4/71
興禮門 6/136
興平館 20/350
興慶殿 6/136
興慶宫 6/122,9/198
興慶門 6/136
興仁門 15/271
興善門 9/194

興聖殿　19/326
興聖宫　19/324,20/348
興聖門　19/326
興聖寺　11/212
興泰宫　9/191
興唐　15/271
興唐府　2/35,15/271
興唐觀　6/127
興文署　19/334
興祥殿　13/254
興義宫　15/270
興宅殿　16/274
興州　20/349
行從殿　16/274
杏村　18/315
杏園　6/126
雄州　18/313,20/348
修成里　5/111
修梵寺　8/176
修國史院　16/294
修内司　16/295,19/336
修文閣　6/136
修文院　11/213
修文殿　12/229
修文臺　11/212,12/229
修真觀　6/132
修竹浦　12/233
繡局　19/332
繡香堂　17/307
需雲殿　16/282
許　1/17
許昌　1/17
宣慈觀　8/175
宣德殿　16/283
宣德門　3/66
宣帝杜陵　5/108
宣帝廟　5/106
宣風觀　12/233
宣光殿　8/175,12/229
宣光門　6/135
宣和殿　16/283
宣和庫　16/295
宣和門　16/282,18/315
宣華門　18/315
宣華苑　10/205
宣化館　18/311
宣化門　16/278
宣徽院　16/289,19/333
宣教門　18/313
宣明殿　4/74

宣明里　5/111
宣明門　9/200,12/218,18/314
宣平門　3/67,7/146
宣曲宮　4/87
宣仁門　9/194
宣室　1/12,4/74
宣室殿　4/73
宣室閣　4/74
宣泰橋　16/293
宣文堂　14/260
宣武場　8/164
宣武殿　16/274
宣武觀　8/164,12/222
宣武軍　2/35,16/273,16/274,16/281
宣陽冰室　8/170
宣陽門　8/168,13/246,18/315
宣曜門　18/314
宣耀門　9/187
宣猷門　6/135
宣猷堂　13/250
宣祐門　16/294
宣則門　19/327
宣澤門　15/272
宣政殿　6/136,9/194
宣政門　6/136,9/194
宣政院　19/334
宣宗廟　16/290
軒轅之丘　1/1
藓芋濼　20/344
玄德殿　9/200,16/273
玄德門　9/200,16/277
玄帝廟　16/281
玄化門　16/275
玄武池　8/176,11/207,12/224
玄武觀　6/136
玄武湖　13/243,13/254
玄武樓　12/232,14/255
玄武門　6/118,7/148,9/197
玄武闕　3/56,4/78,7/146
玄武苑　12/224
玄英門　6/126
玄洲苑　12/232
選德殿　17/303
薛王宅　6/123
學士館　13/247
學士院　16/289,19/326
雪浪亭　16/285
雪香閣　16/284
雪香亭　16/289

窨花室　19/325
薰風殿　20/347
薰風門　16/275
栒邑縣　3/63
巽齊門　15/272

Y

鴨子河　18/309,20/347
衙縣　3/63
燕　2/34
燕角樓　18/313
燕京　2/40,18/313,20/346,20/349
燕然館　8/179
燕山　18/313
燕山府　20/349
崦嵫館　8/180
臙粉亭　19/329
延昌殿　10/205
延春殿　9/201
延春閣(延春閣)　16/282,19/321
延春門　16/277,19/323
延恩殿　6/135
延福殿　16/283
延福宮　16/283
延酤里　8/181
延光門　20/347
延顥樓　19/327
延和殿　17/303,17/307,19/329
延和門　9/194
延華閣　19/326
延康殿　16/283
延陵　5/108
延年殿　4/74
延年里　8/174
延平門　5/116
延清門　15/271
延清室　4/75
延慶殿　16/283
延慶門　9/196
延慶司　19/333
延秋門　12/218
延壽殿　9/196
延壽館　3/58
延王宅　6/126
延義閣　16/283
延喜門　6/125,9/194
延賢里　8/179
延祥殿　9/196

延興門　5/116
延義門　9/194
延英殿　6/136,13/254
延英門　6/136
延真門　16/283
延政門　6/135
嚴祗門　16/289
鹽鐵司　18/310
偃蓋閣　16/284
偃師　1/3,7/141,8/167
偃武殿　12/229
偃武院　11/213
偃武臺　11/212,12/229
宴春閣　16/284
宴堂門　16/273
雁池　16/285
雁兒門　18/310
燕寧殿　16/284
燕昇觀　5/93
燕壽殿　16/290
羊市　8/165
陽池　5/106
陽春門　18/314
陽春亭　17/307
陽德門　20/346
陽華宮　16/285
陽華門　16/285
陽陵　3/63,5/107
陽陵縣　3/63
陽禄觀　5/93
陽禄館　3/61
陽渠　1/4,8/165
楊溝　5/110,6/125
楊州門　16/279
仰觀堂　12/231
養德宮　4/86
姚家寨館　18/311
堯閣　4/79,5/103
堯母門　4/87
瑶碧閣　16/284
瑶池　18/315
瑶光樓　18/315
瑶光寺　8/175
瑶光臺　18/315
瑶華殿　12/235
瑶華宮　8/163,16/285
瑶津亭　16/283
瑶嶼　18/313
藥寮　16/285
耀德門　15/272

耀靈殿 13/248
耀堂亭 9/196
也可札魯忽赤 19/333
掖門 1/18,4/77,5/103,7/148,8/166,11/214,12/218,14/263,16/282
掖庭宫 4/76
鄴 1/17,2/25,3/49,7/149,8/174,11/207,11/208,11/209,11/212,11/213,12/217,14/256
鄴都 2/35,11/210,12/217,15/270
謁者臺閣 12/220
一德格天閣 17/306
伊水 7/153,8/159
衣冠里 8/174
醫官局 16/295
夷門山倉 16/296
宜春下苑 3/59,5/95
宜春苑 3/59,5/95,6/126
宜春院 9/196
宜男橋 16/293
宜男亭 9/197
宜秋門 6/135
宜聖殿 16/283
宜壽宫 6/133
怡神亭 10/205
儀從庫 19/333
儀從司 19/338
儀鳳閣 16/283
儀鳳司 19/339
儀鸞殿 9/196
儀鸞局 16/289,19/322
儀鸞司 16/295
儀天殿 19/325
儀王宅 6/126
儀賢堂 13/249
誃門 8/170,16/281
誃臺 8/170
倚翠樓 16/285
倚桂堂 17/304
柃詣宫 4/81
益壽館 3/58
異様等局總管府 19/337
異様紋繡兩局 19/337
異珍庫 19/336
義和館 20/350
義井里 8/175
義陵 5/108
義王宅 6/126

億年亭　3/68
億歲殿　9/196
繹已堂　17/307
懿範門　19/323
殷　1/4
殷王冢　7/143
陰德觀　5/93
蔭殿　9/197
寅賓門　16/277
銀漢門　6/136
銀局　19/339
銀臺門　6/129,16/273
銀銅館　20/350
飲馬橋　5/110
飲羽殿　9/196
隱秀堂　17/304
隱岫堂　17/304
隱月峰　12/233
印造寶鈔庫　19/331
印造茶鹽引局　19/331
英陵　5/108
膺福門　9/194,9/201,15/271,
19/324
鷹房　19/322
鸚鵡樓　12/232
迎春門　15/271
迎風館　4/85
迎秋門　16/277
迎禧門　17/304
迎仙宫　10/205
迎祥院　9/196
迎陽門　20/344
盈衍倉　19/339
熒惑祠　3/59
營州　20/345,20/349
瀛洲　3/59,5/97,6/136,
13/243,19/328
瀛洲殿　16/289
瀛洲門　6/136
瀛洲亭　19/328
影娥池　5/99
潁王宅　6/126
應福門　9/202
應門　3/45,5/114,7/142,8/166
應順門　9/198
應天府　2/36,17/301
應天樓　18/315
應天門　9/187,15/271,18/314
雍　1/9,3/47
雍和殿　6/130,13/254

雍京　16/275
雍門　3/49,7/147,8/169
雍縣　1/9,3/48,5/116
雍雍亭　16/285
永安殿　6/128
永安宫　6/118,13/242
永安門　6/135
永昌殿　4/72
永芳門　15/271
永芳園　9/200
永豐倉　6/131
永福殿　16/275,16/277
永福門　9/201
永固石室　14/259
永固堂　14/262
永光門　6/120
永和里　8/176
永濟倉　19/339
永濟關　15/272
永濟務　20/349
永康里　8/174
永樂宫　12/225,14/260
永樂遊觀殿　14/259
永寧殿　4/72
永寧寺　8/167
永平倉　19/339
永平館　18/313
永平軍　2/28,6/138,9/198
永平里　8/181,12/223
永橋　8/179
永橋市　8/180
永清門　3/67
永壽殿　4/72
永順門　16/278
永泰門　16/278
永通門　9/186
永王宅　6/126
永巷　5/104,12/220
永信宫　4/86
永興軍　6/139
永興園　14/261
永延殿　4/74
永陽門　12/217
永曜門　9/198
永祚宫　20/348
湧翠峰　16/289
湧金殿　16/289
幽州　2/39,18/312,19/321,20/345
油醋庫　16/295

油磨坊　19/331
油漆局　19/336
游凱廡　7/152
遊龍宫　6/132
遊龍觀　12/233
遊義門　9/196
遊豫園　11/212,12/232
有亟里　3/68
牖里城　11/211
右安禮門　9/201
右保成門　15/272
右藏庫　16/289,19/335
右長慶門　16/291
右承天門　16/282
右春坊　6/134
右都威衛使司　19/333
右扶風　3/63
右嘉福門　16/282
右嘉會門　18/314
右嘉肅門　16/294
右監門率府　6/134
右監門衛　6/134
右金吾衛　6/134
右領軍衛　6/134
右隆平門　16/297
右内率府　6/134
右千牛衛　6/134
右勤政門　16/282
右清道率府　6/134
右升龍門(右昇龍門)　16/289
右昇平門　16/289
右司禦率府　6/134
右太和門　16/281
右威衛　6/134
右衛　6/134
右衛府　8/174
右衛率府　6/134
右衛親軍都指揮使司　19/332
右文殿　16/291
右武衛　6/134
右翔龍門　18/314
右驍衛　6/134
右興善門　9/201,16/274
右延福門　9/194,9/201
右延明門　6/135
右掖門　9/196,9/202,16/288,18/314
右掖西偏門　18/316
右銀臺門　6/129,16/274,16/294

右永泰門　9/201
右羽林軍衛　6/134
右昭慶門　16/283
佑國軍　2/35,6/138
佑聖祠　17/307
佑聖觀　17/306
隃麋　3/63
榆林關　18/313
魚池　5/98
魚池臺　5/100
魚梁臺　7/146
魚鳥觀　5/93
魚藻池　6/126,18/315
魚藻宫　4/86
羽陽宫　3/51
圉鄉　7/143
玉宸殿　16/283
玉德殿　19/324
玉牒所　17/305
玉虹亭　19/328
玉華殿　16/275,16/283
玉華閣　16/284
玉華宫　6/119
玉華門　18/315
玉華寺　6/133
玉澗殿　16/284
玉津園　17/305
玉京殿　16/282
玉京門　9/197
玉局　19/337,19/339
玉局提舉司　19/337
玉女祠　3/59
玉清殿　16/289
玉清和陽宫　16/285
玉清神霄宫　16/285
玉壽殿　13/248
玉堂　1/12,4/74,7/146,16/291,
17/306
玉堂殿　4/76,7/146
玉田縣　20/349
玉兔門　16/273
玉虚殿　16/284
玉英殿　16/284
玉淵堂　17/304
玉質亭　17/307
玉燭殿　13/245
郁夷縣　3/63
浴日樓　9/196
御厨　17/306
御帶庫　19/336

御酒庫 17/306
御龍觀 12/219
御容殿 18/313,20/344,20/345
御膳亭 19/322
御史大夫府 12/223
御史臺 6/134,8/174,12/230,19/333
御史臺閣 12/220
御宿堂 12/233
御宿園 5/94
御宿苑 5/94
御藥局 19/338
御藥院 16/289,17/306,19/338
御衣局 19/337
御苑 19/322
御寨 20/350
棫陽宫 3/51
豫章觀 5/96
豫章臺 5/96
鬱儀閣 6/136
鴛鴦殿 4/76
鴛鴦樓 12/232
元城孺王尊禰穆廟 3/62
元城縣 15/271
元帝廟 5/106
元帝渭陵 5/108
元妃宅 18/311
元豐倉 16/295
元豐庫 16/295
元和殿 18/313
元和門 18/313
元華觀 5/93
元化門 16/273
元圃院 9/187
元文遥宅 12/231
元乂宅 8/174
元邕宅 12/231
原廟 5/105,14/266,20/347
園亭 19/327
圓殿 19/329
圓闕 4/80
圜山亭 16/285
圜亭 19/329
遠望觀 5/93
苑門 8/170,16/289
月陂 9/197
月華門 6/136,9/194,9/201,16/289,18/314,19/322
月樓 9/201
月室殿 4/72

月臺　17/304
月影臺　4/76
閱馬臺　11/215,12/225
閱武場　8/181
閱武殿　16/289
閱武堂　13/248,13/249
樂律里　8/180
躍龍門　6/122
雲從門　19/322
雲閣　3/54,13/241
雲光殿　4/76
雲和殿　5/114
雲錦閣　16/284
雲錦亭　20/348
雲巋亭　16/284
雲陵縣　3/63
雲龍門　8/166,12/228
雲母殿　14/261
雲母堂　14/255
雲騎橋　16/293
雲霞門　6/118
雲陽宮　4/85
雲陽縣　3/54,3/58,4/85
雲中　1/19,12/227,14/255
雲州　2/39,14/265

Z

雜造提舉司　19/339
雜賣務　16/295
雜物庫　16/295
雜造局諸色人匠提舉司
　19/335
載忻　17/304
造船提舉司　19/332
則天門　9/188
增成殿　4/74
增盤閣　4/74
摘金閣　16/284
詹事府　6/134
氈殿　18/320
瞻菉堂　17/307
展義門　15/271
張方橋　8/181
張夫人橋　8/181
章城門　3/68
章敬寺　6/125
章門　3/68,5/97
章佩監　19/336
章善門　9/194,16/274
章臺街　5/111

章義門　3/68
彰善門　9/201
彰信館　20/350
彰義門　18/314
漳渠堰　12/223
掌膳署　19/333
掌謁司　19/333
掌醫署　19/333
掌儀署　19/333
仗内教坊　6/128
帳設局　16/295
招婉殿　13/248
昭德殿　13/254
昭德里　8/178
昭德門　12/227
昭帝廟　5/106
昭帝平陵　5/108
昭儉亭　17/307
昭明宫　13/238
昭明門　15/271
昭慶門　6/128,18/314
昭仁門　17/301
昭臺宫　4/86
昭文館　16/291,19/334
昭文館書庫　16/291
昭玄曹　8/174
昭訓門　6/136
昭陽殿　4/74,7/150,11/212,12/229
昭陽門　6/117
昭陽舍　3/60
昭儀尼寺　8/175
昭應縣　6/132
朝歌　1/5
趙婕妤雲陵　5/108
趙頭陀寺　20/344
柘觀　5/93
貞觀殿　9/194,9/198
貞女樓　3/58,4/81
真定府　2/35,18/314
真君門　16/283
針線殿　19/325
振旅亭　6/124
震肅衛司　16/290
鎮州　2/35
正光殿　13/243
正禮門　6/135
正始寺　8/178
正衙門　9/196
正陽門　16/281

正月亭 3/67
鄭門 16/274,16/275,16/280
鄭縣 1/9,6/133
祗宫 3/46
祗肅門 16/290
祗應局 19/336
鳷鵲觀 4/85,5/94
織染局 19/332
織染雜造人匠總管府 19/333
織室 4/77
直城門 3/68,4/78
直道門 3/68
直市 5/111
殖貨里 8/178
止車門 4/78,11/213,12/218
至樂 17/304
制勝樓 6/122
治觴里 8/181
治粟里 8/175
致遠務 16/295
彘圈 5/110
雉門 3/46,8/166
中安宫 4/86
中城 12/217,15/270
中東門 7/148,8/172
中都 1/17,2/27,2/40,18/314
中甘里 8/180
中華殿 6/135
中華門 14/263
中京 2/28,2/39,6/130,
10/204,18/309,20/344,
20/345
中厩 5/110
中橋 9/188
中尚監 19/335
中室殿 4/72
中書省 6/136,16/294,18/318,
19/330
中臺 12/222
中天殿 14/255
中尉寺 12/223
中衛親軍都指揮使司 19/332
中衛尉司 16/290
中興殿 9/198,9/200
中興門 9/198,9/200
中陽門 11/214,12/227
中政院 19/334
忠王宅 6/126
鐘宫 3/53
鐘室 5/110

州橋 16/288
周景王冢 7/143
周靈王冢 7/143
周王府 16/290
周威烈王冢 7/143
盩厔縣 4/89,5/116,6/133
朱鳳門 9/200
朱華門 12/228
朱明門 6/135,12/227,16/277
朱鳥館 4/79,5/103
朱雀浮桁 13/240
朱雀門 6/134,13/244,16/292
朱雀闕 8/167
朱雀堂 4/74
朱夏門 20/346
珠境殿 6/136
珠子局 19/337
諸閤分 16/295
諸路寶鈔提舉司 19/331
諸路金玉人匠總管府 19/337
諸路怯憐 19/333
諸路旋匠提舉司 19/338
諸路雜造總管府 19/332
諸司局人匠總管府 19/332
諸物庫 19/332
竹宫 4/85,5/101
屬玉觀 5/101
著室臺 5/100
著義亭 3/68
著作局 19/335
翥鳳樓 19/325
駐蹕山 20/344
駐鶴嶺 12/233
鑄瀉等銅局 19/339
鑄印局 19/331
顓頊冢 1/2
莊嚴寺 8/177
粧釘局 19/336
涿鹿城 1/1
涿木觀 5/102
涿州 18/313,20/349
濯龍池 8/162
濯龍殿 7/146
濯龍宫 7/146
濯龍峽 16/285
濯龍園 8/180
滋德殿 16/275
滋福殿 16/288
資成庫 19/335
資乘庫 19/338

資善庫　19/334
資善堂　17/303
資用庫　19/336
資政殿　16/283
子北門　18/313
子午道　3/60
紫宸殿　6/121,16/278,16/282,17/303
紫宸門　6/136
紫殿　4/85
紫房複道　4/82
紫閣　13/248
紫桂宫　9/188
紫極殿　13/246,14/255
紫蘭殿　6/136
紫陌浮橋　11/215
紫陌宫　12/225
紫陌橋　12/225
紫石巖　16/285
紫檀殿　19/323
紫微城　9/194
紫微殿　6/120,12/233
紫微洞　20/349
紫微觀　9/186
紫雲樓　6/126,16/288
宗正寺　8/174,12/223
棕毛殿　19/330
總明觀　13/247
總章觀　7/149
走狗臺　4/82,5/100
走馬觀　5/93
租場　8/177
左安禮門　9/201
左保成門　15/272
左藏庫　6/126,16/283,17/305,19/335
左長慶門　16/281
左承天祥符門　16/282
左春坊　6/134
左都威衛使司　19/333
左馮翊　3/63
左嘉福門　6/282
左嘉會門　18/314
左嘉肅門　16/282
左監門率府　6/134
左監門衛　6/134
左金吾衛　6/134
左領軍衛　6/134
左隆平門　16/297
左内率府　6/134

左千牛衛　6/134
左勤政門　16/282
左清道率府　6/134
左升龍門(左昇龍門)　16/289
左昇平門　16/289
左司禦率府　6/134
左太和門　16/281
左威衛　6/134,9/189
左衛　6/134
左衛府　8/174
左衛率府　6/134
左衛親軍都指揮軍使司　19/332
左武衛　6/134
左翔龍門　18/314
左驍衛　6/134
左興善門　9/201
左延福門　9/194
左延明門　6/135
左掖東偏門　18/316
左掖門　9/196,16/288,18/317
左銀臺門　6/130,16/274,16/294
左永泰門　9/201
左幽亭　3/69
左右部架閣庫　19/340
左右金吾衛仗司　16/295
左右騏驥院　16/295
左右廂　19/332
左羽林軍衛　6/134
左昭慶門　16/283
佐鑾院　16/274
作室　5/110